U0920275

社会学丛书

The Welfare of Children in Poverty Amidst an Affluent Society

—— the Case of Shenzhen

经济发达城市中贫困儿童福利研究

——以深圳为例

刘晓玲 著

中国社会科学出版社

图书在版编目(CIP)数据

经济发达城市中贫困儿童福利研究：以深圳为例／刘晓玲著．—北京：中国社会科学出版社，2016.6

ISBN 978-7-5161-8164-5

Ⅰ.①经…　Ⅱ.①刘…　Ⅲ.①城市—儿童福利—研究—深圳市
Ⅳ.①D632.1

中国版本图书馆 CIP 数据核字(2016)第 102000 号

出 版 人　赵剑英
责任编辑　冯春凤
责任校对　张爱华
责任印制　张雪娇

出　　版　中国社会科学出版社
社　　址　北京鼓楼西大街甲 158 号
邮　　编　100720
网　　址　http：//www.csspw.cn
发 行 部　010-84083685
门 市 部　010-84029450
经　　销　新华书店及其他书店

印　　刷　北京君升印刷有限公司
装　　订　廊坊市广阳区广增装订厂
版　　次　2016 年 6 月第 1 版
印　　次　2016 年 6 月第 1 次印刷

开　　本　710×1000　1/16
印　　张　15.75
插　　页　2
字　　数　256 千字
定　　价　58.00 元

凡购买中国社会科学出版社图书，如有质量问题请与本社营销中心联系调换
电话：010-84083683

序

关注贫困儿童

罗观翠

消除贫困，是研究社会福利与从事社会福利事业人士最关注的议题。百多年前英国工业革命，大批农民从农村迁徙至城市，加入工业发展的大军，为的是摆脱饥饿，但在工业化与城市化过程中，所产生的贫穷问题，更为突出，使政府不得不采取各种措施，改善低下阶层困境，因而掀起了在较先进地区，社会福利政策与公共福利服务的改革。刘晓玲博士的论文对福利政策，特别对贫困儿童有关的社会福利政策，其演变和相关的研究就有详细的论述。

进入 21 世纪，世界并未有因为超速的经济发展，资讯科技创新带来巨大的财富，并没有消灭了贫穷，反之，贫富两极化，特别在一些富裕社区，贫困问题依旧突出，其后果是激化了社会矛盾，为社会治理造成诸多障碍，令社会关系不稳定。有好些人认为，要解决贫困问题，最佳的办法就是发展经济，只要政府有财政收入，就可以扶贫。这观点未免把贫困问题的成因、过程，以至对个人、家庭、社区的影响，看得过分简化。

20 世纪 60 年代，在美国等地，开始研究贫穷文化所导致的负面社会影响，启发了日后众多与教育及社会福利政策相关的研究。新增的知识，使我们认知到城市的贫困问题，除了是物质匮乏之外，更重要的是形成一种相对的主观感受和构成文化身份的认同的因素。这些相关的理论视角，对了解好像深圳这类经济发达城市的社会福利政策，尤其有用。

贫困家庭在经济发达城市，生存面对很大挑战，虽然政府对低保户有基本的经济照顾，但社会对这些家庭的成员，特别是儿童，社会和心理的现实情况，关注度非常薄弱。因此，需要有合理和适切的儿童保护政策，以保障儿童，特别是贫困儿童，可以在一个安全的家庭和社区环境中成长。因此，政策目标应以提升家庭照顾儿童的能力为主。凝聚家庭力量有两大要素，一是为弱势家庭提供安全网，二是为家庭及其成员包括家长及儿童提供教育，加强其自主能力。

针对这样长远目标，政府必须制定有效的儿童福利政策，除了改善教育条件之外，还应该包括：创造居住与社区安全环境，强化家庭与社区邻舍关系，在支援网络有缺失的情况，特别是在照顾有残疾、受侵犯或疏忽照料的儿童，为他们提供专业支援，帮助他们克服不平等的社会条件，发展健全的身心人格，成为对社会未来有贡献的一分子。刘晓玲博士从社区的实证研究中，把经济发达城市中，贫困儿童及其家庭所面对的处境和问题，作深入的探讨，其引发的讨论，值得我们反思，也是政府在制定儿童保护政策时，有用的参考。

目　录

第一章　导论

本章主要讨论中国城市贫困儿童研究的社会背景、研究问题和研究目的，最后讨论理论政策意义。

第一节　城市贫困儿童研究背景

深圳有贫困吗？

笔者在2009年做了一个课题“深圳贫困居民生活状况研究”，申报课题之时，遭到身边很多人的质疑：深圳还有贫困吗？有研究价值吗？其时，笔者心底也有一丝同样的怀疑。

然而，在进行问卷调查时，到不同的社区了解相关的情况，才发现深圳的经济繁荣掩盖了生活在这个城市的底层人，另一个深圳——贫困的深圳开始慢慢呈现，贫困不仅存在，而且还相当严重，有的家庭贫困程度不亚于边缘地区的贫困家庭，从原特区内繁华的中心区到原特区外落后的偏僻镇，贫困可以说是无处不在。毋庸置疑，在这个繁华的现代化都市里，存在被人们忽略的城市贫困，它是这个城市的另一面，而这一面恰恰是鲜为人知的，它需要被人发现和揭示。令笔者感到震惊的，是在发放问卷时看到的情景：可以说那个家给人的感觉是生活在“衣不蔽体，食不果腹”的年代，四口之家蜗居在十平方米的临时建筑中，没有任何电器，没有像样的家具，这样的家庭还要抚养两个上学的孩子，孩子在这样的家庭能够健康成长吗？带着这样的疑问，笔者和家长进行了交流，在交流过程中，不断思考着贫困家庭儿童的成长问题，当家庭功能遭到如此严重破坏时，如何保障孩子不受家庭贫困太多的影响？如何保证他们的健康成长？于是，萌发了该研究的初步想法：繁华都市中贫困儿童的福利生活状况。

城市贫困儿童还未引起学术界和政策领域的足够的关注，这是一个非常严峻的现实。城市贫困儿童福利问题的研究，涉及两个问题：城市贫困和儿童发展。前者是备受关注的历史主流问题，在西方有近百年的学术研究，但在中国的研究还不到二十年的时间；后者是当今世界备受关注的焦点问题，而中国对儿童的福利认识才刚刚起步。因此，该主题的研究可以说是应运而生。

一　中国城市贫困研究渐成政策关注热点

人类的发展历史实际就是一部与贫困不断抗争的写照，时至今日，贫困依然困扰着人类文明的进步。但是把贫困作为社会问题和经济现象，纳入理论研究的历史却非常短暂，如果把英国经济学家马尔萨斯 1798 年出版的《人口原理》看作是第一部阐述贫困问题的经典著作，那么对贫困问题的理论研究距今不过两百多年。而且对贫困问题进行广泛关注和深入探讨从 20 世纪五六十年代才全面展开，并开始涉足多学科的论域，人们从经济学、社会学、人类学、管理学等不同学科的视角展开分析，作出了许多独特的理论诠释和政策贡献。

然而，反贫困实践却早于贫困的理论研究。贫困问题一直被认为是造成社会不稳定的重要因素，因此从 17 世纪开始的欧洲城市化进程中，各国政府就把治理贫困作为城市发展的顽疾来应对，投入大量的人力、财力和物力，英国成为最早由政府通过立法等措施反贫困的国家。随着文明的发展，社会的进步，虽然经济总量大幅度上升，物质财富达到丰裕程度，可世界贫困问题愈演愈烈，即使在发达国家也并未随着经济的高速发展而消灭贫困。可以说，国外的贫困研究始于城市化过程，因而城市贫困成为贫困研究的主流取向。研究从最初的以财富多寡论贫困到今天以自由发展权利空间看贫困，从致贫原因到扶贫措施的论证，也经历了单一到多元、物质到精神的质变。可以说，国外关于贫困的研究深入完整，取得了丰富的理论成果，其轨迹影射了对贫困的动态思考和不断提升的关于贫困群体的发展理念，把贫困问题作为福利问题来研究，更是丰富了贫困的内涵并扩大了贫困的外延。

中国的贫困现象虽然由来已久，但在贫困理论方面的研究却起步较晚。计划经济时期，虽然贫困是普遍存在而且相当严重的问题，但是由于意识形态的作用，客观的贫困问题被主观意识形态所否认。改革开放后，我国经过30年经济建设，人民生活水平得到显著提高，但是只重效率的发展战略使得社会走向畸形，引发急剧的社会变迁，社会分层结构迅速嬗变，收入差距日益扩大，贫困问题凸显，其消极影响不仅面向贫困者及其家庭，而且社会也潜伏着种种冲突，成为我国社会稳定和发展的隐患，与目前正在全面建设和谐社会的主调格格不入。可以说改革开放前由于意识形态的影响，我们拒绝承认社会主义的贫穷，贫困现象的研究几乎是禁区。改革开放初期，社会结构转型和经济体制转轨，经济建设成果显著，城乡差别日益加大，乡村的绝对贫困人口庞大，普遍的农村贫困问题开始引起各界关注，到20世纪80年代中期成为社会学界研究的热点。进入90年代，随着经济体制转轨和企业经营体制转型，国有企业改革出现大量下岗工人，过去"低工资高福利"的社会保障模式随着经济体制的改革已经分崩瓦解，以下岗、失业人员为主体的贫困问题日渐突出，而新的符合社会进程的社会保障系统一直被漠视，处于滞后、探索之中。城市贫困开始日益凸显，这为城市贫困群体的社会救助制度的建立提供了时代背景，城市贫困问题开始引起政府重视，逐渐成为社会关注和讨论的焦点，学界对此展开研究，对城市贫困成因、贫困群体及反贫困对策等问题从不同学科视角进行探讨和论证，对关于中国城市贫困问题的政策建议起到很好的推动作用。

城镇居民最低生活保障制度成为中国早期城市贫困研究最主要的对象和最重要的文献，对完善我国城市居民最低生活保障制度产生了重要影响。截至2012年1月，全国城镇最低生活保障人数为2265.9万人，城市最低生活保障当月计划支出57.6亿元，全国平均城市低保标准每人每月254元。可以说，城市贫困的理论研究为城镇贫困群体筑起最后的安全网打下坚实的基础，然而最低生活保障制度的建立只是解决了贫困者的温饱，对于贫困家庭成员，还需要在医疗、教育、住房、交通等方面得到社会的帮助，为此我国颁布了一系列政策来构筑适应现代化发展要求的社会救助体系。如何通过不断纵深全面的理论探讨和广泛的实证调查，使这道安全网越来越结实，安全系数越来越高，享受最低生活保障金的群体能够更为安定地生活，是城市贫困研究者面临的新问题。

近年来，对城市贫困的研究开始向外延伸，城市贫困群体的社会排斥、可持续发展以及代际转移等成为学者探讨的相关主题。

二 政府开始关注儿童发展

在对城市贫困群体的研究中，更多是对成人的研究，因为正是他们的失业或劳动力丧失产生了贫困群体，而贫困家庭的孩子似乎和贫困的因果无关，他们成为学术研究和政策建议忽略的群体。然而，结合国外的理论成果，综观贫困现象，关注城市贫困家庭中的儿童的健康发展对于整个家庭的未来脱贫至关重要，理应成为学者关注的焦点问题。

在中国的传统文化中，儿童被视为家庭和父母的私有财产，父母对孩子拥有绝对的权威，同时父母必须为儿童提供必要的生活保障，为他们的健康成长营造一个良好的成长环境，这是父母的基本责任和家庭的主要义务。由于家庭是儿童成长最初的也是最重要的社会生活场所，儿童的衣食起居、健康成长、道德与文化教育、价值观培养、亲情需求、社会认知等福利需求，无一不是依赖家庭和父母，成为父母天经地义的责任。加之中国在小农经济基础之上的由来已久的家庭保障传统，如此，社会、国家对儿童的福利责任被忽略，儿童对社会和国家的福利需求也被忽视。

改革开放前，由于社会及家庭结构都相对比较稳定，家庭生活和社会保障均质化程度较高，儿童生活在一个相对安全的环境当中，儿童权利要求、儿童保障需求及社会需求均被这种全功能的家庭生活所湮没，没有出现也没有人关注所谓的“儿童问题”。

改革开放所带来的社会的巨大变革，不仅使整个社会发生裂变，而且对家庭规模、家庭模式和家庭功能都产生了前所未有的影响，由此引发的各种社会问题油然而生。问题家庭和家庭问题导致诸多儿童问题的产生，一些家庭已经无法满足和保障儿童的各种需求。随着单位保障体制的瓦解，催生建立和健全现代社会福利保障制度的需求，贯穿其中的国家保障责任理念开始得到认可，对儿童福利需求也逐渐形成了国际视野的认识，即儿童福利是福利制度体系中最为重要的部分。在西方发达国家，但凡有儿童的家庭都会享受到政府提供的各种社会福利和社会服务，以维持儿童家庭的收入水平，保障儿童的健康成长。而且“二战”后，西方的社会保险出现一个新趋势——采取家庭取向，其目的主要是保障家庭生活，尤其是使未成年子女得到生活保障而正常成长。因此，人们开始将儿童需求诉诸国家和社会。

改革开放后，由于社会流动性增强，维持婚姻稳定的因素减少，各种家庭危机导致的社会问题日显端倪。家庭的危机甚至破裂给依赖家庭环境的儿童带来身心的影响，于是出现了各种各样的“问题儿童”，比如孤儿、残疾儿童、留守儿童、流动儿童、失依儿童、问题儿童、贫困儿童……儿童生态环境的变化，造成各种类型的问题儿童和困境儿童越来越多，规模日渐庞大，形成一种较为普遍的社会现象，这种种现象引发社会的思考，因为它已经不仅仅涉及儿童本身的健康成长，而且关系到千万个家庭的幸福，也事关国民生活质量和社会稳定，而且在未来的国际竞争中，人才是决定因素，国家的实力更多体现在国民素质和人力资源储备。因此，儿童的健康成长既左右着家庭的幸福，也决定着国家未来的发展。随着经济的飞速发展，国家开始高度关注儿童的各种福利保障。

1990 年 8 月 29 日，中国常驻联合国大使代表中华人民共和国政府签署了《儿童权利公约》（*Convention on the Rights of the Child*），中国成为第 105 个签约国。《儿童权利公约》于 1989 年 11 月 20 日获得联合国大会通过，1990 年 9 月 2 日生效，是第一部有关保障儿童权利且具有法律约束力的国际性约定，该公约旨在保护儿童权益，为世界各国儿童创建良好的成长环境。中国政府以此为契机，参照公约及议定书的原则和规定，以维护儿童权利为宗旨，开始从国家层面规划儿童的发展，将保障儿童生存权利、发展权利、受保护权利和参与权利视为国家和各级政府公共事务管理的重要职责，纳入政府工作的议事日程，纳入国家财政预算，纳入各部门的职能和工作考核范畴。1992 年，参照《关于儿童生存、保护和发展的世界宣言》和《儿童权利公约》，结合中国国情，中国政府发布了《九十年代中国儿童发展规划纲要》，这是我国首次将儿童发展纳入国民经济和社会发展的总体规划，也是我国第一部以儿童为主体、促进儿童发展的国家行动计划。2001 年 5 月国务院发布了《中国儿童发展纲要（2001—2010 年）》，以促进儿童发展为主题，以提高儿童身心素质为重点，在儿童的健康、教育、法律保护、生长环境等方面，提出了 2001—2010 年的目标和策略措施，以培养和造就 21 世纪社会主义现代化建设人才。2002 年以来，中国不断健全和完善保护儿童权利的立法，先后制定或修订了多部涉及儿童权利的法律法规，形成了较为完备的保护儿童权利的法律体系。2006 年制定的《国民经济和社会发展第十一个五年规划纲要》明确，“实施儿童发展纲要，依法保障儿童生存权、发展权、受保护权和参与权，改善儿童成长环境，促进儿童身心健康发展”。(《中国儿童发展纲要(2011—2020 年)》)“十年来，国家加快完善保护儿童权利的法律体系，强化政府责任，不断提高儿童工作的法制化和科学化水平，我国儿童生存、保护、发展的环境和条件得到明显改善，儿童权利得到进一步保护，儿童发展取得了巨大成就。”

2011 年 7 月 30 日，关于儿童发展的第二个十年发展的新纲要《中国儿童发展纲要（2011—2020 年)》颁布，其指导思想是“坚持儿童优先原则，保障儿童生存、发展、受保护和参与的权利，缩小儿童发展的城乡区域差距，提升儿童福利水平，提高儿童整体素质，促进儿童健康、全面发展”。新纲要提出的基本原则是“依法保护原则、儿童优先原则、儿童最大利益原则、儿童平等发展原则、儿童参与原则”。新纲要提出到 2020 年儿童发展应达到的目标，除了在原有四个领域的基础上，更是特别增加了一个新的领域——儿童与福利，标志着中国保护儿童工作进入新的阶段。因为儿童福利是一个内涵极其丰富的概念，是保证儿童各方面健康成长和正常生活的各种制度安排、服务供给，是以满足儿童需要、促进儿童发展为目的的各方面的努力，儿童的福利事业需要公共政策各方面的共同关注。

从 20 世纪 90 年代至今，中国政府对儿童权利保护事业的规划已经进入到第三个 10 年规划，前两个发展纲要确定的主要儿童福利目标基本实现。但是在走过 30 年的历程中，儿童福利才刚刚进入政府视野，开始被纳入政府的总体规划，因此，政府的关注、关怀和救助更多是集中在困境儿童群体，包括失依儿童、残疾儿童、流浪儿童、贫困儿童等群体，而且整体保障水平比较低下。整体而言，儿童发展事业在中国面临诸多的问题和挑战，儿童权利不够明确，儿童福利水平仍然低下，儿童发展环境有待优化，作为一个人口庞大的发展中国家，儿童福利事业还处于雏形之中。在政府对儿童福利责任逐渐觉醒的过程中，如何全面保护儿童权利，真正实现儿童福利，让儿童这个弱势群体从整体上可以平等地共享经济快速发展的成果，这个话题已经提到了国家和地方决策者的议事日程。伴随着国家经济实力的不断增长，儿童福利的保障水平应该开始逐步得到提高。

从30年前仍然秉承着“儿童是家庭的私有财产，照顾儿童是家庭的私事”的传统观点，到今天把“保障儿童生存、发展，提升儿童福利水平，促进儿童健康、全面发展”写进国家政策纲领，成为政府的行动计划，这标志着国家责任的成熟，也意味着全社会共同关注儿童成长和关心儿童福利的意识警醒。可以说，儿童福利迎来了春天，但要在毫无任何历史经验的基础上设计合理科学的儿童福利制度绝非易事。因此，整个儿童福利学界面临着大好机遇与严峻挑战并存的局面。本研究的城市贫困儿童的福利问题，就是在这样的社会背景中提出的。

三　研究区域的选择

深圳是中国大陆最早对外开放的城市，中国第一个经济特区，经国务院批准1980年8月26日正式设立的计划单列市。深圳见证了中国经济发展的奇迹，创造举世瞩目的“深圳速度”，短短30年就从一个边陲小渔村发展成有一定国际影响力的国际化城市。1980年深圳城市人口约1万人，农村人口约30万人，2004年完成农村城市化，成为中国首个没有农村人口的城市，2011年深圳人口约1550万。深圳经济持续、快速发展，创造了经济高速增长的奇迹：GDP从1980年的2.70亿元增长至2011年的11505.53亿元，人均GDP从1980年的835元增长至2011年的110421元。

深圳是一个经济强市，是一个相对丰裕的社会——地方财政强大，没有任何历史负担。深圳特区成立后的25年，以年均增速近30%的“深圳速度”神速发展，跃居全国前列，在中国经济中占举足轻重的地位。2011年深圳人均经济总量在全国继续保持继上海、北京、广州之后的第四位；全市全口径财政收入和全市地方公共财政收入分别突破4000亿元和1300亿元，达到4050亿元和1339.6亿元；全年地方财政一般预算收入1339.59亿元，地方财政一般预算支出1590.64亿元；而人均GDP则在各大中城市中位居首位。深圳作为一个新兴城市，经济发展平稳健康，经济总量迈上新台阶，财政实力不断提高。雄厚的经济实力和地方财政，为增长社会福利、民生保障提供了强有力的经济保障。

深圳是一个只有30多年历史的国内一线城市，可以说是在一张白纸上描绘出来的蓝图，在发展过程中几乎没有任何的历史负担，因为中国

20 世纪 90 年代以前的传统城市贫困群体主要是“无劳动能力、无经济来源、无法定赡养人和抚养人的‘三无’人员”，而深圳如此年轻，并没有像在其他城市普遍存在的这个传统贫困群体。新出现的城市贫困群体中则大部分是下岗职工，他们有工作能力并且愿意工作但没有工作机会，他们被原有的企业抛弃，沦为社会边缘群体，生活陷入贫困，这类人员成为 20 世纪 90 年代后全国城市贫困人口的主体，大约占城市全部低收入者的 88%。深圳由于本身历史短暂，尽管也存在城市新贫困群体，但人数少且相对年轻，而且在这个处处有机会的改革开放前沿阵地，“贫困现象”、“贫困群体”并不像在其他城市那么普遍。2011 年年末全市常住人口 1046.74 万人，其中户籍人口 267.90 万人，占常住人口比重 25.6%；非户籍人口 778.85 万人，占比重 74.4%。深圳市 2011 年城市居民最低生活保障人数为 10716 人，其中未成年人 4391 人。其他三个一线城市的人口及最低生活保障人数状况分别是：北京市 2011 年年末全市常住人口 2018.6 万人，年末全市户籍人口 1277.9 万人；享受城市最低生活保障的居民为 117291 人，享受农村最低生活保障的农民为 75432 人。上海市 2011 年末全市常住人口总数为 2347.46 万人，全市户籍人口总数为 1419.36 万人；城市居民最低生活保障人数 323680 人，农村居民最低生活保障人数 67459 人。广州市 2011 年年末常住人口 1275.14 万人，户籍总人口 814.5797 万人，城市居民最低生活保障人数 41548 人，农村居民最低生活保障人数 65528 人。由此可见，深圳在提供最低生活保障方面仅面向城市人口，财政负担最少，只有 1 万人左右。因此，深圳在全面实现城市化的过程中，没有任何沉重的历史负担，没有积重难返的贫困人群。可以说，深圳展现出一派繁荣景象，是中国经济腾飞最具有代表性的城市，就地区财力而言，可以称得上是一个“丰裕社会”。

然而，在这样一个丰裕的社会中，却生活着一个弱小的贫困群体，尽管他们的数量非常微小，他们的生活现状与这座城市格格不入，他们的贫困被一切繁华富裕所淹没，他们的需求被普遍的富足所掩盖，他们没有利益代表，他们没有诉求的声音，他们的一切需要只有依附于家长，他们的一切保障也来源于家长，然而他们的家长却是这座城市的弱者，无法承担对他们的责任。这就是深圳的贫困儿童群体面临的严峻现实，他们在成长中的困境被城市的富庶“隐形化”，没有引起关注，这是政府的失职，社会的失责。贫困儿童有权利分享经济发展成果，因此他们的生活现状应该得到揭示，他们的福利需求应该得到全面的满足。

研究深圳的贫困儿童，一方面是可以通过有效的社会政策应对发展中不可避免的“贫困问题”；另一方面是作为一个改革前沿和“试验场”，可以在贫困儿童相关的社会政策研究和实践中做出尝试。深圳虽然没有严重和普遍的贫困现象，但是对儿童贫困的趋势不得不加以重视，主要有两个因素：第一，在10716位低保人群中，未成年人就有4391人，接近一半的比例；第二，深圳是一个年轻的城市，儿童群体总体呈现上升趋势。为防患于未然，减贫须从儿童开始，深圳有着得天独厚的优越条件、雄厚的地方财政及客观需求。

第二节　研究问题和研究目的

贫困剥夺了人们重新塑造自己生活的自由，经济不充裕、机会受限制使得穷人容易受到伤害。贫困表现在各个方面：饥饿、健康状况不良、无知、遭受歧视和排斥、缺乏尊严等等。因而，贫困是多维度的，贫困也是随特定背景变化的。就任何一个地方来说，其贫困的特殊表现形式取决于特定的环境——社会文化环境、经济环境和政治环境；贫困还是相对的，因为贫困是穷人相对于他们所认为的体面生活而定义出来的。此外，很重要的一点是：贫困是动态的，其具体表现会随着时间的变化而变化。因此，从历史的视角来理解贫困的内涵和外延及其重要。

绝对贫困的概念可以追溯到19世纪末英国学者西博姆·朗特里（Seebohm Rowntree）对英国贫困的开创性研究。他在1901年出版的《贫困：城镇生活的研究》（*Poverty: A Study of Town Life*）一书中明确提出了绝对贫困的概念，这为贫困的研究开创了一个新的方向，被认为是最早的绝对贫困线的研究。朗特里的绝对贫困定义和相应的绝对贫困的研究思路影响着20世纪的贫困研究。

由于绝对贫困概念的确立也是与一定的社会背景和经济发展水平相联系，也就具有一定的相对性，因而在20世纪六七十年代一些学者提出了相对贫困的概念。最早明确提出相对贫困概念的是美国斯坦福大学经济学教授维克名·法克思（Victor Fuchs），即贫困是相对的，是一种不同人之间相对收入或生活水平的相对比较。并且他最早使用相对贫困线对美国的贫困进行了评估。而对西欧国家相对贫困线的做法影响较大的学者当属英国学者唐森德（P. Townsend，1962），他对相对贫困概念作出了较为细致阐述，他（1974；1979）认为，贫困只能是相对意义上的贫困，就是指社会中一部分人的生存状态，他们的收入远远低于社会平均收入水平。从这个意义上来讲，只要存在着收入差距，存在低收入阶层，贫困就没有办法消除。

而到了20世纪70年代后期，“贫困”开始被一个新名词所替代——“社会排斥”，“被排斥”指的是“那些被经济增长忘却的人们”（Donzelots and Roman，1991）。社会排斥的概念与非工业化、全球竞争和20世纪70年代的其他经济问题一并产生，造成大量失业者脱离主流社会被急剧边缘化。80年代中期，“排斥”指的是社会纽带日渐明显的不稳定性：家庭的不稳定，单亲家庭，社会孤立，以及建立在工会、劳动市场、工人阶级社区和社会网络基础之上的阶级团结的衰退。用涂尔干社会学理论来讲，排斥威胁着整个社会，即集体价值丧失，社会结构坍塌。利托伍德和赫尔科默（Littlewood and Herkommer，1999）指出，社会排斥概念一直主导着欧洲大陆的社会政策思维。作为一个重要的社会政策概念，社会排斥后来被其他学者及欧盟委员会和联合国国际劳工局等机构所采用，也是社会政策研究者的分析工具之一。

今天，人们更多的是从非物质方面来认识贫困，当然这种更开阔的视野并不否定收入和财富不平等的重要性，及其在造成贫困与维持贫困方面的作用。

发展学家认为，需要政府干预来纠正不平等以及更大范围的收入差异，不平等、贫困与发展紧密联系在一起。

家庭是贫困最普遍的载体，家庭贫困从不同侧面对儿童产生深刻的影响。当家庭遭到贫困侵袭之时，儿童会成为最无辜和最脆弱的牺牲者：如果儿童出生在贫困家庭，贫困会对他们的身心造成终身伤害；在弱势的社会结构环境中，其成长过程中的种种选择和发展的“生活机会”将受到限制和剥夺，给成长中的儿童带来了不良影响，隐含地造成两代人的“恶性循环”。因此减贫必须从儿童开始。

要打破贫穷和不平等造成的恶性循环，一个必要的条件就是确保每个贫困儿童都能享有最佳生命起点，要让这些孩子有机会摆脱贫困，缩小资金及其他福利的差距。有充分证据显示：如果能够保证来自最贫困家庭和最弱势群体的儿童，以及失去家人的最弱势儿童和最受排斥儿童享有最佳生命起点，那么他们的命运将有可能获得最佳的逆转。儿童时期是机不可失，时不再来的发展时期，身体和智力成长不可能等到家庭脱贫才开始。因此，早期干预会在最大程度上减少不平等现象，真正帮助贫困人群脱贫。

要打破贫穷的循环取决于政府、民间组织和家庭对儿童福利权益以及权利的承担。对儿童健康、营养、教育及社会、情绪和认知发展的投资不仅可促进社会公平和民主发展，而且可促进全社会的健康水平和提高公民的整体文化程度，最终达到提升国家生产力。从另一个角度来看，对儿童发展的投资也是一件在道义上应做的事情，而且也是具有高投资回报且合理的经济投资。这也是联合国儿童基金会所提倡的“扶贫始于儿童”的原意，全世界已开始对此逐渐达成共识。

每一个人可以身体健康，过具有创造性的生活，能够享受平等、自由、具有自我尊严和获得他人尊重，这就是减贫的前提条件，如果没有对其人民的健康、营养和基本教育作出重大而持续投资，任何一个国家都不可能成功地减贫。而儿童福利是衡量国家发展的重要标准，事实上，测量社会公正完善程度的最终标准是其对待儿童的方式，尤其是最贫穷和最脆弱的儿童群体。

对贫困现象的理论解释，是一个知识生产的过程，而知识的社会效用之一就是协助探讨最有效率的手段来达成特定的政策目标。

由于“排斥”涉及社会的各个方面，因此，不同学科领域的学者都热衷使用“社会排斥”这个概念来分析各种现象和行为。社会排斥从新的角度拓展了传统对社会弱势群体的研究的视野，从单一的收入指标到多维度的劣势的动态分析，把个人、家庭融入社区、社会的大环境中进行分析。由于世界经济体系发生了重大变化，家庭结构变迁和传统作用的减弱，社会政策忽视儿童群体等原因，儿童贫困问题越来越受到关注，尤其是儿童福利问题开始受到西方国家关注，社会政策开始从以问题为中心转向以儿童为中心，社会排斥理论作为一个独特的研究视角，也开始被应用于儿童群体的研究。

以儿童为中心的思考模式来看，儿童与其父母一样应被视为独立个体，儿童有和父母一样的权益和利益需要保障（Garfinkel et al.，1996；Huston，1991）。遵循城市贫困研究的新趋势以及贫困儿童的特征，针对中国城市贫困儿童福利需求分析的缺失现状，本研究的研究问题是：城市贫困儿童的福利现状如何？

本研究的研究目的在于从减贫的角度，分析儿童福利需求，探讨有效的儿童福利政策。第一，了解贫困儿童的需求。人的基本需求和需求层次是大体相同的，包括生理的、精神的、心理的、社会的、文化的、经济的等诸多方面的需求，但是群体之间又各有侧重，呈现出差异性。贫困儿童由于特殊的年龄阶段和贫困的家庭背景，在他们的成长过程中的需求表现出群体的需求特点，这些需求既是该群体的一种客观生活反映，又是对社会回应的呼唤。因为社会福利与群体或个人需求满足有关，社会福利就是一种需求满足的实现，一切政策的制定都是以需求为基础。贫困儿童的政策必须先行了解贫困儿童的需求有哪些。

第二，分析现行贫困儿童政策对需求的回应状况。需求与政策，是社会福利领域的主题。社会政策与需求和福利直接相关，社会政策就是为了满足全社会或者某个公认群体的需求而制订和实施的各种措施、计划、方案、法律、制度等，但是社会政策并不能回应所有的即便是公众认可的社会需求，因为它是对社会资源的再分配形式，社会需求总是大于社会资源。因此，社会政策既是群体利益的反映，也是决策者思想理念的展现。城市贫困儿童的需求是多方面的和多层次的，现有的政策对应了哪些需求，忽略了哪些需求，可以分析政策的有效性。

第三，提出建设城市贫困儿童福利体系的政策建议。现有关于城市贫困儿童的社会政策还不能完全覆盖该群体的需求，被忽略的需求仍然可能加剧该群体的贫困程度和社会排斥。因此，通过政策完善，补充政府直接的社会福利或社会服务，对该弱势群体进行资源再分配，满足贫困儿童各方面的需求，可以减少他们遭遇的福利缺失。

从生存贫困上升到发展贫困无疑会进一步影响对扶贫政策的选择。在一定意义上，解决生存贫困只是一种权宜之计，并不能成为从根本上消除贫困最为有效的政策选择。从扶贫的长期效果来看，如何使得儿童摆脱贫困是至关重要的。对于人的一生中说，儿童时期正是积累人力资本的年龄阶段，对于将来成年阶段的生存状态起决定性的作用。正是基于这方面的考虑，有关儿童贫困的研究应该具有战略扶贫价值，虽然有关中国儿童贫困的研究才刚刚开始，但是这个问题应该引起人们更多的关注。本研究以深圳的贫困儿童样本为实证研究对象，分析他们在成长环境和过程中遭遇的种种福利困境，了解减少贫困的各种福利需求，帮助他们融入学校、社区、社会，最后提出城市贫困儿童的福利政策建议。

第三节　研究的理论和政策意义

本课题从福利责任的角度分析城市贫困儿童的福利需求，通过贫困理论、福利支持和福利多元理论的框架分析，用实证方法解读儿童的福利需求，提出福利政策建议。这与儿童权利理论研究和儿童福利实践需求融为一体，具有理论研究意义和社会政策的实践意义。

第一，社会保障的国家责任是从反贫困为起点的，经济发展是反贫困的重要条件之一，没有持续的经济增长，反贫困战略就不具有稳定性和连续性。然而经济增长并不必然导致贫困的减少，如果拓宽反贫困的视角，不再把贫困简单地理解为收入贫困和消费贫困，而看作为个人潜在能力的匮乏，那么，只有社会发展才能为反贫困的长期有效性提供根本的保障。加强对贫困家庭子女的问题与需求的研究，对于丰富和发展贫困理论及儿童问题理论，对于拓宽学科的研究视野，具有重要的理论意义。

第二，该研究运用福利多元理论来阐释现代福利供给和需求的多样性，以国家、社会和家庭三位一体对贫困儿童形成全方位的福利责任，满足儿童多方面的福利需求，消除社会排斥的形成，形成利于其健康成长的社会融合。通过对福利供给主体三者的责任关系分析，探究出研究对象遭遇福利缺失和社会排斥的成因，拓宽了对儿童福利制度的理论视域。

第三，对儿童的福利需求分析可以真正实现以儿童为中心的政策制定模式。倾听儿童的声音，政府责无旁贷，政府和政策制定者应对儿童的需求有真正的了解，本研究在儿童福利需求的分析中，真正做到以儿童为中心，以儿童需求为导向，充分体现儿童在儿童福利中的最高利益和主人翁地位，摆脱没有专门针对城市贫困儿童群体的福利政策的尴尬局面，使儿童权利保护和福利需求走出家庭，成为家庭、国家和社会的共同责任，促使在儿童问题研究方面引起各方对儿童福利与权利保障的高度关注，避免儿童相关社会政策的行政化和成人化，形成切实的儿童权利保护意识。

第四，该研究以深圳地区作为研究个案，可以为深圳的贫困儿童政策模式提供建议。实证研究可以更好更准确地了解研究对象的问题和需求，在特定的社会环境和制度框架中进行考察。只有这样，福利项目的设计才会更合理，更讲究人性，更具个性化，使其更具有反贫困的长远意义。提出的儿童福利政策和建议才会与该地区的经济发展水平相吻合，达到社会政策应起的效果。

我国从中央到地方政府，开始关注贫困家庭儿童问题的解决，并力求在维护社会稳定的同时，体现社会公正与平等。因此如何认识贫困家庭儿童问题，准确了解和把握他们的福利缺失与社会排斥，评估现行儿童政策及其社会政策的运行效率，寻求切实可行的救助方式，是当前面临的一个十分紧迫而重要的理论课题和现实课题。加强对贫困家庭子女的问题与需求的研究，一方面，对于丰富和发展贫困理论及儿童问题理论，对于拓宽学科的研究视野，具有极其重要的理论意义；另一方面，对于切实解决贫困家庭儿童的生活困难，探讨具有中国特色的保护弱势儿童政策和制度，倡导儿童福利，明确国家反贫困责任，实现社会公平，维护社会稳定，促进社会发展，具有十分重要的现实意义。

第二章　文献回顾

本章为理论回顾和文献梳理，主要内容包括贫困理论、福利支持理论、福利多元理论以及儿童保护理论与政策。

第一节　贫困理论

本研究将通过历史视角回顾贫困理论，展现贫困理念的时代特征和多维外延，其中，贫困循环理论阐释了贫困的代际传递原因以及从不同侧面对儿童成长的影响，可能导致减贫困境。

一　西方的贫困理论

1. 贫困定义的历史演变

虽然贫困成为世俗议论和宗教解读的主题已有几个世纪的时间，但直到19世纪，才第一次有学者对贫困的定义、度量和理解作出系统的分析。早期的一些定性研究主要侧重于贫困人口的生活，其中一例便是亨利·梅休（Henry Mayhew）于1885年出版的巨著《伦敦劳工与贫民》。与此同时，以人口普查数据为基础的第一份量化研究也出现了，但随后家庭调查取代了人口普查，因为家庭调查利用直接访谈的方法来了解关于收入、支出、居住条件、家庭规模等相关因素的详细信息。这些早期的研究为其后有关贫困的不同定义与解读提供了基础。定量研究将贫困定义为缺乏足够的收入，今天这一方法已被广泛接受；但是，把贫困与生活方式、态度、行为联系起来的定义则是对上述定义的一大补充。这些方法同时也被概念化，人们不再用“贫困”这一术语，而代之以与贫困密切联系的词汇，如社会排斥、下层阶级、生活标准、生计、不平等、相对匮乏等其他术语，导致了大量问题与争议的出现。然而，问题并不仅仅是如何在语义学意义中为贫困下定义，而是定义贫困的方式与消除贫困的政策建议紧密地联系在一起，而且反过来，所有与贫困定义以及政策建议都根植于不同的价值观和信仰。因此，为了更好地理解这些问题，需要深入思考定义贫困的不同方法（Anthony Hall and James Midgley，2006）。贫困的定义，随着扶贫实践的演变以及研究的深入，都打上了时代的烙印。

第一阶段，贫困——低收入的绝对性与相对性。

收入贫困是现代贫困最重要的概念和最主要的表现形式。雷诺兹（Reynolds，1986：430）这样定义贫困：指许多家庭没有足够的收入可以使之有起码的生活水平。朗特里（S. Rowntree）在1901年出版的《贫困：城镇生活的研究》（*Poverty：A Study of Town Life*）一书中首次对贫困内涵做了解读：收入不能够“维持体能所需要的最低必需品”，明确提出了绝对贫困的概念，按照他的贫困定义，一个家庭处于贫困状态是因为他所拥有的收入不足以维持其最低生理上的需要。以收入为基础的贫困定义亦即人类需要最低水平的食品、水、住房、衣服消费才能生存下来，通过定义“最低生理上要求”并将其与价格相联系，就有可能构建出一条最低贫困线。查尔斯·布思（Charles Booth）作为先驱者在英国伦敦运用了该方法，随后朗特里（Rowntree）在英国城市约克进行的贫困研究中去芜存菁，对此方法进行了改良。绝对贫困概念的提出，开创了从收入不足或物质资源缺乏的角度研究贫困内涵的视角，也即从物质贫困的视角理解贫困。此后，很多学者提出了对物质贫困的定义，汤森（Townsend，1979：38）认为“所有居民中那些缺乏获得各种食物、参加社会活动和起码的生活和社交条件的资源的个人、家庭和群体就是所谓贫困”。

朗特里的研究为英国在“二战”后引入社会保险和其他社会项目提供了资料（Bruce，1961），而由保罗·凯洛格（Paul Kellogg）在美国领导的贫困项目研究，也被用来说服联邦政府建立了社会保障制度（Chambers，1971）。绝对贫困线研究也帮助建立了家计调查方法来决定社会福利享有者的资格。今天各国政府经常采用社会救助家计调查标准来判断贫困的发生率也就不足为奇了。

然而，以绝对贫困线为基础的贫困线研究广受批评，其中的一个问题就是贫困线太低，因此变得不现实。即使是朗特里也指出，他的最低贫困线并不现实，因为人们不可能生活在他所提出的最低生活标准线下（Stitt and Grant，1993）。虽然朗特里的绝对贫困的定义和研究思路影响着20世纪的贫困研究，但是后来的研究对“最低生理上的需要”的内涵进行了一些调整和扩展，联合国开发计划署和国际劳动组织明确贫困与“人的基本需求”相联系，美国学者卡恩（A. Khan，1977）列出了“基本需求”核心内容：食物、衣着、住房、医疗、教育以及饮用水。英国学者奥本海姆（Oppenheim）就是这样给贫困定义的：“贫困是指物质上的、社会上的和情感上的匮乏。它意味着在食物、保暖和衣着方面的开支要少于平均水平。”可见，基本需求在不断扩大，因而在20世纪六七十年代一些学者提出了相对贫困的概念，即贫困是相对的。更值得一提的是英国学者唐森德（P. Townsend，1962）对相对贫困概念的细致阐述，这对于后来西欧国家普遍采用相对贫困线的做法有很大的影响。唐森德（1974；1979）认为，在一个富足的社会中谈论绝对贫困线毫无意义，在诸如英国这样的社会中，不应在绝对最低生存水平的意义上来谈论贫困的概念，而应该建立与社会期望和多数人所享受的生活标准相称的相对标准。如果采用相对贫困的定义，那么贫困仍然是英国的一个主要社会问题。

相对标准被广泛接受，被发达国家应用在定义贫困上。通常贫困线的确定要考虑到平均收入，并将它与社会保障资格标准联系起来。然而绝对贫困仍然是有用的，特别是发展中国家，生存需求仍然是理解贫困的相关因素。在1995年召开的社会发展首脑会议上，一天一美元的贫困线被包括世界银行、联合国、经济合作组织在内的国际机构接受。这一贫困线不仅被用来评估全球贫困发生率，也为消灭贫困制定了目标。

可见，研究者们早期对贫困的研究有基本一致的观点，绝对贫困是生存贫困，即收入不能满足最基本的生存需求，维持人的最低物质条件得不到保障；相对贫困更多的是指不同阶层之间由于收入差别而处于生活底层的群体的生活状态，更多的是一种精神层面的剥夺。在扶贫政策上，发展中国家更多采用的是绝对贫困，发达国家则采用相对贫困。

第二阶段，贫困——低水平的生活质量。

收入贫困线是度量贫困的一种实用的方式，但是这种度量只关注最低消费需求，缺乏有关贫困人口的健康、教育、住房等其他状况的信息。在努力解决该问题的过程中，联合国在20世纪60年代推进了社会指标的研究，这些指标为深入探讨不同国家的社会状况提供了社会指标的研究，被认为是度量经济和社会发展的有效工具。关于社会指标的研究现在已经变得日益精致，政府常规性地收集有关出生、死亡、传染病感染率、居住条件、文化、教育状况及其他生活侧面的数据。正如梅志里（Midgley，1984）指出的，这些数据既是对诸如健康、居住、教育等特定状况的度量，同时也能间接地反映出更宽泛的社会状况。贫困不再拘泥于传统的基于收入短缺的定义，于是在1990年的《世界发展报告》中，贫困的外延得到扩充，“能力因素”的缺少被注入贫困的内涵，在贫困中的“缺少能力因素”指缺少达到最低生活水准的能力，包括获得健康、教育和营养等的能力，十年后，《世界发展报告》将脆弱性和无助性加入，再次充实了贫困内容。

也许联合国开发计划署制定人类发展指数（HDI，1990）是目前使用范围最广的复合指标，社会指标方法与收入贫困线方法有相似之处，即都建立在量化数据基础上，以相对直截了当的方式使贫困概念化。不过，社会指标扩大了贫困的定义，它与恶劣的居住环境、不良的健康状况、低下的教育水平、可及性较小的公共服务等负面社会状况相联系，该方法实际上反对贫困的实质就是低收入的看法。现在，大多数关于收入贫困状况的解释，都伴随着对社会状况的解释，而社会状况均以这些社会指标来度量。专家学者们认为除了强调入学、免疫、食品的可及性的重要性外，也应该强调政治参与的需求、自我表达的机会、免于经济剥削，以及超越收入的健康生活的其他方面。如今，人们已经达成共识，认为贫困人群不成比例地受到歧视、犯罪、暴力、压迫和其他问题的负面影响，这些问题都已经超过了收入的狭隘范围。阿玛蒂亚·森的能力贫困论指出，贫困不仅仅是源于贫困人口的能力低下，更多原因是他们获取收入的机会被剥夺或遭遇不平等待遇，受教育程度不足、健康问题、社会保障体系不完善、社会歧视等都是造成人们收入能力丧失的不可忽视的因素。今天，人们不仅从物质方面，而且越来越多地从非物质方面来认识贫困。

第三阶段，贫困——不平等与压迫。

诉诸社会不平等来定义贫困的努力有助于人们更清楚地认识贫困的非物质特性。不平等不仅指收入分配方面的问题，而且越来越与歧视、剥削与压迫、资源可及性差以及缺乏有效行使权利和抵抗压迫的能力等方面紧密联系。这种更开阔的视野说明收入和财富不平等的重要性，及其在造成贫困与维持贫困方面的作用。

关于收入不平等的长期研究有助于我们对贫困问题的理解。不平等现象严重的国家经常有较高的贫困率。但是，正如库兹列茨（Kuznets，1955）在许多年前所做的研究揭示的那样，许多非常贫穷的国家有一个庞大的仅能维持生存的农业经济部门，而在这样的社会中，不平等现象并不突出，这是因为，这些国家中的绝大部分人口普遍比较贫穷。然而在那些正经历着经济发展的国家中，收入不平等却急剧加大。库兹列茨所做的开拓性研究推动了随后对南方发展中国家的收入不平等进行的大量研究，许多研究利用入户调查来展示最高收入者与最低收入者之间的显著差异，在许多国家，人口中最富有的20%掌握着全部收入的一半以上。基尼系数被广泛用于表示这些不平等：基尼系数为0时，代表平等最大化；为1时，代表不平等最大化。从这项研究引发的一个有争议的发现是，由阿德尔曼和莫里斯（Adelman and Morris，1966）提出的绝对贫困化假设，即经济增长不仅伴随着不平等现象的加剧，也导致最贫困群体的收入呈现绝对下降之势。他们得出了一个令人惊讶的结论，如果经济不增长，贫困人口的生活或许可能会更好一些。

20世纪六七十年代，在社会政策和发展领域，收入不平等的问题备受争议。库兹列茨的研究被用来证明，在那些以收入不平等为代价而高速发展经济的国家，收入不平等的问题能够自我解决，并不需要政府干预。而发展学家则认为：需要政府干预来纠正不平等以及更大范围的收入差异，不平等、贫困与发展紧密纠缠在一起。

在发展与社会政策领域，贫困和不平等仍是中心议题。当一些人享受着空前的繁荣时，还有上百万人生活在物资极为短缺的状况之下。许多国家虽然保持经济的高速发展，但贫困人口仍占相当高的比例，虽然这些国家保持了经济的高速发展，倘若这种增长仅是少数人的福祉，与所有人的收入增加无关，那这种发展便失去意义。社会物质的极大丰富不能公平地提高人们的生活水平，这样的经济增长就不能称之为发展。经济发展没有达到这样的目标，就是所谓发展的“危机”或者“僵局”。提高生活水平与消灭贫困的最大希望在于，将经济发展的诉求与直接贫困的社会政策联系起来，这也是1995年在哥本哈根召开的联合国首脑会议提出的社会发展方法的核心所在。所以，贫困可以用收入与消费反映出的生活方式、文化、价值等因素进行分析。

第四阶段，定义贫困的新方式——社会排斥与下层阶级。

亨利·梅休在他的著作《伦敦劳工与贫民》（1885）中用生动的笔触刻画出伦敦贫民窟的各种行为，这是一种以行为描述为基础的贫困研究，这种研究并不关注收入贫困线或者基尼系数，它把贫困定义为不受欢迎的、不正常的生活方式，穷人被定格为“危险的、令人生厌的阶层”，这一形象持续了好几十年。贫困不仅是一种生活方式，也是贫困聚居区的生活方式，比如：隔离区、旧城区、贫民窟或者违章建筑群（Clark，1965；Banfield，1968）。“下层阶级”就是一个被用来描绘居住在这些地区的穷人的词汇（Auletta，1992），它的普及强化了贫困与种族之间的联系，并概括出19世纪城市贫民的形象。然而下层阶级现象已不再被归因于低智商或者经由文化传递的不良行为特征，而是被归结为更为广泛的社会因素，穷人不再为他们的不良行为负责，而被认为是外力的受害者。这一观念的转变对理解“社会排斥”这一概念的起源问题十分重要。利托伍德和赫尔科默（Littlewood and Herkommer，1999）指出，社会排斥概念一直主导着欧洲大陆的社会政策思维。社会排斥的概念与非工业化、全球竞争和20世纪70年代的其他经济问题一并产生，造成大量失业者脱离主流社会被急剧边缘化。由此，社会排斥概念被欧盟采用，并随着工党上台开始整合到英国的社会政策中去。社会排斥是新工党所鼓吹的“第三条道路”的关键词之一。新思路不再将贫困视为穷人个体失败的结果，而是将之归为更广泛的排斥过程的结果，如缺少教育、非工业化和社会孤立等。

安东尼·吉登斯（Giddens，1998，2000），反对传统“福利国家”所倡导的由国家为消极接收者提供服务和收入的福利思想，吉登斯提出“积极福利”政策理念，其目的在于全球化与新的、强有力的变化力量影响下的动态政治经济环境中，帮助人们处理风险，渡过难关。那些遭到排斥的人们生活在社会的边缘，经常依靠国家救济而生存，然而他们必须学会如何积极参与到环境之中，以便在新的、变幻莫测的风险世界中，有效地扮演具有自主性的角色。然而通过反复灌输一些态度和行为方式来帮助人们实现自主性，并为自己享用的福利承担应尽的责任，这一解决贫困的思路并不新鲜。但是，第三条道路在推动个人选择与责任的同时，又把这些理念包纳在更广泛的社会照顾、互惠主义以及其他社群主义的理想之中（Newman and de Zoysa，2001）。

阿玛蒂亚·森（Amartya Sen，1992，1999）也试图对这些传统加以综合，批评了绝对贫困或者相对贫困的概念，并认为贫困更多的是与人们是否具有选择愿意做什么的能力相关，因此，森坚持从可行能力剥夺的视角看待贫困，认为贫困的真正含义自由权利的剥夺，即可行能力的剥夺，使得人们缺少获取自由及享有正常生活的能力（capability）。在一个没有饥饿、有充足教育机会、疾病能够得到控制的社会里，自由是其内在的特质（Friedman，1962，1980），森的概念超过了自由即不受限制的理念，他在《以自由看待发展》（*Development as Freedom*）中指出，我们要采取行动创造积极的自由，这种自由能提高人们的能力，使他们能够实现自己的功能。

森的思想在发展学领域极有影响，成为全世界对于扶贫措施从（有资格的）权利（entitlement）方面进行反思的一个范本（王海民，李小云，2010），并为联合国目前关于社会发展的思想提供概念上的支持。这反映在联合国开发计划署和世界银行的文件中关于贫困的定义上，这些定义已经超越了靠收入来划分贫困的旧思路。目前，虽然全球贫困率仍然普遍利用一天一美元的标准来度量，但是有关超越这一度量的种种想法为一些反映非物质生活方式的新观念和新术语所强化（World Bank，2001），比如：机会、赋权、保障、参与等。诸如社会排斥和下层阶级等概念在论述贫困和发展的领域中占有一席之地。

2. 贫困的成因研究

贫困是一个看似简单却是诸种因素交织而成的社会现象，那么贫困到底是怎样形成的？经济学家和社会学家给出了多角度的解释，亚当·斯密认为，贫困的形成是由于经济体系对人口生育状况和劳动力的需求共同决定的，伦斯基在他的《权力与特权：社会分层的理论》一书中指出，人们之所以陷入贫困，主要原因是他们占有很少的资源，社会学关于贫困成因还有各种各样的观点：

要素短缺论——这是美国著名学者戴维·S. 兰德斯关于贫困原因的论点，兰德斯在其《国富民穷》一书中指出，贫困的原因在于要素的短缺。这里的“要素”主要是指脱贫致富必不可少的基本条件，如资本、资源、科学技术等，由于贫困者没有掌握相关的资本、资源和科学技术等要素，贫困是贫困者对生产要素不能进行有效配置的结果，贫困者所能拥有的资源就是自己的劳动力。因此，贫困者以自己的人力投入与他人的资金技术投入相比较，就只能保证其最基本的生活消费需求，这就是成为贫困者经济行为的基本模式。并且随着贫困者后代的繁衍，贫困人口增加而各种生产要素依然短缺，原有生活水平不仅得不到提高，反而不断降低，无法进行正常资源积累，贫困无法缓解。

智力低下论——1973 年，理查德·赫伦斯坦提出，穷人的智商由于各种因素相对较低，正如“物以类聚，人以群分”，贫困者常常选择与他们同样境况的和同样智力水平的人结婚，从遗传学的角度来看，他们的孩子承袭他们的智力因素，也成为智力低下的人群，因此，贫困被认为是智力低下的结果。在 1994 年赫伦斯坦和查尔斯·莫雷在《钟形曲线》一书中，重申了这种遗传学观点，并且将低智商和贫困、福利依赖、违法犯罪联系在一起。

环境成因论——该观点认为，落后的生活自然环境和闭塞不便的交通条件造成贫困的重要因素，贫困正是由于恶劣的自然环境而造成，一方面在这种环境中，贫困人口会越聚越多；另一方面，贫困人口的贫困可能导致现有自然环境贫乏。

素质贫困论——该观点认为，造成贫困的真正原因并不是由于缺乏资源，也并非是生产力的低下，社会产能不足，而在于“人的素质差”，“素质”即指商品生产和经营的能力。因此持该观点的人主张“穷人”应该改变其行为方式和思想观念，提高现代化素质，适应现代社会的生产和经营，这样才能走出贫困，因此扶贫政策的合理性值得怀疑。

能力贫困论——诺贝尔奖获得者、著名经济学家阿玛蒂亚·森（Sen Amartyak）提出贫困的原因是可行能力的缺乏，他在其代表作《贫困与饥饿》和《以自由看待发展》两书中深刻分析了隐藏在贫困背后的生产方式的作用，以及贫困的实质。因此，贫困不是因为收入低下，造成贫困的真正原因是自由权利被剥夺，是能力的匮乏。森认为以个人收入或资源的占有量为参照来衡量贫富的传统是不合理也是不科学的，他主张引入关于能力的参数来考察人们的生活质量，因为能力不足才是导致贫困的真正根源，因为只有能力才能保证机会的平等；没有能力，就不可能拥有机会，追求发展的自由，“真正的机会平等必须通过能力的平等”才能实现。

此外，关于贫困成因还有著名的马尔萨斯的土地报酬递减论、纳克斯的贫困恶性循环论、莱本斯坦的临界最小努力理论、舒尔茨的人力资本论，等等。贫困的形成是一个长期而且复杂的过程，任何不同的视角和不同元素的解释都可以对贫困现象形成新的认识。

西方国家对贫困问题认识较早，理论研究较为深入，成果丰富，并被政府采纳贯彻在政策实践中。中国对贫困理论的研究起步晚，而且基础性研究明显少于实证研究，大部分学者侧重于贫困地区尤其是农村贫困地区贫困人口的调查研究及对策研究，贫困理论研究的深度和广度都远远滞后于贫困行动对理论的要求。

二　政策视角下的贫困认识及政策实践

对贫困现象的理论解释，是一个知识生产的过程，而知识的社会效用之一就是协助探讨最有效率的手段来达成特定的政策目标。也就是说对贫困知识的获取和利用，是政府提升社会救助政策的效率和效果的需要。回顾历史，从 1601 年的英国女王伊丽莎白颁布的《济贫法》开始，贫困不仅仅是社会问题，更是一个政策问题，需要通过国家干预来加以缓解。

1. 把贫困作为政策问题的理论研究

在政策研究领域，将致贫原因一一梳理，对其背后的社会、经济、文化因素深入分析，由此制定相应的反贫困政策（彭华民，2008）。莫泰基（1999）认为，贫困成因的理论有社会结构论、个人素质论、贫困文化论、传统经济学论、权力支配论和经济剥夺论等，20 世纪 50 年代以前马尔萨斯、马克思分别从贫困者和制度层次，之后有纳克斯和刘易斯从“贫穷恶性循环”、“贫困文化”，纳尔逊的“低水平均衡陷阱”，阿玛蒂亚·森从“权利贫困”，舒尔茨从“贫困经济学”等对贫困的根源进行了探讨。一般会将贫困的原因归纳为两大类（王丽荣，1996），而对致贫原因的不同诠释，也会造成政府反贫困和抗贫策略的不同。

一是以责难贫困者为出发点的思考，称之为“个人归因”（blaming the victim），认为贫困的形成是贫困者本身的个人能力不足或个人问题所导致。马尔萨斯的贫困理论认为，贫困者的贫困是自身原因造成的，与社会制度没有任何关系，因此不承担责任。具体表现为：（1）“个人懈怠和懒惰”，即个人或家庭贫困可能来自个人缺乏工作意愿、懒惰或工作动机不纯，因此并没有充分参与经济体系或劳动力市场而沦为贫困；（2）“人力资本开发不足”，即个人或家庭贫困来自个人经济或谋生能力的严重不足与缺乏，因此无法与劳动力市场的生产者竞争，于是沦为经济上的弱势群体，甚至贫困；（3）“生理、心理、社会缺陷”，即个人和家庭贫困是因为有缺陷或在生理、心理、社会能力上失去功能，导致工作能力不足，而沦为低收入者或无收入者；（4）“社会照顾角色和压力”，即个人因为必须照顾家中的幼儿、残疾人、病人或老人，无法出外谋生，个人无法解除这项负担扮演经济角色。这尤其可以用于解释女性沦入贫困的原因。但是女性主义者认为这一点解释为个人归因是不合理的，因为个人的照顾角色和照顾压力是社会所赋予的，是“传统社会性别角色分工”桎梏下的产物，同时也是社会中外来的社会支持或之后照顾体系功能不足下的产物，如果社会照顾儿童、残疾人、病人和老人的服务体系足够完备和充分，则束缚女性留在家庭中的障碍因素就可克服，女性就能够投入到劳动力市场，变成经济自主和独立的人。

二是以责难社会整体结构和社会制度等因素为出发点的思考，称之为“社会归因”（blaming the society）或“结构归因”（blaming the structure）。此观点认为贫困者本身并不是致贫的重要原因，而是社会种种不利于受助者的因素造成受助者沦为贫困。具体表现为：（1）个人或家庭致贫是经济机会结构或就业机会结构本身有问题，在机会既无法满足就业，又无法提供最低社会保障的基本工资时，于是造成个人工作机会与工资待遇的社会剥夺；（2）个人或家庭只是因为促进就业体系功能上的不足，包括就业服务与职业培训在服务个人就业过程中，无法发挥“适才适所”、“适才适任”或人力资本适度开发；（3）就业市场人力资源管理上缺乏人性化环境的创造，制造了“失业者”陷入贫困，同时严重的性别歧视威胁到就业机会的均等，于是制造了“边缘劳动者”因不愿或无法获得适当工作而沦为贫困者。

在“社会归因”中，除了总体经济或就业结构因素以及就业市场上性别不平等因素，加上不够人性化的工作环境等因素外，还有其他值得探讨的因素，如社会支持体系不足，这一思路主要聚集于解除就业者的社会照顾角色压力方面。现行的政府或非政府部门所建构的支持性照顾体系

（包括对幼儿、残疾人、老人的照顾）不足，也会使一些负有社会照顾任务的人陷入贫困。另一方面是福利制度本身设计失当造成的“福利依赖”，或者福利不足，福利缺失的设计，都可能会导致贫困者产生贫困的恶性循环，制造贫困文化。

2. 救助政策的演变及实践

社会救助是社会保障体系中历史最悠久的项目，它以抵御贫困为主要目的，它的完善与否直接关系到城市广大贫困群体的生计和利益。因此，对发达地区社会救助政策的梳理，包括英美及我国香港地区在贫困救助方面的探索与发展，从中可以找出可借鉴的经验，或者发现中国救助政策的不足。

（1）英国济贫政策及其发展

英国是最早进行社会福利政策实践的国家，它推行的社会福利政策总是与英国现代化所引起的贫困问题联系在一起。1501 年的《济贫法》（*The Poor Law*）标志着国家救助政策的创建，它打破传统的慈善救济方式，目的是维持社会稳定，但这一政策是最低级和最严苛的救济手段，也是社会处于急剧变化之时，为了解决前工业化时期商品经济发展过程中出现的严重贫困问题制定的，虽然《济贫法》只是确认了国家有限的济贫责任，却表明统治者开始认识贫困问题会威胁社会稳定，并对统治秩序造成破坏作用，因此政府以法律形式规定救济贫民的措施，通过对贫困者采取救助，可以在一定程度上缓解社会矛盾。然而，在向工业化和城市化的发展过程中，这种严格的地方管理体系受到很大压力（迈克尔·希尔，2003：29），尤其是来自主张自由放任的古典经济学家的反对。工业革命带来的社会变迁所造成的贫困问题与旧济贫时代完全不一样，而且以边沁为首的功利主义改革者主张，每个人都应该承担养活自己的全部责任，在政策制定中奉行“最少适合者”理念，1834 年的《济贫法修正案》（*Poor Law Amendment Act*），取代旧济贫法，新济贫法中包含三大原则，即“劣等处置”原则、“济贫院检验”原则和“政府统一管理”原则，彰显了“惩戒”色彩，但对贫困者的救助成为一个由政府干预的重要领域，引导济贫工作从混乱状态走向国家统一有序管理，这一做法深刻影响着后来的贫困救济工作。

迈克尔·希尔认为，到 19 世纪后期，济贫政策开始涉及医疗照顾，并由此引发医疗卫生服务合理化的设计，最终形成国民健康服务（NHS）。政府认可并接受 Booth（1889）和 Rowntree（1901）的结论——政府需要在个人不可控因素所造成的贫困问题这个领域有所作为，政府开始承接较为全面的济贫工作，包括医疗卫生、住房和教育等，而且为了更好履行济贫职能，立法提供了一种新的地方政府结构，一直到 20 世纪初陆续颁布了各种形式的救助法律章程，英国政府选择贫民救济政策作为解决各类社会问题的首选政策，以此作为政府通过法律形式为劳动者最低生活水平提供保障，达到缓解社会矛盾的作用。1906—1914 年英国颁布多项福利政策，实现了从济贫法制度到国家福利制度的过渡，1929 年公共援助委员会（Public Assistance Committees）产生，《济贫法》委员会退出历史舞台。至此，在英国实行了 300 多年的贫民救济制度终于解体，英国开始走上福利国家道路。

韦伯夫妇提出著名的“国民最低生活标准”（The National Minimum）（1896），该原则源自工会最低工资要求和国民“贫困线”的结合，并且成为英国福利国家重要原则（陈晓律，1996：60）。英国已经形成了这样的传统，对于贫困落后和弱势群体等社会问题，政府和社会是责无旁贷的。因此，蒂特马斯认为，应对贫困等问题，现代社会需要提供国家保障，为此必须建立一种有效的社会政策——国家福利制度，实现“普遍性福利供给”，因为“普遍性的社会服务即没有任何阶级、种族、性别与宗教等歧视的社会服务，可以发挥这样的社会功能，那就是促进和提高社会协调。”充分就业、全民最低生活保障、平等和免费的医疗与教育成为制定社会政策的核心原则，而《贝弗里奇报告》（1942）更是构建了福利国家的蓝图，工党一直不断推动工人生活状况的改善。因此，工党的崛起对英国福利国家的发展产生了极大影响，20 世纪四五十年代英国政府实行全面的社会保障制度，由社会救济、社会保险、社会补助、社会服务等构成相对完整的福利框架体系，社会救济又包括低收入家庭、贫穷老人、失业者救济，社会保险包括养老、失业、医疗、工伤保险，对住房、儿童、食品、高龄、残疾人、丧葬补助等又有社会补助，还有为老人、残疾人、儿童提供的各种社会服务，整个体系覆盖各个阶层、各个家庭，使英国成为最早宣布实现福利国家施政目标的国家，这一社会福利政策模式使社会弱势群体尤其是贫困阶层的基本物质生活得到较大改善。

英国福利国家的政策体系在不断巩固和完善的过程中走到20世纪70年代中后期开始受到质疑，尤其是对贫困家庭的高补贴和高福利可能滋生依赖、懒惰的批评声越来越高，福利政策进入改革阶段。80年代以来，“新保守主义”提倡在社会政策中国家责任与个人责任的平衡，在这一过程中，人们“重新接受了强调‘个人责任’与‘选择权’的价值观念，这在英国福利国家制度的转型过程中产生了重要影响”（周弘，2002：120）。国家福利责任开始减轻，而个人承担的责任与义务得到强化，确保收入决定的救济在消除贫困方面起着更为关键的作用。1986年的《社会保障法》用“收入支持”（income support）和“家庭补贴”替代补充救济金，降低了对贫困者的救济和保障水平（迈克尔·希尔，2003：53－54）。90年代后期吉登斯“第三条道路”理论又为布莱尔领导的工党政府福利制度的改革明确方向，更加强调社会公正，辅助弱势群体。以就业支持帮助贫困者，强调培训成为这一时期政府扶贫政策的核心，因此有“工作福利”（welfare to work）。

英国的扶贫政策告诉我们，济贫政策从最初的缓解矛盾、稳定社会的功能，发展成为保障每个公民社会权利的国家责任，为全体社会成员提供基本社会保障和公平发展机会，政府的责任是不置可否的。福利制度和政策导向与经济水平密切相关，在保持福利需求和福利水平刚性特征的同时，必须不断改革以趋于合理、完善。

（2）美国反贫政策的演变

贫困问题专家瑞克特（Robert Rector）认为，根据美国的标准，美国的贫困率较高，但是以绝对贫困的标准来衡量，即使在发达国家，美国也是贫困率最低的国家之一。

美国是一块新大陆，历史短暂，但是随着19世纪工业化高潮的到来，穷人逐渐涌入市镇，贫困问题变得非常普遍，早期济贫主要依靠宗教和私人团体，还有移民互济互助的文化也发挥了不小的作用，政府在反贫困方面几乎没有承担责任。从20世纪30年代开始，美国政府开始反贫困政策的建设、完善、改革，在反贫困方面取得了很大成就。美国政府的扶贫责任是在20世纪30年代“大萧条”之后开始的。在罗斯福的一揽子“新政”方案中，1935年的《社会保障法》（*Social Security Act*），标志着政府承担社会保障责任的开始。由于经济“大萧条”导致大批工厂、企业倒闭，成千上万人陷入绝对贫困之中，引发的贫穷问题带来巨大的破坏作用，整个经济处于瘫痪状态，政府不得不陆续采取多项措施。针对穷人的公共援助项目（public assistance programs），将妇幼、老、弱、病、残、鳏寡孤独者、失业者等社会弱势人群全部纳入社会福利体系中，形成不同类别的救助体系，其中就有著名的“抚育未成年儿童的家庭援助”（Aid to Families with Dependent Children，AFDC）。在美国福利政策史上，以该法案为标志，贫困被认为是结构性和制度性的问题，贫困不再是个人问题，关注和救助贫困者的责任由民间组织转向政府。尽管政府有了贫困责任意识和政策，但是作用还是十分有限，对贫困者的扶持力度非常微弱。战后由于受欧洲福利国家思潮的影响，加之美国经济20世纪五六十年代发展迅速，于是美国的各项社会福利制度也开始扩张，但肯尼迪执政时期美国的反贫困政策导向是重视提高穷人抵抗贫困的能力，促进他们自强，由“输血”转向“造血”，依靠穷人自身的改变来达到反贫困的目的。特别是在1964年，约翰逊总统宣布“向贫困开战”（war on poverty），为此设计和实施了更多的计划，1965年，制定了美国历史上第一个贫困线，与同时期其他国家比较，美国的贫困线标准都是相对较高的，政府支付了大笔的救济资金，贫困率呈逐年下降态势，贫困消除率比较明显。此时的社会政策目标已经不再是解决绝对贫困人口的生存问题，而是要解决更多相对贫困人口的就业、平等、教育、医疗保健和发展等一系列问题，这是一个更具雄心壮志的战略部署。为此，美国的救助政策开始得到逐步完善，政府提供的现金和实物福利项目主要有八大项，帮助贫困阶层维持最低生活水平和享有某些权益的社会福利，将社会救助水平推向一个新高度。这一时期，美国的扶贫政策已经不仅仅是单纯事后救济的剩余模式，而是转向预防和救助相结合的全面福利模式，走向了国家对国民福利的完全责任（姚建平，2007：100）。70年代后美国施行新联邦社会福利保障制度，美国开始福利制度改革，提倡工作福利而不是社会福利，1971年开始正式对需要抚养的未成年家庭进行补助，福利制度“补残”特点变得明显起来，特别是80年代以后，由于福利危机及私有化浪潮，美国的社会救助政策又开始新一轮的调整，到了90年代中期，美国进行福利改革，主张以工作福利为导向的政策设计，鼓励勤劳的人通过努力改变贫困状况，因而大幅减少扶贫的资金补助，尤其是克林顿时期的反贫穷计划大幅削减。但是，这一时期政府开始强制执行改善儿童的待遇，通过“州儿童医保计划”（SCHIP）法案，重视儿童教育。

美国作为最强的经济体，依然关注贫困及引发的社会不平等、社会救助等问题，每一位总统都积极推行社会保障体系的建设，任期内的政策导向都有所不同，每一个时期的反贫困政策都在质疑和批评声中不断改革，反贫困政策取向依然在实践中不断摸索。

（3）香港“丰裕社会”中的贫困援助计划

香港是一个国际化大都市，在经济持续高速的发展过程中产生了结构性贫困和个体化贫困，而香港在港英政府时期一直奉行“不干预主义”和“低税收、低福利、高发展”原则，坚持“自由竞争，效率优先”的发展道路，但是繁荣和丰裕之下掩藏着严重的贫困问题。20 世纪 50 年代，香港开始工业化进程，步入黄金发展期，同时社会问题凸显，大规模移民潮导致贫富悬殊日益扩大，贫困问题愈发恶化，港英政府开始介入到社会保障事务中；60 年代中期以后，开始向低收入者和弱势群体提供援助，1971 年，港英政府公布社会救助标准，正式推出“公共援助计划”，通过再分配形式以现金救助贫困人口，标志着香港开始建立现代意义的社会救助制度（刘祖云，2009：34）。

1971 年设立的“公共援助计划”，最初主要是针对赤贫者提供现金援助，1992 年港英政府将其更名为“综合社会保障援助计划”。从 20 世纪 70 年代到 90 年代，港英政府不断完善公共救助制度，不仅提高救助标准、增加救助项目，其目的是以发放补助的方法，援助因年老、残疾、患病、失业、低收入或其他原因而经济出现困难的人士，使他们能应付生活上的基本需要（林闽钢，2007：222）。90 年代后期政府开始强调社会救助“输血”功能，转向发展型社会救助模式，重视穷人的资产和能力建设，1999 年推出“自力更生支援计划”，把个人自助和政府救助结合起来（刘祖云，2009：60）。

香港没有统一的“低保线”，对贫低收入者和弱势群体提供的社会福利计划，类似于最低生活保障的就是“综合社会保障援助计划”。香港的救助体系有三个主要特征：第一，机制灵活——政府每年会按社会保障援助物价指数（社援指数）的变动来调整综援计划标准金额及公共福利金计划金额。社援指数是由政府统计处按月编制，以综援住户的开支模式来量度通胀/通缩。以确保受助人获得的援助金额达到应有水平，应付生活上的基本需要。第二，保障全面——综援计划、公共福利金计划和三个意外赔偿计划统称为“社会保障”，面向不同的救助对象，承担不同的救助功能，其理念是“政府有责任向社会亟须照顾的人士，提供适当的经济或物质援助”。除了上述社会保障外，政府还在教育、医疗和住房等方面投入资源，编制可靠的社会安全网，为困难群体提供生活保障。一直以来，综援计划采用现金援助方式协助困难家庭，综援支出占政府日常开支的比重大幅度增加，在2011—2012年度，社会福利占整个政府日常开支的17.4%，而综援和公共福利金计划就达社会福利支出的70%左右，综援所占比重最大，公共福利金计划次之，三个意外救济计划所占比重非常小。第三，补助形式多样——政府对经济困难群体的援助项目繁多，分门别类，其中援助金大致分为三类：标准金额——按不同类别的综援受助人而发放的标准金额，以应付基本及一般需要；特别津贴——根据个别受助人的特别需要而发放的特别津贴，以支付租金、必需的交通费、学费及特别膳食费用等；补助金——发放给特定类别受助人的长期个案补助金、单亲补助金、小区生活补助金及交通补助金。在此计划下凡是符合条件的社会弱势群体由于各种原因导致经济困难均可以获得定额的津贴补助。

香港“综援计划”在社会保障中发挥着重要作用，政府不仅通过现金形式保障贫困者的基本生活，而且还通过相关的社会服务，致力于改善贫困者的生活质量。在短短的几十年，香港从本地经济和文化特点出发，无论是在港英政府时期还是在特区政府时期，始终坚持“减少政府责任，加强个人自我保障”的思想，不断完善贫困救助制度，根据经济水平逐步提高社会救助水平。

（4）中国城市居民最低生活保障制度

改革开放前，中国政府建立了与计划经济相配套的传统社会救济制度框架，城市的国家保障和农村的集体保障这两张安全网几乎对全体社会成员提供了初级的、低水平的基本社会保障。由于当时社会发展水平低下，各个群体之间几乎没有太大的收入差距，整体处于一个相当平均的水平，因此，这一时期现代意义的社会救助制度尚未建立。改革开放后，随着农村承包责任制的推行和城镇劳动就业体制、收入分配体制改革，城乡居民从“普遍贫穷的时代走向了贫富差距日渐扩大的时代”（郑功成，2006：

187)。除了传统的弱势群体包括灾民、贫困人口、孤老残幼等，新的贫困群体不断形成并不断增长，尤其是下岗工人成为城市贫困的主要人群，而原单位保障功能又逐步丧失，形成庞大的城市贫困人口，传统社会救济根本无法应对。因此，中国建立了全国统一的基本生活保障制度，包括最低生活保障制度和农村五保供养制度。

中国城市居民最低生活保障制度（简称“低保”制度）1993 年开始在上海试点，取得较好效果，之后，沿海城市和一些内陆城市逐步建立了这一制度。1997 年 8 月，国务院颁发了《国务院关于在各地建立城市居民最低生活保障制度的通知》，要求到 1999 年年底，全国所有城市和县政府所在镇都要建立这项制度。在总结各地经验的基础上，1999 年 9 月国务院颁布《城市居民最低生活保障条例》，并于 10 月 1 日正式实施，标志着我国城市居民最低生活保障制度的建立。最低生活保障制度是在转轨时期，在市场经济的冲击下，为适应新的经济体制建立起来的，它解决了城镇居民中最困难人群的生存问题，维持社会稳定，并且推动经济的发展。但是该制度的覆盖范围还极为有限，保障对象为人均收入低于当地城市居民最低生活标准的城市居民，而且保障水平比较低下，低保标准的确定和低保标准的资金都由地方政府负责。最低生活保障制度是维持城镇居民最低水平的社会政策，是居民的“最后一道社会安全网”，许多项目设计还处于初级阶段，在覆盖面、经费来源、制度化水平、项目间协调以及组织管理等方面存在许多不足（彭华民，2008：178）。

“低保”制度是一项保障城镇居民最低生活需要的制度，还需要其他方面的救助制度才能满足贫困居民基本生活的需求，包括就业、医疗、住房、教育等方面的需求。目前针对贫困者实施的住房救助项目主要是廉租房住房制度。而我国的医疗救助制度明显没有形成统一的救助形式，政府对于贫困群体的医疗救助的责任主体意识还未确立，因此对于贫困群体的医疗救助制度方式还有待于进一步改革加以确立（姚建平，2007：145），但是越来越多的地方政府对“低保家庭”提供了医疗和教育补贴，而且开始引入具有“柔性管理”功能的社会服务。可见，城市“低保”制度虽然缩减了绝对贫困，还有很大的完善空间，需要通过各种配套救助，充分发挥民间力量，才能成为真正现代意义的社会救助制度。

三 儿童贫困理论

1. 贫困代际传递理论

贫困代际传递理论又称贫困循环理论，是一个新兴的贫困理论流派，在西方反贫困理论研究和反贫实践领域具有较大影响。西方国家一些贫困问题研究专家，在世界各地的贫困地区进行了大量田野调查，在此基础上，对撒哈拉以南非洲（Aliber, 2001）、南亚和东南亚地区（Karen Moore, 2004）、南美和加勒比海地区（Aldaz－Caroll & Enrique, 1999）以及芬兰（Ilpo Airio 、Pasi Moisio & Mikko Niemel, 2004）和美国（Joan Rosalie Rodgers, 1995）等国家社会底层阶级的贫困特征进行了考察，并且对贫困代际传递问题进行深入的研究，取得了很有影响的研究成果，这些研究成果部分被应用在政府决策中，可以说一定程度上影响了这些地区的反贫困战略和政策的制定与实施。

（1）贫困代际传递理论的产生与发展

贫困代际传递（Intergenerational Transmission of Poverty）意即贫困以及导致贫困的相关条件和因素，由于父母无力改变现状，贫困生活在家庭内部由父母传递给子女，代代相传，子女不断重复父母的境遇——这种贫困和不利因素的传递形成一种恶性遗传链；另外贫困代际传递也指在一定的社区或阶层范围内贫困以及导致贫困的相关条件和因素在代际之间延续，使后代重复前代的贫困境遇。贫困代际传递概念是从社会学阶层继承和地位获得的研究范式中发展出来的。美国的经济学家在研究贫困阶层长期性贫困的过程中发现贫困家庭和贫困社区存在贫困的代际传承现象，于20世纪60年代初提出了“贫困代际传递”概念。

对贫困代际传递概念还有其他多种解释，斯坦因伯格（Stenberg, 2000）就提出了三种相关性解释，即：与文化行为相关、与政策相关、与经济结构等因素相关（Stenberg, 2000）。第一种解释强调文化行为因素，与奥斯卡·刘易斯（Oscar Lewis, 1965, 1969）的观点相类似。刘易斯在提出贫困文化概念后认为，贫困代际传递以具有各种相互作用的经济的和心理的特征为表征。例如，缺乏适当的学校教育，穷困的经济境遇，猜疑和缺少社会活动的参与，或者缺乏除了家庭以外的其他任何社会资源，构成贫困文化的一个基本特征——代际传递。一个坚固的核心家庭其家庭成员之间可产生强烈的相互依赖和信任关系，这样可以使年青一代从年老的一代那里继承其价值观、态度和习俗，从而确保贫困文化代际传递。（2）与社会政策相关的解释特别强调了福利依赖的代际传递性

米德（Mead，1992）认为，依赖福利的家庭陷入贫困陷阱是因为长期接受福利救济已经使这些家庭的父母和孩子改变了价值观（Lawrence M. Mead，1992）。第三种解释强调了经济结构因素对贫困代际传递的影响，其中人力资本具有关键性的作用。如贝克尔与托马斯的研究强调了贫困与劳动力市场的关联（Becker Gary & Nigel Tomes，1986）。他们的研究显示，缺乏经济资源阻碍了儿童人力资本的发展，也由于人力资本低，孩子们缺少找到好工作的能力。同时，贫困父母与非贫困父母相比缺少与劳动力市场的联系（Coleman，1990）。威尔逊（Wilson，1987）指出，贫困代际传递和城市下层阶级形成的一个重要因素就是由于大批制造业迁出城市中心区，使他们失去了城市中心制造业的工作，这使他们减少了摆脱贫困的机会（William Julius & Wilson，1987）。也有研究表明，贫困父母存在与贫困代际传递相关的非经济资源，如学校教育和家庭结构。由于父母受教育水平低影响他们鼓励和帮助自己的孩子完成适当的教育。家庭结构也是造成贫困本身及其代际传递的一个基本因素。如家庭中兄弟姊妹多，或父母离异等都可能导致孩子贫困、缺乏营养和监管甚至缺乏行为榜样等，这些因素都有可能导致儿童成人后的贫困。在贫困代际传递研究中，儿童贫困（child poverty）是一个核心概念。儿童贫困意味着儿童在成长过程中缺乏接近资源的机会，而这些资源对他们的成长和摆脱贫困来说恰恰是至关重要的。这些资源主要包括经济、社会、文化、物质、环境和政治等。儿童贫困也不仅仅是因家庭经济困窘而不能享有适当的物质生活，同时，还包括人力资本发展机会的匮乏、家庭社会网络资源的贫乏、表达自己要求和希望的权利缺乏以及参与权利的缺失等。儿童贫困既是贫困代际传递产生的重要原因，也是贫困代际传递的结果。

近年来，不少西方贫困问题研究专家对贫困代际传递问题十分关注。除了继续从传统的社会代际流动、贫困文化、经济收入等方面研究贫困代际传递问题外，还分别从权利缺失、公共参与、政治资源、环境资源、社会网络资源、社会资本、人力资本、劳动力市场结构、家庭规模与结构、儿童劳动、儿童贫困、教育与贫困的关系、社会安全网的构建、种族、性

别、遗传性疾病等方面，拓展了贫困代际传递问题研究的视角，并取得一些较大影响的研究成果。

国际持续性贫困研究中心的 Karen Moore 等专家对影响贫困代际传递的因素作了比较全面的分析和总结（David Hulme, Karen Moore and Andrew Shepherd, 2001），他们认为影响贫困代际传递的因素主要包括人口与健康因素、政治性因素、社会与文化性因素、经济因素和生活环境因素，其中的政治性因素包括基层政府管理体制与机制、国家发展战略与扶贫策略、获得经济、政治和社会资源以及参与决策的权利与机会、医疗与社会保障制度与政策和教育体制与投入机制。

2. 家庭贫困从不同侧面对儿童产生深刻的影响

（1）物质匮乏的观点

许多国内外的研究都指出，贫困家庭由于经济收入低下，造成其物质生活处于匮乏状态，甚至无法保障其基本需要，因而造成居住环境、健康状况及学习环境等不良的问题，并最终使家庭经济社会地位（social economic status, SES）低下，沦为社会阶层的底部。在美国，贫困家庭儿童与普通家庭儿童比较显示，贫困家庭子女在学前和小学阶段，表现为较多的问题行为，较低的识字率，较高的学科不及格，贫困家庭儿童在学校存在较低学业成就，工作过程中又少有职业成就和较多的问题行为（Brooks-Gunn 等，1997；Morre 等，1991）。而在冲突论看来社会阶层化会限制人类的效率，甚至抑制个人的发展，如可能阻碍教育机会的均等，从而造成对儿童的不利影响。如在居住环境和条件方面，在健康方面，在学习环境方面，以及在学业生涯和职业生涯发展方面，麦克拉罕（Mclanhan, 1985）发现贫困家庭子女的辍学率高于非贫困家庭。总之，家庭的弱经济力量、贫困状况会对成长中的儿童产生负面效应，致使其长大成人之后，在社会上的成就和经济方面的能力，一般都会低于普通家庭成长起来的孩子，隐含地在两代人之间继续致贫，形成“恶性循环”。

（2）经济剥夺的观点

由社会阶层化理论所演绎出的“经济剥夺”假设，进一步阐述了造成家庭社会经济地位低下的根本原因（Mclanhan, 1985），贫困与父母世代的经济社会背景有关。根据达伦多夫（Dahrendorff, 1979）的“生活机会”（life chances）观点，每个人在生活中都有选择和机会，但因着家庭的不同，每个儿童得到的选择权利有极大的差别，弱势家庭的孩子在其成长过程中的选择和机会非常有限甚至没有。因为家庭的贫困，他们的种种选择和发展的“生活机会”将受到限制和剥夺，甚至剥夺他们的未来。斯切勒（Schiller，1989）所提出的“有限机会观点”（restricted opportunity argument）也指出，少数民族、女性和低经济阶层的个人，由于没有能力接受较好的教育，他们成年之后，向上流动的机会变得微乎其微，成为贫困人口的“候选人”。兰克（Rank，1994）延续“经济剥夺”的观点，贫困人士贫困更重要的原因是原生家庭经济资源不足。这一方面导致其父辈们为克服经济生计上的困难，必须外出工作或必须增加工作时间，以赚取足够的生活费用，因而相应减少了陪伴和管教孩子的时间，降低了教育儿童的品质，造成子女不良的适应、行为表现及教育成就；另一方面导致在子女的成长过程中无法投资和积累子女足够应对劳动力市场所需的人力资本，使其一旦发生家庭危机，便没有足够的社会经济资源来应对生活的大变动，因而较容易陷入经济困境，必须依赖社会福利的救助来维持家庭生活，而接受福利救济需要承受福利依赖与福利压力的影响，有时也会造成儿童心中的福利烙印（welfare stigma），影响其未来的生活适应。

（3）贫困文化论

“贫困文化”作为社会学术语，是由社会学和人类学家刘易斯在其1959年出版的《五个家庭：关于贫困文化的墨西哥人实证研究》一书中创立并首次使用。而后，“贫困文化”的概念被广泛使用到贫困研究中来，形成对持久性贫困的一种理论解释。与此同时，班费尔德的《一个落后社会的伦理基石》、哈瑞顿的《另类美国》等一批学术论著，通过对来自墨西哥、美国和意大利等不同社会的经验资料，共同构筑起贫困文化的概念框架。

刘易斯在《贫困文化》一书中指出，“贫困文化”表达着“在既定的历史和社会的脉络中，穷人所共享的有别于主流文化的一种方式”，也表达着“在阶层化、高度个人化的社会里，穷人对其边缘地位的适应或反应”。他说：“贫困文化一旦形成，就必然倾向于永恒。棚户区的孩子，到6—7岁时，他们在心理上，不准备接受那些可能改变他们生活的种种变迁的条件或改善的机会。”班费尔德也相信，“穷人基本不能依靠自己的理论去利用机会摆脱贫困之命运，因为他们早已内化了那些与大社会格格不入的一整套价值观念。改变贫困的可能，只取决于外群体的力量”。哈瑞顿在其代表作《另类美国》中认为，“在美国，穷人是一种文化，一种制度和一种生活方式”。他说，大多数穷人的孩子由于其家庭结构不同于社会的其他群体，他们一旦“投入卑微的父母的怀抱，进入一个落后的国家或社区，选择一个错误的工作场所，一个被歧视的种族，或误入一个伦理环境，就只能耳濡目染，成为那种环境中赞美的道德和意志的楷模。他们中的大多数从此再没有机会走出这个美国的另类群体”，这种思想中含有明显的“贫困代价传递”的观念。

（4）学业低下的观点

政策制定者认识到贫困具有失能机制，贫困儿童的数量对社会和教育起着一种预警作用，（布兰迪斯）大学“饥饿与贫困研究中心”认为（2002），饥饿对儿童的健康、学业、心理健康和行为都有负面影响。家庭陷入贫困的时间与贫困对儿童学业成就的影响密切相关。研究表明，贫困限制儿童的学业成就的提高，但是家庭收入对儿童完成学校教育年限却是影响甚微，家庭收入提高 10%，对儿童完成教育年限的影响仅是 0.2%—2.0%（Brooks - Gunn & Duncan，1997）。更多的研究发现，收入与学业的关系却和许多其他因素交织在一起，比如父母的教育背景、家庭结构、居住环境等。虽然每个家庭的贫困程度不一，但是对儿童学业成就带来的负面影响是一致的。生活在贫困线下的儿童常常会遭遇来自社区、学校、媒体、政策制定者以及政策执行者有意或无意的偏见和歧视，学龄儿童和青少年对同伴的情绪，对学校老师及行政工作人员的态度非常敏感，而这些恰恰反射出媒体、政府福利政策逻辑以及公众对他们所持的否定态度——贫困家庭的贫困是由于自身行为所致，贫困甚至无家可归都是个人责任（Brooks - Gunn，1998）。因此，必须充分认识到贫困对教育和社会判断带来的反作用，只有这样才能将各级政府资源用来提供服务以改善贫困儿童及其家庭的生活条件。

儿童及其家庭的贫困实际上给社会带来无数挑战，贫困文化中成长起来的儿童，他们的人生态度和各种价值观有别于在正常环境中长大的孩子，因为贫困阶层、中产阶层和富裕阶层之间有着泾渭分明的着装礼仪、行为规范和处理各种矛盾冲突的方式。贫困带来的问题远远比物质资源或就业机会的分配要复杂得多（Bind，2002）。

3. 解决贫困家庭儿童的策略研究——理论依据与行动策略

（1）微观视角——人力资本的观点

从字面意义来看，一个国家的“人力资本”是指该国所储备的健康的、接受良好教育的、有能力和有价值的人才，人力资源是决定该国经济发展和未来人类发展的关键因素。开发人才资本的第一步，就是为每个孩子提供最佳生命起点，不仅包括生存条件，还应创造条件，使每个孩子都能茁壮成长，使其潜力得到最充分的开发。人力资本通常也代表着一个国家进步的机会，但是，由于全世界数以亿计的儿童没有获得茁壮成长和开发潜力的条件，造成了人力资本的巨大浪费。

“生命的早期阶段不仅会打下良好健康的生理基础，使儿童在未来竞争激烈的劳动力市场上获得高回报的基本价值观也是在这个时期由父母传递给孩子的。”（罗伯特·威廉·福格尔，2004）

根据经济学家 Becker（1993）的人力资本理论观点，贫困者教育程度低，工作能力差，就业经验不足，在激烈自由竞争的劳动力市场由于其人力资本不足，缺乏劳动力市场的竞争力，造成其工作报酬偏低。由于工作场所的不足，个人及其家庭沦入贫困而依赖社会救助的可能性因此增高。根据人力资本理论的逻辑，有关“减贫”的福利政策，应该更加注重对贫困者人力资本的提升，更多地提供经济支持和医疗补助等现金支持，学业训练或就业辅导的服务支持，以补充贫困家庭的收入不足，并增进家庭中个人的人力资本，以衍生较高的工作所得收入（万育维，1992），通过这样的方式可以促进其摆脱贫困，走向经济独立。从人力资本的观点出发，贫困儿童家庭未来“脱贫”的最有效的方法是增加儿童的人力资本，为将来取得良好的职业生涯创造条件，为此提供较好的教育和职业培训。

（2）中观视角——社会资本的观点

近年来，在美国的社会学分析及社会服务发展中兴起了所谓的“社会资本”（social capital）这种中观的角度，以观察和介入问题（Coleman，1987；Granovetter，1981；Putnam，1993）。Coleman（1987）也阐述了社会资本和物质资本、人力资本一样具有生产力。与有形的物质资本不同，社会资本是存在于人与人之间的无形资本。人力资本虽然也是无形的，但它包含于个体之内，而社会资本则隐含于个体与个体之间的关系之中。所以，社会资本与物质资本、人力资本等个人资产不同，物质资本和人力资本不会因为社会联系削弱而减少，但社会资本却会因为人际关系的破坏而消失。

社会资本体现为三种不同的形式："责任与期望"、"咨询渠道"及"社会规范"。"责任与期望"及"社会规范"通过奖赏或制裁个人行为提供准则，而"咨询渠道"是指利用社会关系取得咨询（Coleman，1987）。这三种社会资本形式往往都是通过建立网络而得以实现。当人际关系被注入责任与期望及社会规范时，教导、关心、分享、信任和互惠合作等创造社会资本的主要因素便逐步形成，只有教导、关心、分享、信任和互惠合作等精神存在于网络之中，个人咨询和资源才能得以无障碍地在网络中流传，从而方便其他网络成员取得所需的咨询和资源以解决自身的问题。

可见，接触网络较大的人，和网络较小的人们比起来，更具有获得较高咨询和解决问题的能力。可是，人们喜欢跟自己相似的人发展关系，因为社会条件相似的人们有较多共同的利益，关系比较持久。在人际网络筛选与重组的过程中，人们持续投资情绪、情感，来强化彼此的信任基础及交易稳定性。人们与邻居、朋友的交易网络被转化为教导、关心、分享的社会关系；上下级之间的利益联系被改造成相对封闭和同质的"仿家庭衍生网络"（黄洪、李剑明，2001）。

依照上述理论阐述，可以看出，贫困家庭中的儿童主要处于一个封闭及同质的"仿家庭衍生网络"之中，其家长及同辈都很有可能同样面对失业、失学，待其成长进入青年时期，其社会资本非常弱化，使他们与在职人士联系减少，Granovetter（1981）更指出，有雇员介绍会更可靠，而不重复网络的弱联系在介绍工作时比同质的强联系来得更重要，因而导致他们难以进入劳动力市场；另一方面，贫困家庭及其子女因为缺少收入，多依靠社会福利为生，所以并没有多余的开支去从事闲暇及社会参与方面的活动，再加上少数族裔及弱势群体所面对的社会歧视及排斥，使贫困家庭及其子女较难与其他社群接触及联络，造成其处于封闭及同质的网络之中。所以贫困家庭子女就业问题恶化与社会资本的弱化可理解为互为因果，恶性循环。

社会资本的理论及其中观角度的切入，使我们有一个新视角去检视贫困儿童的未来的成长就业问题。贫困子女难以找到工作不仅仅是其子女的人力资本即劳动力供应出现问题，也不仅仅是对劳动力需求不足的问题，而是供应与需求不配合造成的。传统的交通、亲友、工友及邻居网络的破落，使原先结合供应与需求的机构被破坏，所以必须重建社会资本，重新建立供应与需求的互动结合，才能真正解决贫困儿童未来就业的问题，使贫困家庭最终摆脱贫困。

4. “减贫始于儿童”的政策要求

儿童是最容易被贫困侵袭且伤害最严重的群体：贫困会对他们的身心造成终生伤害，他们可能将贫困传递给他们的下一代，造成贫困的永久循环，因此减贫必须从儿童开始。

一个家庭遭遇贫困，首当其冲的受害者是儿童，贫穷带来的健康不佳、营养不良和身心受损都会严重破坏儿童的生活，贫穷令他们失去活力，削弱他们对未来的信心。当贫困在家庭中传播并不断加深之时，各种各样的疾病会残害儿童的身心和认知能力的提高，阻碍儿童未来的学习，这些是以后生命中无法修复的缺陷；贫穷剥夺了儿童的权利，破坏了适合儿童生长的环境，因为很多虐待和剥削儿童的行为都与普遍而根深蒂固的贫穷现象相关。儿童时期有一个好的生活起始对于每一个人的身体、智力和情感发育都至关重要，因此贫困可以说是对儿童生活的致命打击。

而且贫困儿童在为人父母后更有可能继续把贫困传递给自己的孩子，成为贫穷的传递者，形成恶性循环：营养不良的女童长大成为营养不良的母亲，生出不足体重的婴儿；没有任何信息渠道的父母不能最大限度地关爱他们的孩子；缺少教育机会的父母不能辅导孩子的学习。所以贫困使儿童较易遭受营养不良、疾病、发育迟缓、虐待和忽视，他们的入学准备和学校表现通常会比较差。

每一个政府都致力于减贫事业，但是最有效的方法是在儿童成长时期进行早期干预，缩小他们的福利差距，让贫困儿童在他们生命初期可以打破贫困带给他们的桎梏，享受平等的生命起点，成为政府脱贫政策的最大受益者，为他们贫困的家庭储备人力资源，这是最为有效的反贫困战略。

尽管全球的经济达到了前所未有的繁荣程度，然而依然无法保证让每一个儿童都有一个较好的生命开始：在发展中国家有40%的儿童挣扎在每天不到一美元的生活之中，贫困是导致每年数百万儿童死亡的主要原因，贫困也使数以千万计的儿童挨饿、辍学或在童工市场饱受剥削。这样就导致了贫困和不平等现象的恶性循环，在全球范围内，大约有 28 亿贫困人口，他们每天的生活费用不足 2 美元，其中 12 亿人生活在极度贫困的状态下，每人每天的生活费用不足 1 美元。

儿童的权利是国家通过宪法和法律所确认的法定的权利，儿童所享有的权利的多少，是衡量儿童在一个国家的政治、经济、文化和社会生活中所处地位的直接依据，也是儿童法律地位的最直接、最生动的体现。联合国《儿童生存、保护和发展世界宣言》指出："儿童的幸福需要最高一级的政治行动。"为了给儿童创造一个良好的生存、保护和发展的社会环境，必须制定相应的儿童政策以提供完善的制度保障。

总之，社会对儿童整个群体怎样认识、如何评价，是全社会儿童观的核心表现，将直接决定着成人社会对待儿童的态度，决定着国家和社会儿童政策的内容及其执行，决定着儿童生存发展的条件和环境，进而决定着社会的全面发展和进步。

第二节　社会福利支持

一　福利和社会福利的含义

"福利"一词的英文是"welfare"，意即一种健康、安全、快乐的总体状态，亦指政府为有需要的群体提供生活条件、经济帮助等等（牛津高级英语词典，2010 年第 8 版）。社会福利（social welfare）的内涵和外延都较难确定，是一个应用非常广泛的概念，尤其是在西方国家。社会福利理论涵盖社会学、政治学、经济学、公共管理学、历史学、文化学和哲学，虽然至今并没有形成独立的学科，但是展开了一个新的领域。福利研究成为欧美公共政策的重要基础，社会福利是社会科学研究与社会政策分析的核心概念之一，对理解各国复杂纷繁的福利制度和福利政策起着举足轻重的作用（刘继同，2003）。

在《新大不列颠百科全书》中，社会福利包括两方面内容：一是社会工作——个人社会服务；二是社会保障——政府的福利项目。可见，狭义的社会福利是社会保障体系中的一个组成部分。在《简明不列颠百科全书》中解释为"一种公共福利计划"，这是一种广义的解释。在一些国家则把社会福利理解为社会保障制度中的特定范围和领域，通常是专为弱者提供的带有福利性的社会保障与社会服务，如老人福利、残疾人福利、儿童福利等。这是对社会福利的狭义理解。尚晓媛认为这一理解包含了“社会福利”的多个层次，既有理念的理解，也有道德责任的含义，还有政策制度的认识（尚晓媛，2010）。可见，社会福利既有主观认识方面的内容，也有客观制度方面的含义（Midgley，1997；Rose and Shiratori，1986）。对社会福利，更多的人是把它作为一种制度实体来看待和理解，把社会福利作为“制度化的政府责任”来看待（Mishra，1990；Cochrane and Clarke，1993）。

威廉斯基（Wilensky）认为，“政府保障每一个公民的最低所得、营养、健康、住房、教育水平，对于国民来说，这是一种政治权利而非慈善”。

国内学者也对“社会福利”作出了不同的解读。郑功成（2002）从社会学角度对“福利”定义如下：“福利包括个人福利和社会福利，其中个人福利通常被解释为‘幸福’、‘快乐’的同义词，是指个人对物质生活的需要与个人精神生活的需要的满足；而社会福利是一个整体的概念，指一个社会全体成员的个人福利的综合或个人福利的集合。”中国政府官方对社会福利的界定是：国家依据法律和相应的社会政策，向部分或全体公民提供社会服务的制度。是为增进与完善社会成员尤其是困难者的社会生活而实施的一种社会制度，旨在通过提供资金和服务，保证社会成员一定的生活水平，并尽可能提高他们的生活质量（彭华民，2011）。因此，在中国，社会福利一般为狭义社会福利范畴，仅仅是社会保障体系的一个组成部分（陈良瑾，1994）。

二　社会福利的责任目标和模式研究

关于社会福利理论和政策的研究，西方有着悠久的历史，从古典自由主义开始，经历了凯恩斯主义、中间道路学派、新自由主义以及民主社会主义、第三条道路的演变历程，伴随着理论的变迁和不断的实践，对社会福利责任的认识也在不断地变化，并对社会福利制度从不同的政策视角进行理解。

1. 社会福利政策的不同目标层次

作为制度的社会福利，国家和社会必定全面承担起社会福利的责任，而社会福利的目标体系、福利对象、福利项目体系以及福利资金和服务提供体系，都反映了社会的价值观念和政府的责任界定，因为社会福利是社会建构的产物，反映着福利世界的社会现实（刘继同，2003）。

社会福利体系有三个层次的目标。如果政府仅仅针对影响社会稳定的社会问题，把最困难和问题群体作为救助和服务对象，以社会安全网来保障全体社会成员生存，这是最低层次的福利目标。在工业化和市场经济条件下，对大多数公民而言，可能面临现代社会的风险主要有以下八种，即疾病、年老、妊娠、工伤、残疾、失业、丧偶和失怙（Mishra，1984：103）。现代国家针对以上风险建立了不同的制度体系，为大多数人提供收入保障，欧美国家大都建立起较为全面的福利保障制度。这是中级的社会福利目标。而更高的社会福利层次，则是把促进社会平等和实现所有人的发展潜能作为目标，建立和实施的社会福利措施，是为全体国民提供物质生活和精神生活的全面保障。

美国著名社会学家米基利（Midgely，1997）对社会福利的制度安排是按照责任来分类的：非正式的社会福利制度，主要由个人、家庭、邻里和小区承担福利责任；正式的社会福利制度，主要指由非营利组织参与承担的多种多样的社会福利活动；国家的社会福利制度，由政府承担的社会福利供给责任。

2. 西方国家三大社会福利制度模式

（1）剩余型社会福利模式

剩余型社会福利和制度型社会福利的划分是由威伦斯基（Harold Wilensk）和莱博克斯（Charles Lebeaux）在1958年出版的《工业社会和社会福利》一书中提出的。他们在研究工业化对美国社会福利制度的影响时，根据国家在社会福利供给中承担的职能，区别了两种主要的社会福利概念，一种为“剩余型”福利制度（the residual welfare model），另一种为“制度型”福利制度（the institutional redistributive model）。剩余型社会福利的观点认为：在通常情况下，家庭和市场是满足个人需求的自然渠道，只有当这二者都失效时，才应该运用政策机制和运作来介入和干预社会资源的分配，否则就是对公民权利的侵犯，政府几乎没有或者很少承担社会保障的责任。这种机制被看作是家庭和市场的支持系统，起到支持和防止意外的作用。福利接受者常常被打上“蒙羞”的标签。这种福利是暂时性的，带有宗教时期的“施舍”含义。在工业革命初期的社会背景下，这种福利模式也起到一定的积极作用。但随着经济和社会发展，这种模式不能应对越来越多的社会问题。

（2）制度型福利制度

制度型福利制度是把社会福利看作是任何社会都必需的一项重要职责和功能，作为工业社会正常的和第一线功能，是一种不同于家庭和市场的再分配利益机制。社会福利不是在家庭和市场失效时才介入，而是社会结构中常规化和永久性的重要组成部分，是公民一项正当的社会权利。

制度型社会福利模式缩小了社会贫富差距，实现了社会公平，维护了社会稳定。而福利国家是这一模式最普遍的实现方式，“福利国家是一个长期的公民权演进过程所达到的最高峰”。但是这种模式造成增加纳税人负担，同时出现“福利依赖”，使整个社会缺乏活力。社会福利成为经济和财政的沉重负担，引起社会上不同阶层利益群体的不满。

威林斯基和莱博克斯的福利国家概念框架，已被应用于国际比较社会政策的研究。蒂特马斯（Riehard Titmuss，1959）从国家、社会、市场在福利资源分配中所承担的角色出发，把福利国家分为三种不同类型：制度再分配模型、工业成就模型和剩余模型，分别代表左、中、右三种不同立场。剩余模型和制度再分配模型的理论框架与威林斯基和莱博克斯提出的剩余型社会福利模式和制度型福利制度极为相似，后来蒂特马斯也采用了后者的说法。蒂特马斯的工业成就模型强调的是依据社会成员对经济发展贡献大小来决定对其需要所给予的满足，实质就是关注社会福利的经济效用和功能，而忽视福利政策的社会效用和功能。

（3）发展型社会福利模式

福利国家遭遇种种挑战，出现“福利危机”，西方福利国家的社会福利制度面临更加严峻的形势和挑战。20 世纪 90 年代末，英国著名社会学家安东尼·吉登斯在《第三条道路：社会民主主义的复兴》一书中明确提出“第三条道路”，指出应当以“积极的”或“主动的”福利政策代替目前的传统的福利模式。美国社会福利学者詹姆斯·米奇利（James Midgley）提出了发展型社会福利政策，重视培养和提升个人的社会责任感和生存技能，注重福利多元化——福利投入多元化、福利责任承担者多元化以及福利目标多元化。

西方社会福利思想的研究一直在不断发展，福利实践起步较早，福利模式在现实中不断发展，各个国家都在摸索适合本国的福利模式。

3. 中国的社会福利特点

中国的社会福利制度建设起步较晚。常宗虎（2001）指出，2000年12月，由民政部社会福利与社会事务司和联合国儿童基金会等多家单位联合举办的首届“全国社会福利理论与政策研讨会”，标志着福利理论与政策研究进入了社会福利时期。但是尚晓媛认为，目前中国社会福利与社会保障概念的社会建构，某种程度上偏离了其原本的内涵外延和国际通则，非常不利于福利理论的研究与制度创新。

中国社会福利整体而言是典型的剩余模式，怀丁（Paul Wilding）指出东亚福利体制的福利政策共同的九个特性：（1）低的政府福利支出；（2）政府对福利的敌视态度；（3）强烈的补残概念；（4）以家庭为中心；（5）聚焦于经济成长的积极性福利政策；（6）片段、零散方案的福利发展；（7）对福利权的有限承诺；（8）政府扮演规范及鼓励的角色；（9）借助福利来支持及建立政权的稳定与合法性。而怀特（199 8）指出，中国的福利体系，像东亚的其他国家一样，服务于快速的工业化进程，也具有以上的特性。Leung（1994）也指出，尽管福利支出提高，但福利责任始终被认为是“经济负担”，而不仅是“政治资产”。中国的双轨制福利在城镇国家机构采取的是制度性模式，在农村采取的则是剩余性模式，城市的改革似乎已转变为工业成就模式。

我国不断增加社会福利项目，社会福利经过几十年的发展和建设，如2004年发表的《中国社会保障与政策白皮书》指出，社会保障制度包括社会保险、社会救济、社会福利、优抚措施、住宅保障五个方面。董保华（2005）认为，在我国，社会保障大体包括社会保险制度，社会福利制度，社会救助、优待和抚恤制度。概括起来是三方面的内容，即社会救济、社会保险、社会福利。越来越多的人受到社会福利制度的保护，但是中国的社会福利制度还很不完善，尚存很多薄弱环节——社会保障覆盖面较窄，保障力度不足，公民权利意识不强，等等。

三　儿童福利研究

随着社会福利的不断发展，儿童福利成为世界各国关注和重视的问题。儿童是社会中明显的弱势群体，是需要通过有组织的以及特定的处置方法来面对的社会问题。政府介入儿童福利事业是20世纪以后的事情，政府介入儿童服务，并使之成为社会福利工作一部分的标志是英国国会于1918年通过的《产妇及儿童福利法案》。

1. 儿童福利的含义

儿童福利是一个很广义的概念，它包含着多方面的内容，可以是政策的、理念的、策略的。可以说它是宏观指导思想，也是一项具体政策；它是基础理论，也是社会工作实务（陆士桢、常晶晶，2003）。

2. 中国城市贫困儿童福利现状

中国的城市贫困持续存在开始引发人们关注贫困代际传递问题，城市贫困儿童的福利也开始受到重视。然而，中国城市贫困儿童到底有多大规模，还没有一个准确的统计。复旦大学学者任远利用第五次人口普查数据推算出我国城市贫困儿童在420万—780万之间（蒋妙屹，2013：14），陆爱国根据国家统计局数据测算出城市贫困率与城市贫困儿童率分别为5.16%和6.6%（蒋妙屹，2013）。本研究根据国家统计局的相关数据，依据年龄构成比例，15—64岁人口比在2009—2011年分别是63.1%、

表2—1　城市贫困相关数据及贫困儿童估算

指　标	2009年	2010年	2011年
城市最低生活保障人数（万人）	2345.6	2310.5	2276.8
少儿抚养比（%）	25.3	22.3	22.1
儿童抚养比（%）	30.3	27.3	27.1
城市贫困儿童人数（万人）	710.7	630.3	617.0

（少年儿童抚养比：也称少年儿童抚养系数。指某一人口中少年儿童人口数与劳动年龄人口数之比。通常用百分比表示。以反映每100名劳动年龄人口要负担多少名少年儿童。）

（资料来源：中华人民共和国国家统计局网页，2012年主要统计指标一览。）

66.8%和66.6%，将儿童抚养比在少儿抚养比基础上增加五个百分点，因为中国人口统计年鉴儿童的界定为：0—14岁人口，本研究为18岁以下人口，如此，可以估算出城市贫困儿童的规模，如表2—1所示。但是儿童是最易受到贫困侵蚀的群体，这样的估算有可能低估了城市贫困儿童人数，因此，本研究估算2011年的城市贫困儿童规模为650万。

台湾学者曾华源认为，在社会福利体制范围内，儿童需求主要有八大类：获得基本生活的需求、获得健康照顾的需求、获得良好家庭生活的需求、满足学习的需求、满足休闲娱乐的需求、拥有社会生活能力的需求、获得良好心理发展的需求、免于被剥削伤害的需求。但联合调查组（2000）的调查报告指出，城市贫困儿童与反映当今消费水准至少有10—20年的差距，家庭经济收入水平低，居住环境差，单亲家庭比例高，家庭病患者普遍偏高（于明远，2007），健康状况一般欠佳（唐均，2001），教育水平明显偏低（刘精明，2007）。而政府的教育救助并不完善，与其他制度，尤其是与城市反贫困制度相脱节。而最低生活保障制度不足以满足城市贫困儿童的福利需求，于明远（2007）指出，以最低生活保障制度为代表的传统社会救助政策难以实现长远性的福利效果，无法解决贫困儿童的受教育问题（李迎生，2006）。现阶段，在中国，满足儿童需求的重要环节还是家庭（杨生勇、冯晓平，2006），政府、小区还没与参与到儿童福利工作中。

四 以儿童福利为中心的英美社会政策分析

政府儿童福利责任觉醒经历了一个漫长的道路，英国早在17世纪就开始关注儿童尤其是困境儿童的福利，经过百年的摸索有了世界第一个儿童权益保护法，成为现代儿童福利的领军者，而美国则在20世纪在贫困儿童福利制度上颇有建树，成为减少儿童排斥的典范。

（一）历史悠久的英国儿童福利政策

英国是第一个工业化国家，在现代化进程中把儿童作为独特的“社会阶层”高度重视，为各国提供了儿童福利制度建设宝贵的历史经验。英国是全世界最早针对儿童权益进行立法的现代国家，儿童福利名目繁多，儿童福利法律体系健全，但完备的儿童福利体系是在历史发展的漫长过程中逐渐建立起来的，而其中对其最大的影响来自教会，1215年的

《大宪章》就体现出对儿童权利予以特别保护的宪法精神与习惯法精神，并影响深远。至16世纪，《伊丽莎白济贫法》中就开始有针对孤儿、流浪儿、贫困儿童进行保护的具体内容，1889年的《预防虐待儿童和保护儿童法案》则是第一个专门针对儿童权益保护的法案，将父母虐待儿童和忽视儿童认定为法定犯罪，首次将政府介入父母子女关系合法化。1948年，英国政府制定的《儿童法》，开创了英国儿童福利的新阶段。进入新世纪以后，又颁布了多个儿童相关法案，其中最新的是颁布于2010年的《儿童贫困法》和《儿童、学校与家庭法》。

1. 英国政府治理儿童贫困目标具体可行

狄更斯的《雾都孤儿》（1838）真实反映了英国贫困儿童的悲惨生活，虽然英国作为老牌资本主义国家，积累了雄厚的经济实力，成为了第一个福利国家，但是儿童贫困依然是英国一个较为严重的社会问题，政府认识到儿童机会与未来的贫困至关重要，早在1942年，贝弗里奇（W. H. Beveridge）就提出："有必要让每个已出生的儿童得到比过去更好一些的照顾……儿童补贴一方面应视为帮助父母尽抚养责任；另一方面也可理解为由社会承担了这项过去并未承担的责任。"1999年英国首相布莱尔（Tony Blair）宣称"要在我们这一代彻底解决儿童贫困问题，这是一个历史性任务，需要一代人、20年的努力"，"出生在贫寒之家的孩子应该与出生在富裕家庭的孩子拥有同样的机会"。

2000年，英国的贫困线为收入中位数的60%以下，有410万儿童的家庭属于此列（Tom Sefton and David Piachaud，"Poverty in Britain" Holly Sutherland，First published 2003 by the Joseph Rowntree Foundation）从1994年至2001年，英国的贫困儿童占到大约1/3，如表2—2所示。

表2—2　低于中位收入60%以下的比例（扣除住房支出之后）

	所有人（%）	儿童（%）
1994—1995年	24	32
1995—1996年	23	32
1996—1997年	25	34
1997—1998年	24	33
1998—1999年	24	33

续表

	所有人（%）	儿童（%）
1999—2000 年	23	32
2000—2001 年	23	31
2001 年全年	22	30

（Source：Households Below Average Income（DWP 2003）．“Poverty in Britain” p. 8）

儿童贫困成为政府关注的焦点，英国政府将消除儿童贫困的目标分为三个阶段：第一个阶段目标是从 1999 年到 2004 年，将贫困儿童数量从 410 万减少到 310 万。这一目标在 2004 年已经实现，并超额完成 10 万人的脱困目标。第二个阶段目标是到 2010 年将儿童贫困率减少到 50%，数量到 200 万。这一目标在 2010—2011 年度尚未完成，贫困儿童共有 230 万，即占总数 18% 的英国儿童生活在贫困家庭中。第三个阶段目标是到 2020 年将儿童贫困率降低到 5% 以下，即视为消除儿童贫困。要全面“根除”儿童贫困现象，政府将儿童贫困设立为特定目标的一类贫困，为消除儿童贫困现象，政府针对儿童进行补贴以及提供儿童照顾和教育等服务制定并实施一系列政策，旨在消除儿童贫困问题。

2. 英国消除儿童贫困的政策内容全面

英国政府消除儿童贫困的根本目标是要减少处于贫困状态的儿童的数量，使每个孩子都能有一个相对公平的起点，为他们未来的健康成长与公平竞争奠定基础。英国的儿童福利保障制度，由多项政府财政支持的补贴制度和政府购买服务政策构成。

英国政府消除儿童贫困的一系列政策可以分解为四个维度：家庭援助、促进就业、儿童补贴、儿童教育与服务，目的都在于增加家庭收入，减少家庭支出，改善家庭经济状况，并尽可能为儿童创造更好的成长条件。

（1）促进就业

1997 年，英国有超过 17.9% 的儿童家庭处于失业状态，其失业率在欧盟位居首位，家长失业成为儿童陷入贫困的主要原因。因此，工党上台执政后，推动就业成为英国政府消除儿童贫困各项政策的重中之重，其中有著名的单亲父母就业新方案（New Deal for Lone Parents）。单亲父母就业新方案是英国政府促进父母就业，减少儿童贫困的重要社会政策，其理念是增加单亲父母就业机会，同时减少儿童贫穷。新方案还出台一系列的相关配套政策和公共服务配合，以便可以使得单亲父母在就业与照顾儿童之间可以平衡兼顾，其中的措施包括求职援助、有酬劳动的机会、就业培训及儿童托育服务，激励单亲父母提高就业技能和求职成功率，提高收入水平，真正实现“建立公平及包容的社会（create a fairer and more inclusive society）、消除儿童贫穷（elimination of child poverty）”的目标。

（2）家庭补贴

家庭补贴是以直接的经济支持的方式提高家庭收入，1999年推出最低工资制度（National Minimum Wage，NMW），2003年4月推出税务优惠，包括建立了工作税务优惠制度（Working Tax Credit，WTC）和2005年6月推行儿童照顾税收优惠制度（Childcare Tax Credit，CTC）。特别是最低工资制度的推行，可以让每一个就业的单亲家庭基本都能达到最低收入线。由于最低工资标准的实行以及其他一些措施的一并实施，最低收入保障和其最低者的收入增长水平远远高于全国平均水平。这样，最低工资制度在提高贫困家庭收入水平，减少儿童贫困方面起到了积极的作用，降低了儿童陷入贫困的风险和概率。

（3）儿童津贴（Child Benefit）

儿童保障津贴制度第一大特色保障是儿童福利金，这是针对所有儿童全面实施的福利制度。英国实行普遍性儿童津贴已经70年，无论监护人收入多少或者交多少保险金，只要有照顾儿童的责任，就有资格领取儿童福利金。具体而言，一个家庭中第一个孩子出生后父母每周可以获得20.3英镑的津贴，此后出生的孩子每周可以享受13.4英镑的津贴，直到他们完成学业，通常是16—20岁。但是，随着福利制度不绝于耳的改革呼声，2013年1月7日推行新儿童津贴，新政策规定，如果父母一方年收入高于5万英镑，他们就会失去部分儿童津贴，而父母一方收入达到6万英镑就不再享受这一福利。儿童津贴新政策的实施，意味着普遍性福利的终结，儿童津贴更多的是照顾中低收入家庭。

（4）财产政策

工党政府推出了儿童财产政策，建立了儿童信托基金和Saving Gateway account。儿童信托基金，即每位儿童在出生之时均能收到政府提供的一笔储蓄启动金，并且在成长过程中还会得到政府、家人朋友对该账户的补充金额，而贫困儿童会获得政府最多的补贴。这样，每一个家庭的孩子就可以为未来的学习、培训、成家和立业搭建一个公平的金融平台。Saving Gateway account 主要是针对低收入家庭的一种新储蓄账户，其目的是发起一种储蓄习惯，积少成多，凡在 Saving Gateway account 中存入 1 英镑，政府就会相应配套补充 50 便士。政府通过这一措施激励没有任何储蓄动力的家庭，尤其是贫困家庭培养储蓄习惯，该政策的对象主要是低收入家庭，无论他们是否有孩子需要抚养。

财产政策可以使权利和义务达到平衡，即储蓄的责任和见证政府给予需要帮助的权利。彼此的责任对这种方法至关重要——政府提供启动基金和提供相应的资金，个人在政府的激励机制之下加以配合，可以说是每个人为自己的储蓄和自己孩子的未来负责。

（5）儿童照顾与教育（Childcare and Education）

除了直接的经济援助以外，英国政府实行国家儿童照顾策略（National Children Strategy），推行一系列儿童教育、托育服务政策，以确保普通家庭对儿童教育、照顾维持在正常水平，而对贫困儿童则保证提供更好的服务，使其不会因家境困窘而与同龄人拉开差距。国家儿童照顾策略在 1998 年推行，确保每一社区均有达标的小童早教服务和大童学习及就业指导服务。

3. 贫困儿童脱贫政策效果显著

以上政策和措施的实施和推行，一方面，增加了贫困家庭收入，大大缓解了英国儿童贫困问题，儿童贫困率总体呈下降趋势，下降幅度在欧盟国家中位居榜首；另一方面，弥补了贫困儿童与普通儿童之间在教育、服务方面的差距，使贫困儿童尽可能在一个公平、健康的环境中生活、学习和成长。可以说，英国政府有关贫困儿童的政策及投入取得了积极的效果，在改善贫困家庭经济状况，降低儿童贫困率，促进公平公正方面发挥了积极作用。

正如布朗所说，“孩子是我们未来的全部”，英国政府积极应对儿童贫困问题，把消除儿童贫困作为一项重要工作和历史性任务来做，改善了贫困儿童的家庭经济状况，缩小了他们与同龄人的差距，能够在相对公平的起点上共同进步。

英国政府非常重视儿童贫困问题，并通过一系列的福利政策与法律法规建设，形成了比较完善的儿童福利体系，在消除儿童贫困和减少社会排斥方面取得了一定的成效，也为其他国家提供了经验。

（二）走在世界前沿的美国儿童政策

美国在各种社会政策中真正以“儿童为中心”，力图消除对儿童的各种社会排斥，有效推进儿童的福利，给世界各国树立了一个典范。美国的各项儿童福利都离不开明确的法律规范，福利服务严格按照法律规定提供，并且儿童福利制度充分考虑到儿童成长过程中的种种需求，福利项目设置和福利支付形式多种多样，在儿童福利领域走在世界前沿。

1. 美国儿童福利具“残补”特色

美国对儿童福利的定义是“社会福利中特别以儿童为对象，提供在家庭中或其他社会机构所无法满足需求的一种服务”，而美国儿童福利联盟（Child Welfare League of America）明确，“儿童福利是针对那些父母无能力照顾、社区资源不足的儿童青少年，提供促进其家庭和社区养育、保护儿童能力的服务。因此，儿童福利服务是支持、补充或替代父母功能不足、有缺陷或停顿的情况，以及修正现有社会机构，或创立新机构来改善儿童及其家庭的状况”（姚建平、朱卫东，2005）。因此，美国儿童福利制度的项目设计具有明显的“残补”特色，儿童福利针对个别问题需求予以救助、保护、矫正、辅导或养护等措施，以求问题儿童或家庭面临的问题得到有效改善。美国的儿童福利立法基本以上述儿童为对象，对儿童身份没有限制条件的福利项目仅占不到14%。

当今，贫困儿童是美国政府关注的重点，政府采取多种措施，尽可能为贫困儿童提供发展机会，力图促进贫困儿童的健康发展。然而，美国政府的儿童福利理念经历了两种不同时期：第一阶段在殖民时代，政府对社会福利采取自由主义，对儿童福利没有上升到政府责任的层面上，因此没有任何的儿童福利法律形式和稳定持续的制度安排，而是宗教组织在早期的儿童救助方面起着重要作用，宗教慈善组织和其他民间组织是儿童福利的主要实施主体。1824年，美国有了第一所州立少年感化院，但是却遭到社会一致诟病。1853年查尔斯·布鲁斯发起建立了美国第一个接受“家庭关爱”计划的儿童福利机构——纽约儿童救助协会，坚持让失依、贫困儿童回归家庭、回归农村，这一主张得到政府的大力支持并一直沿袭至今。

第二阶段在20世纪初，美国的福利政策放弃了“不干涉”原则，开始承担起儿童救济和儿童福利的主要责任，通过不断的立法并制定一系列保障儿童权利的法律和福利政策，逐渐建立了完整的儿童福利体制，确立了稳定的制度安排。可以说20世纪是美国儿童福利制度的创建、改革和完善时期，并且在不同的年代反映出不同的社会现实和儿童福利取向：30年代强调社会安全；60年代重视工作取向；70年代重视儿童虐待等社会现象；80年代强调家庭取向；90年代重视儿童照顾及发展等预防性儿童福利（姚建平、朱卫东，2005）。

美国政府如此重视儿童的健康成长，正如美国总统富兰克林·罗斯福明确的那样：“美国年轻一代的命运决定了美国的命运。”1909年罗斯福总统召开白宫儿童会议，儿童福利进入到一个采取政策立法的形式的时代。经济“大萧条”以后，美国改变传统思想，政府开始主动承担国民福利，1935年美国的《社会保障法》确立了美国社会福利体系的基础，和儿童福利也有着千丝万缕的联系，其中社会保险制度中的失业保险，就为失业家庭中的儿童提供了宝贵的生活来源保障，也奠定了儿童福利的基础。后来陆续通过《儿童虐待预防法案》《儿童安全法案条款》《贫民健康保险》《社会安全法案20条款》《收养辅助与儿童福利改革法案》等一系列法规和政策，政府通过不断的立法确立了一系列福利方案，逐步建立起较为完整的儿童福利制度。但其中和儿童福利直接相关的最著名和最富成效且最具争议的还是公共援助中的“抚养未成年子女家庭援助计划”（Aid to Families with Dependent Children，AFDC）以及公共福利服务中的收养、看护、残疾儿童服务以及单亲家庭服务等。

美国儿童福利以补残为主，以贫困儿童救助和为其服务为主，但是贫困儿童的制度设计从1935年以来一直被视为美国儿童福利制度的代表。

2. 美国贫困儿童的制度安排

美国的儿童政策在消除社会排斥方面卓有成效，特别是在贫困儿童的救助方面，美国依据分类救助办法对贫困儿童实行各种家庭救助，为贫困儿童提供各种国家福利，使得贫困儿童不因家庭贫困遭遇社会排斥。

由于美国福利政策秉承“穷人靠国家，余下的人靠市场”的制度设计原则，所以在20世纪上半叶儿童福利项目的设计几乎都是针对贫困家庭，而且儿童福利项目安排非常详尽，几乎涵盖了儿童需求的每一个方面，美国对儿童福利的具体资助项目，归纳起来，可以分为三大部分：儿童的照管和发展、食品补贴及医疗保障。

第一，在收入保障方面，“抚养未成年子女家庭援助计划”（AFDC）是对有孩子家庭的重要补助项目。该项目的初衷是保证对贫困家庭子女的支持愿望和对父母应该抚养子女的信心，最初目的是允许孀居和离异母亲可以在家抚养子女，该计划旨在帮助“父母一方丧失劳动能力、死亡、长期离家出走或失业家庭”里的孩子，自1935年以来一直为有子女的贫困家庭保证现金救助。该计划由联邦健康与人文服务部和各州的人文服务局共同管理。AFDC是美国救助贫穷儿童的补助中开支最大的计划，以1993年为例，各个州的平均水平：一位有两个孩子无收入的单亲母亲可以从AFDC项目中获得367美元，联邦和州政府为该项目提供223亿元福利给500万个家庭，950万个孩子。尽管“抚养未成年子女家庭援助计划”成为贫困儿童最大的生活保障，该项目自1935年以来一直为有子女的贫困家庭保证现金救助，取得了举世瞩目的成效，但是一直以来也受到众多非议，于是出台了社会鼓励福利受助者加入劳动大军的计划，包括1976年发布的WIN计划和1988年的JOBS计划。1996年的联邦福利法产生了一个分类财政补贴，“贫困临时援助”（Temporary Assistance for Needy Families，TANF）取代了AFDC，从而使这一实行了60年的儿童现金救助计划被打上了句号。TANF是提供资金，在联邦的指导原则下由州政府自行运行的福利项目。新的福利法案敦促母亲就业，特别是那些领取现金救济超过两年的无业母亲，设立五年救济金的领取期限到期，就必须工作。从福利走向工作这一两代人的方法目的就是帮助父母也帮助儿童，让儿童在福利政策的前沿享受到福利。

第二，食品券计划（Food Stamp）。食品券是美国联邦政府向低收入家庭提供的用于购换食品的代币券，凭着这些票券，贫困家庭可以享受一定优惠购买包括面包、馅饼、奶粉、婴儿糕乃至软饮料、糖块等食品，使儿童免受饥饿的痛苦以及在成长过程中获得足够的营养。食品券的接受者必须是低收入家庭，而且这项资助主要是使面临饥饿的家庭及其儿童从中受益。除了食品券外，还有三个营养计划是针对学龄儿童的，即“全国午餐计划”（NSLP）、“全国学校早餐计划”（NSBP）和“暑期食品服务计划”（SFSP）。所有这些食品相关的福利政策可以保证贫困家庭的儿童能够健康成长的营养需求。

第三，在医疗保障方面，医疗援助计划（Medicaid）是美国最大的为穷人提供的医疗保险计划，该计划覆盖两类群体：一类是“抚养未成年子女家庭援助计划”（AFDC）或“补充收入保障”（SSI）的受益人群，一类是子女未满6岁且家庭收入低于联邦贫困线133%的群体。各州还可以根据具体情况将医疗救助制度扩大到其他弱势群体。尽管“医疗援助计划”并非专门为贫困儿童设计，但近年来“医疗援助计划”注册人数一半以上是儿童，全美1/4儿童被“医疗援助计划”所覆盖，因此，该计划在贫困儿童医疗保障方面发挥了重要作用（张焘、马翠花，2011）。健康照顾保险在就业中也是一个重要的医疗援助项目因素，尤其是对家庭面临健康问题的母亲更是如此；提供覆盖低收入就业家庭子女的保险，该项目覆盖率达到所有贫困儿童的61%。

第四，在教育方面，美国法律规定，任何学龄儿童均应进入学校就读，并提供义务（免费）的中小学教育，由于美国的义务教育普及，大约有93%的适龄儿童接受中等教育，其中70%可完成学业，大部分有机会再进入大学或大专以上学院继续学习，开始他们的高等（大专以上）教育。

可见，美国贫困儿童福利项目的内容丰富，涵盖收入保障、食品与营养、医疗卫生、教育等领域。福利形式包括现金、实物、服务和代金券等。尤其是针对儿童的社会服务全面又发达，包括对普通家庭的心理辅导与训练、父母教养能力训练等，还有专门为严重问题家庭的居家服务和托儿服务，儿童享受到的服务项目远远超过现金待遇项目。儿童福利机构专门向贫困儿童提供的服务不仅可以满足需求，帮助这样的困境儿童健康成长，而且有效防止儿童福利不被成人享受。美国的儿童福利由联邦政府的儿童发展局统一规划和领导，行政主管机构强劲有力，行政人员专业化程度高，能够提供项目繁多的儿童服务，满足不同的儿童群体需要。总体而言，其福利制度在预防儿童贫困、促进儿童身心健康方面发挥了重要作用。

美国是最早提出“儿童福利”这个概念的国家，尽管这是一个完全被“自由主义思想”主导的国家，政府在退出市场的同时，却努力承担起除家庭及父母以外的政府责任，保证无辜儿童不会因为家庭功能不健全而受到社会排斥，在福利制度的改革过程中，尽量避免贫困儿童因为家庭和家长影响成为被福利制度排斥的群体。美国的儿童福利制度堪称一流，以福利对象切实需求科学设计福利项目和福利支付形式，满足儿童成长过程中的各种需求，使美国成为名副其实的“儿童天堂”，也为世界各国儿童福利制度建设提供了经验。

第三节　福利多元主义

继古典自由主义、凯恩斯－贝弗里奇模式之后为解决福利国家危机，于20世纪80年代出现了一个新的理论范式——福利多元主义。福利多元主义理论也称混合福利经济，在社会政策领域中起着越来越重要的作用，成为社会政策领域研究的一个新范式。

社会福利可以由公共部门、营利组织、非营利组织、家庭和社区共同负担，以弥补政府与市场各自在福利提供上的不足。政府角色转变为福利服务的规范者、福利服务的购买者、物品管理的仲裁者以及促进其他部门从事服务供给的角色，政府不再是社会福利的唯一提供者，而只是其中的参与者，社会和市场参与其中。

一　福利多元主义的内涵

福利多元主义最初缘起于1978年英国的《沃尔芬德的志愿组织的未来报告》（彭华民、黄叶青，2006）。罗斯在1986年的《相同的目标、不同的角色——国家对福利多元组合的贡献》中明确提出福利多元组合理论，认为，“一个社会总体的福利来源于三个部门——家庭、市场和国家，这三者所提供的福利构成了一个社会的总体福利。社会福利是多元的组合，福利的总量等于家庭中生产的福利，加上通过市场买卖而获得的福利，再加上国家提供的福利”（王家峰，2009）。国家提供社会福利是为了纠正“市场失灵”，市场介入福利供给是现代经济发展的需求，是弥补非市场的“政府失灵”，国家和市场提供社会福利是为了纠正“家庭失灵”，家庭和志愿组织提供福利是为了补偿市场和国家的失灵。三者共同提供福利服务时，就构成福利多元社会（mixed society）。他认识到国家财税福利的重要性，但也同时强调市场和家庭对社会福利的贡献。国家、市场和家庭三者在福利供给方面的关系是此消彼长、相互补充的一个共同体（彭华民、黄叶青，2006）。

福利多元组合，强调的是福利资源的来源多元化。而有学者提出，福利三角分析框架不是独立存在的，它必须被放在文化、经济和政治的背景中。“（市场）经济提供着就业福利；个人努力、家庭保障和社区互助是非正规福利的核心；国家透过正规的社会福利制度将社会资源再分配。”（彭华民、黄叶青，2006）罗斯认为，福利多元组合是完全不同的社会制度的三方中的任何一方——家庭、市场和国家的贡献，构成一个社会中的福利总体，伊瓦思将此观点演绎为家庭、（市场）经济和国家共同组成福利整体，并称之为福利三角。（市场）经济对应的是正式组织，体现的价值是选择和自主；国家对应的是公共组织，体现的价值是平等和保障；家庭是非正式的、私人的组织，在微观层面上体现的是团结和共有的价值。社会成员在这些福利供给活动（就业福利、民间福利、国家福利）中，分别建立的是和经济、国家以及社会的关系。在不同的文化、经济、社会和政治背景中以及在不同的时期，福利三角中的三种制度作用有所不同。伊瓦思在后来的研究中对此又做了修正，认为市场、国家、社区和民间组织共同构成福利的四个来源（Evers，1996）。

福利多元主义的核心内涵就是多元化，即政府作用的减弱，家庭福利功能的回归，以及民间组织等作用的加强。

二 政府的福利责任

国家的社会福利责任是在西欧封建制解体、商品经济迅速发展、社会从传统社会转向现代社会的过程中才开始逐渐形成。1601 年英国的《济贫法条例》才宣告国家对劳动者安全保障问题的介入，社会保护的责任历史性地落在国家的肩上，保障开始摆脱原有的地域狭隘性而走上国家化、社会化的道路（和春雷，2001：2－4），这是国家承担社会保障责任的萌芽。18 世纪以后的西欧国家在实现工业化和城市化的同时成为共和制的民主国家，随着公民权利的扩大承担了维持公民福利的责任（杨伟民，2004：133）。济贫时期通过国家立法推行社会保障的做法，使得国民对国家社会保障的责任，成为不可逆转的趋势和国民应该明了的基本常识之一（和春雷，2001：12）。19世纪初，主张自由放任的古典经济学家对旧济贫法进行了激烈的批判（杨伟民，2004：142），他们认为个人应该承担起养活自己的全部责任，国家权力只是用来维护市场纪律和鼓励人们承担自己的责任。19世纪末期内忧外患的德国为缓和国内矛盾，推行由政府提供一定福利的社会政策，随着1883年德国健康保险的推出，“表明人们已经认识到在现代社会中私人慈善和家庭支持，以及朋友和教友的帮助是不能完全确保无疑的，所以政府要承担新的保护性责任，主办、指导和资助那些为特定风险和工人提供保护的保险计划”（吉尔伯特·特瑞，2003：44）。1889年德国的公共养老金制度成为世界上第一个由国家强制建立并明确国家社会保障职责的保险制度。政府被推到国家福利的前沿，私人机构和地方社区的作用被削弱了。尤其随着西方国家发展进入后工业化阶段，“二战”后经济迅猛发展，雄厚的经济实力成为国家福利提供的坚实后盾，凯恩斯经济学为福利国家奠定了理论和政治基础，而贝弗里奇报告对社会福利的设想为福利国家的建立提供了基本框架。“二战”后到20世纪70年代初西方福利国家达到鼎盛时期，政府承担公共事业的投资、承担社会福利责任，并对生活在贫困线以下的人实行福利开支救济，于是国家介入社会问题解决，并且西方纷纷建立了福利国家，社会福利覆盖面的全民化，使几乎所有的收入群体都逐渐变得越来越依赖政府的帮助，政府在福利提供中扮演着越来越重要的角色（彭华民、黄叶青，2006）。

石油危机之后，战后持续20多年的经济繁荣被衰退替代，政府将福利责任下放到地方或其他部门，从国家保障的单一主体发展成多元责任主体。福利多元主义就是在这样的背景下为解决福利国家危机问题而提出的一种新的理论范式（彭华民、黄叶青，2006）。

对于多元主义理论中，关于国家福利地位转型的观点受到各种评价。以平克（Pink）为代表的中立论认为，福利多元主义是自由主义和保守主义冲突的妥协产物，既保留国家干预的优势，又为市场留有空间。支持者代表伊瓦思则认为，福利多元主义最大的收获就是打破长期以来在福利国家中存在的二元国家和市场对立的思想（彭华民，2009：24）。而以约翰逊为首的批评派认为福利多元主义在理论分析中是在世界范围内对国家角色的再次评估（Johnson，1990：177），吉尔伯特对此也作出类似的观点，他认为政府仍然是社会福利的主要承担者，因为“政府是唯一拥有权力和资源并代表公共利益开展综合性行动的社会机构。唯独政府能（通过税收）使市民为广大社区的利益服务，保证被排斥的个人在困难时得到援助，保证没有人的福利水准降到最低标准之下，以及重新分配资源和促进平等”（Gilbert & Terrell，2003：72）。从根本上看，政府仍然是居民福利最重要的来源（王家峰，2009）。“普遍的社会公共福利的框架，特别是教育、健康和收入保障，基本上并未触动”（米什拉，2003：19）。解决福利国家的危机，不能简单地采取放弃政府责任的做法。

由此可见，福利多元主义的贡献在于将政府、家庭、市场纳入福利供应组合，并赋予不同的责任。

三 民间组织的福利功能

福利多元主义的兴起，充分反映了西方社会在认识到市场失灵和国家失灵之后，对社会所寄予的厚望。在福利多元主义看来，通过运用民间组织提供福利，“既可以避免因过分强调政府的责任，忽视了公民自身的责任而导致‘福利依赖’，也可以使其他组织分担福利的生产，减少政府的责任，从而缓解政府负担过重的危机”（王家峰，2009）。多元主义的贡献在于强调民间组织也是福利的来源。在福利多元主义看来，志愿组织提供社会福利和服务的优势在于它的民间性和草根性。罗斯关于福利多元主义的理论正是因为强调民间组织在福利方面的作用而受到关注并引起重视。正如吉登斯所说：“政府、国家同市场一样也是社会问题的根源……一个强大的市民社会对有效的民主政府和良性运转的市场体系都是必要的。”“一个多元社会若想维持，它们之间的平衡必不可少。”（吉登斯，2002：29、57）

在经济与社会结构转型时期，我国社会福利体系正进行着一场声势浩大的变革，民间组织逐渐显示出了在提供福利服务方面的独特优势，引起了社会各方的普遍关注。对民间组织的研究成为了理论界和学术界争相研究的“热点”。随着市场经济发展和社会结构的转变，非营利组织在福利领域中已经初步体现出福利供给的优势，成为多元福利供给主体中的重要的社会供给力量。但是，非营利组织在现阶段福利供给中还遇到了管理制度限制、社会观念排斥、组织自身能力不足等方面的困难，需要国家政府、社会、媒体等共同努力来帮助非营利组织走出困境，当然非营利组织增强自身能力是关键因素（杨月洁，2005）。唐晓容在研究中发现，民间组织成为农民工福利供给的新主体（唐晓容，2011）。民间组织在社会化养老服务体系扮演着关键角色，起着举足轻重的作用（杨团，2008；唐咏、徐永德，2011）。对于福利多元主义所强调的公民社会部门，如社区组织、志愿组织，虽然在目前已经取得了很大的发展，社区组织、民间组织在社会治理和社会服务中已经承担起部分过去由政府所负担的功能，但总体来说，它们在社会福利和社会服务提供中的作用仍然十分有限（俞可平，2002）。

四　家庭的福利作用

在现代社会中家庭具有多种功能，它除了为个人提供社会化的途径、社会和经济上的保障、心理需求上的满足和情感上的依归外，也为社会提供再生产和加强社会团结的功能（考夫曼，2004：87－90）。

家庭是基本的福利单位，因为家庭作为对社会成员的工作和生活都有直接影响的社会单位，既是社会不同系统政策最终发生作用的地方，也是经济政策和社会政策的结合点，因而也是社会政策促进社会整体功能有效发挥的焦点（党秀兰，2010）。

家庭为增进社会福利，履行文化和道德责任所承担的各种活动。如个人帮助和照料家庭成员的活动，家庭从事的零散的慈善活动（杨伟民，2004：56）。

“家庭成员要相互关心，相互满足需要，局外人不能在这里相提并论。”（Goldman，1980：4）为什么要在家庭关系（或更一般的个人关系）中承担义务，是因为这种关系中的“彼此依赖的状态”（Kirchheimer，1942：635－636）和“倚赖与帮助的义务要求”（Bohlen，1908：227）。“家庭的社会利益”是为了“保护依赖他人生活的人”，即无谋生能力的配偶和孩子（Pound，1916：296）。此外，“家庭关系间的义务［还没有］超出提供生活必需品的有限范围”（Bohlen，1908：227－228）。

贝克尔在《论家庭》中写道：“工作的特殊分化如男女分工意味着在某些工作方面要依赖他人。传统中的妇女依赖男人获得食物、住宿和保护，男人依赖妇女生儿育女和维持家务。”（Becker，1982：27）夫妻之间相互彼此依赖精神、情感和道德支持。家庭生活是儿童社会化、培育价值观念、传承优秀文化和身份认同的重要民间组织，儿童权利、儿童发展和儿童福利“隐藏”在家庭生活中（刘继同，2010：26－27）。

家庭是满足儿童成长需要以及预防社会问题最有效的切入点（党秀兰，2010）。父母对儿童有以下特殊责任：首先有责任“提供生活保障”，提供食物、衣服、住宿等；其次，父母有责任保护孩子免受伤害；最后，父母在道德上有责任给孩子“适应其社会地位的教育。这是父母为他们的自己的孩子所承担的责任和义务”（罗伯特·E. 古丁，2008：85）。在没有社会责任分配的情况之下，父母把孩子置于相对于自己的弱势地位，承担照顾他们的责任，保护其利益，亦即儿童的福利（罗伯特·E. 古丁，2008：88）。因此，家庭在儿童福利和经济支持方面的功能非常重要。随着现代社会的发展，国家对儿童的福利的政府责任不断扩大，但是，家庭对儿童的福利责任并未因此减少。

而孩子应该有义务偿还父母养育他们的付出，照顾他们年老的父母。正如罗克在《政府论》中所说：“［按时］接受和偿还［父母的］恩赐是儿童义不容辞的义务和父母的正当特权。”（洛克，1690：68）

与西方历史传统不同，中国传统家庭构成社会生活的核心和基础，家庭是中国重要的民间组织。传统社会中以儒家伦理为核心的传统文化和治理结构赋予了家庭以十分重要的位置自不待言（殷海光，2002：92－103；梁漱溟，2005：15－16）。即使是自近代以来中国社会历经诸多变迁，但家庭仍然承担着许多重要的社会功能，特别是在农村（罗兹曼，2003：339－341；费孝通，2003）。在传统社会极度缺少社会的相应保障，家庭就担当起对成员的保障作用。传统社会的家庭为家庭成员提供了生育、教育、医疗、养老、救济等的各个方面的福利，家庭保障功能十分强大。在传统思想的作用下，全方位的家庭保障变得天经地义，十分平常。对于中国社会和中国人来讲，“家”除了是生存单位外，还是教育单位、秩序单位，是独特的社会保障单位，当人生旅途中遭遇失利和风险时，家就会成为人们最好的避风救险的港湾（党秀云，2010）。家庭的异化和超稳定性结构，在相当程度上抵消了工业化浪潮对家庭保障功能的削弱作用。因此，在传统社会，个人离不开家庭，家庭为个人提供保障创造条件。

罗斯（1986）提出的福利多元主义理论主张福利提供从国家到多部门的转型，并且得到其他学者的发展和补充：伊瓦思提出福利三角的研究范式（Evers，1988）和福利多元主义的四分法（Evers，1996），有的甚至提出了五分法、六分法。社会总福利的来源是多渠道、多方式的。国家在福利中的责任问题经历了从无到有、从一元到多元，其福利提供的职能也发生了巨大变化。在多元主义中的定位是福利制度的制定者和规范者，而不再是传统的福利提供者。民间组织在福利提供中的作用再次被多元主义提及并提升，由于民间组织的特质，它在福利提供中更多的作用是在政府、市场和家庭三者之间进行协调。中国的民间组织和志愿组织的发展在社会改革中还处于起步阶段，但是社会福利方面的作用不可小觑，尽管其发展还受到各种各样的障碍。家庭历来是福利提供的重要一元，在国家福利责任尚未厘清之时，家庭承担着提供福利的主要责任，尤其是对于儿童的福利提供。对于城市贫苦儿童群体，由于他们境况可能更多的是与其家庭结构、家庭的经济社会地位紧密联系在一起，因此，家庭的福利功能是研究儿童福利需求不可或缺的一个重要对象。随着社会的发展，家庭结构及其功能发生了巨大变化，其福利功能和地位有更大的空间。

第四节　儿童保护理论和政策

把儿童视为拥有权利的个体，并从人权的角度加以保护，是人类文明发展到一定阶段才出现的。儿童权利发展的水平，既体现了儿童的生存状况，更体现一个社会的文明程度。儿童权利是一个多维度的、立体的概念，从社会架构的角度看，儿童权利是一项制度，首先是法律制度，包括一系列具体的权利及其实现机制；从发展观的角度看，儿童权利是一种历史和文化现象；从道德意义上理解，儿童权利又是一种理念（王雪梅，2005）。

一　儿童的权利

作为儿童来说，他们的身心发育尚未成熟，个性和智识都有待于发展，应当得到特别的保护和照料。联合国成立以来，儿童的幸福和权利始终是它关心的一个主要问题：联合国最初采取的行动之一就是于 1946 年

12月11日设立了联合国儿童基金会；1948年，联合国大会通过的《世界人权宣言》承认儿童必须受到特殊的照顾和协助；联合国在一般性的国际条约如国际人权公约和专门针对儿童权利的文件，即1959年11月20日的《儿童权利宣言》中都始终强调保护儿童的权利，明确了各国儿童应当享有的各项基本权利。鉴于《儿童权利宣言》不具有条约法的效力，而给儿童权利以条约法的保障已日益成为必要，1989年11月20日联合国大会通过《儿童权利公约》（以下简称《公约》）。这是第一部有关保障儿童权利且具有法律约束力的国际性约定，也是有史以来得到最广泛接受的国际人权条约，这在国际文件发展的历史上是少见的，真正赋予人类伟大的意义。所以，《公约》被誉为是儿童权利的“大宪章”。

《公约》包含了一整套普遍商定的准则和义务，在追求一个公正、彼此尊重以及和平的社会的过程中，将儿童放在中心位置。《公约》将儿童定义为18岁以下的男孩和女孩，并认为每一位儿童既是一个独立的个人，又是家庭和社会的一分子，儿童享有一个人的全部权利。《公约》的出台可以说是“儿童世纪”的到来。

《公约》规定了世界各地所有儿童应该享有的数十种权利，其中包括最基本的生存权、全面发展权、受保护权和全面参与家庭、文化和社会生活的权利。儿童作为社会公民的权利得到国际及国内社会的确定，儿童的生存、保护、发展是国家发展的重要基础。根据《公约》，儿童具有的最基本的权利可概括为四种，即：生存权、受保护权、发展权和参与权。

1. 儿童的生存权

生存权（Survival Rights）包括生命安全权和生活保障权，每个儿童都有其固有的生命权和健康权，包括有权接受可达到的最高标准的医疗保健服务。

“儿童因身心尚未成熟，在其出生以前和以后均需要特殊的保护和照料，包括法律上的适当保护。”儿童有权享受特别照料和协助，儿童的成长和幸福的自然环境，应获得必要的保护和协助，以充分负起他在社会上的责任。为了充分而和谐地发展其个性，应让儿童在家庭环境里，在幸福、温馨和宽容的气氛中成长。

2. 儿童的受保护权

受保护权（Protection Rights）在《公约》里包括三部分内容：“反对

一切形式的儿童歧视；每一个儿童将得到平等对待；保护儿童一切人身权利及关于处于危机、紧急情况下的儿童保护；脱离家庭的儿童保护。”《公约》规定必须采取一切适当措施确保儿童得到保护，不受基于儿童父母、法定监护人或家庭成员的身份、活动、所表达的观点或信仰而加诸的一切形式的歧视或惩罚。儿童保护意指在国家制定和实施的一系列制度安排下，营造一个可以使儿童安全成长的环境。尚晓媛认为，儿童保护的主体多元化，除了国家的介入外，还包括社会上其他的、非正式的制度安排，如家庭和扩展家庭、社区和非政府组织等对儿童进行的保护（尚晓媛，2008）。

3. 儿童的发展权

“发展权（Development Rights）是指儿童拥有充分发展其全部体能和智能的权利。”在《公约》里，发展权利涉及儿童身心发展和健康成长，主要指信息权、受教育权、娱乐权、文化与社会生活的参与权、思想和宗教自由、个性发展权等。其主旨是要保证儿童在身体、智力、精神、道德、个性和社会性等诸方面均得到充分的发展。

儿童有权接受正规和非正规的教育，以及儿童有权享有促进其身体、心理、精神、道德和社会发展的生活条件。儿童有权使用大众传播媒介，以获得有益其身心健康的信息和资料。确认大众传播媒介的重要作用，并应确保儿童能够从国家和国际来源获得多种的信息和资料，尤其是旨在促进其社会、精神和道德福祉和身心健康的信息和资料。儿童有权享有休息和闲暇，从事与儿童年龄相宜的游戏和娱乐活动，以及自由参加文化生活和艺术活动；国家应尊重并促进儿童充分参加文化和艺术生活的权利，并应鼓励提供从事文化、艺术、娱乐和休闲活动的适当和均等的机会。

4. 儿童的参与权

儿童参与权（Participation Rights）指儿童参与家庭、文化和社会生活的权利，儿童有参与社会生活的权利，有权对影响他们的一切事项发表自己的意见（表达权）。《公约》规定，有主见能力的儿童有权对影响到其本人的一切事项自由发表自己的意见，对儿童的意见应按照其年龄和成熟程度给以适当地看待。儿童特别应有机会在影响到儿童的任何司法和行政诉讼中，以符合国家法律的诉讼规则的方式，直接或通过代表或适当机构陈述意见。儿童应有自由发表言论的权利；此项权利应包括通过口头、书面或印刷、艺术形式或儿童所选择的任何其他媒介，寻求、接受和传递各种信息和思想的自由，而不论国界。遵守儿童享有思想、信仰和宗教自由的权利；确认儿童享有结社自由及和平集会自由的权利；儿童的隐私、家庭、住宅或通信不受任意或非法干涉，其荣誉和名誉不受非法攻击。

所有儿童，无论他们出生在哪里，属于哪个种族或民族，无论是男孩还是女孩，富有还是贫穷，都必须得到充分的机会，成为对社会有用的成员，并且必须享有发言权，他们的声音也必须获得倾听。另外，向儿童普及公约知识，让儿童了解自身权利。当了解儿童权利的他们长大成人，担负起世界重担时，可以更好地推动儿童权利事业的发展。

《公约》确立了世界各地所有儿童时时刻刻应享有的基本人权：生存权；全面发展的权利；免遭有害影响、虐待和剥削的受保护权；全面参与家庭生活、文化生活和社会生活的权利。《公约》通过确立保健、教育以及法律、公民和社会等方面的服务标准来保护儿童的上述权利。

二　对儿童排斥的研究

我国有着恤幼的儒家传统，但是缺乏儿童优先、儿童神圣的文化。尽管不乏“为了孩子”的口号，但在功利主义的目的下，儿童利益往往被忽视。儿童被排斥于成人社会之外，没有政治权利，也没有就业、参与社会管理等权利（姚建龙，2011）。他们作为整体遭受着如 Burchardt、Le Grand 和 Piachaud 所说的社会排斥，即个人生活居住在一个社会中，没有以这个社会的公民身份参与正常活动的状态。

因此，儿童作为整体成为社会排斥的一个重要对象，但是更多的研究主要集中在对流动儿童、留守儿童、离异家庭儿童、孤残儿童以及贫困家庭儿童等困境儿童群体，主要关注以下问题：其一，儿童发展的环境资源问题，包括家庭社会经济地位、家庭物质资源、教育资源等；其二，儿童在认知、情绪、行为方面的发展特点；其三，环境对于儿童心理发展的影响及其内在机制。

1. 流动儿童的排斥研究

对流动儿童群体，我国不同学者从社会学角度，从社会化、社会排斥、社会资本等视角进行了相关研究。流动儿童作为城市的第二代移民，由于没有当地户口，难以在城市中享受到与城市儿童同等的教育待遇，在流入地的义务教育体制中受到不同程度的排斥，也受到城市居民的排斥、歧视，没有归属感和认同感，难以融入城市社会，始终处于城市社会的边缘，是社会的弱势群体。徐玲、白文飞从制度性社会排斥的角度分析了流动儿童受到社会排斥的原因，认为户籍制度及其城乡二元结构体制是制度性排斥的主要根源，国家通过制定并实施户籍制度，以及由户籍制度所衍生的城乡二元结构体制、义务教育办学体制、财政拨款体制、升学制度等，限制流动儿童享有受教育权利和使用城市资源权利，从而将流动儿童制度性地排斥在城市社会之外（2009）。流动儿童面临着经济排斥，即城市劳动力市场和消费市场的双重排斥，前者指其父母被排斥出劳动力市场而受到的代际传递排斥，后者主要是指流动儿童由于家庭经济状况结局而被限制在城市社会的主流消费方式之外（徐玲、白文飞，2008）。马良、孙宝瑞在对民工子女学校的研究中，从理论层面对民工子女义务教育问题进行了论述，民工子女在流入地由于体制和社会政策的排斥，成了“弱势中的弱势”，父母在社会身份上的弱势直接延伸到孩子在流入地接受义务教育权利上的弱势，其义务教育问题是制度性排斥的结果，会造成民工子女在城里就读时存在自卑、受人歧视、心理压力等问题。任扬（2007）研究了流动儿童在教育方面遭受的社会排斥，他认为流动儿童作为我国教育领域的弱势群体正遭受种种的社会排斥而日益边缘化，这些排斥包括制度的安排、资源的配置以及自我与社会认同等方面。从社会排斥视角分析，流动儿童对城市文化存在难以适应的问题（冯邦，2011）。问题儿童也是社会排斥理论的研究对象之一，李晓凤、李细香（2010）认为，问题流浪儿童遭遇着家庭排斥、教育排斥、就业排斥、住房排斥和社区排斥，问题流浪儿童形成的过程实质是不断遭受社会排斥的过程。

2. 孤残儿童的排斥研究

孤残儿童是生存发展最困难的群体，他们是社会上最弱小、最困难的群体，他们失去父母，无人抚养，处于生存、发展的困境。多数孤残儿童学生因父母离异，或是身体残缺，或是智障被家庭无情地抛弃，有的是父母已故成为孤儿，他们的内心受到了极大的创伤，心里非常脆弱。他们大部分有自卑心理和孤独心理，由此产生不信任、厌恶和消极的对抗情绪，有的儿童感受到家庭抛弃的无情打击，出现扭曲心理，产生自卑、自恋、压抑、怨恨甚至嫉妒的消极情绪。因此，只有通过学校、家庭、福利院、社会之间的相互联系、相互合作、相互促进，形成学校、家庭、社会教育的整合，给那些孤残儿童更多的爱，使他们内心感受到社会、学校、家庭都在关心他们，爱护他们，感受到人性善良的美，才能促进孤残儿童个性健康发展（丁世海，2007）。马林芳、王建平（2009）对无意识排斥下的农村残疾儿童入学困难问题进行了研究，从教育政策制定的粗疏与空泛、教育制度瓶颈的制约、入学程序设置的限制三个方面揭示了无意识排斥的存在。

正因如此，我国政府历来十分重视和关怀孤残儿童的救助和抚养，让孤残儿童享有同正常儿童一样生存和发展的权益，享有现代社会文明成果权，是孤残儿童救助工作的关键和重要问题。在2009年中国残疾人联合会和联合国儿童基金会在广东省广州市和山东省东营市开展了残疾儿童现状与需求调查，掌握了当地残疾儿童身体状况、康复状况、受教育状况、家庭状况等方面的基础性资料，并于2011年出版《中国残疾儿童现状与需求调查研究》一书，以推动我国残疾儿童各项权利的享有和实现，促进残疾儿童全面融入社会生活。

3. 留守儿童与贫困儿童的研究

留守儿童和贫困儿童也是社会学关注的两个重要群体，对农村留守儿童的研究更加注重其生存状况、发展状况和受教育状况的分析，并在深入剖析的基础上提出解决农村留守儿童教育问题的建议（谢妮、申健强、陈华聪，2010）。而对贫困儿童的研究主要关注点是教育和健康。在义务教育阶段，贫困儿童却严重失学，儿童早期教育不仅面临正规教育机会的短缺，也面临着家长外出务工导致的家庭教育不足；贫困对儿童的早期营养和成人后的健康都产生影响，青少年是国家的未来，民族的希望，他们的营养状况不仅直接影响着自身的生长发育、防病、抗病能力以及智力、心理的正常发展，同时还关系着整个民族整体素质的提高。

对孩子的尊重，就是对人、对弱者以及对未来的尊重，我们必须人性化地对待儿童，尊重他们的权利。否则快乐的童年，会因权利的缺失而变得虚无甚至可怕。

儿童发展关系到人类长远利益和前途命运，而儿童的发展依赖于其各种权利的保护和实现。非歧视、最大利益、尊重原则是国际社会确立和倡导的儿童权利保障的基本原则，是国际社会对于儿童权利保护的共识，是对儿童权利保护由感性上升到理性、由随意性规范上升到强制性的最高体现，其基本价值的倾向也对中国在儿童权利保护进程中厘清各种问题的困扰、进一步保障儿童权利具有豁然开朗的指导作用。

三　中国保护儿童的制度安排

我国一直十分重视儿童事业，儿童工作一直是国家政策的优先议题。新中国成立初期，我国儿童事业主要处于对特殊儿童的救助保护服务层次，家庭在儿童保护中担当主要角色，与儿童相关的主体法律的制定及儿童保护相关公约的签署，为我国儿童保护事业的发展提供了法律框架和价值基础。改革开放以来，中国儿童事业由原来的社会救助模式转向教养取向发展和社会保护混合模式，儿童保护、儿童权利和儿童发展成为流行的公共话语。中国的儿童保护制度——预防和制止针对儿童的暴力、虐待、忽视和剥削等行为的制度安排。

1.《儿童权利公约》的签署与《中华人民共和国未成年人保护法》的颁布

1990 年 8 月 29 日我国政府正式签署了联合国《儿童权利公约》；1992 年 3 月 2 日全国人民代表大会批准该公约，公约于 1992 年 4 月 1 日正式对中国生效。《儿童权利公约》是第一部有关保障儿童权利且具有法律约束力的国际性约定，是国际有关儿童保护的基础性文件，儿童权利公约的基本架构，就是着重在对儿童基本人权的尊重和人格发展的迫切。目前儿童权利公约是世界上被最多国家所认可且具法律功效的公约，因此也最能真正确保儿童的权益，必将对保护儿童和青少年权利产生深远影响。这就意味着中国政府承担并认真履行公约规定的保障儿童基本人权的各项义务。在批准《儿童权利公约》的同一年，我国政府颁布了《中华人民共和国未成年人保护法》。

《中华人民共和国未成年人保护法》的正式颁行，标志着我国的儿童保护工作进入了法制化、规范化、社会化的阶段。儿童是祖国的未来和希望，他们关系着千家万户的幸福安康，关系着国家的前途命运。《中华人民共和国未成年人保护法》的颁布填补了我国法制建设的一项空白，为保护青少年的健康成长提供了重要的法律依据。

《未成年人保护法》是保障未成年人合法权益和促使他们健康成长的

需要。在我国13亿人口中，18周岁以下的未成年人约有4亿，约占总人口的1/3。他们今天的素质，就是明天的生产力、科研能力、战斗能力，寄托国家和民族的希望。因此，保障未成年人合法权益，保护其健康成长，培养其优良品质、聪明才智以及健康的体魄，是家庭、学校、社会共同的义不容辞的责任，也是保证社会主义事业后继有人和中华民族跻身于发达国家行列的具有战略意义的任务。

《未成年人保护法》不仅规定了实体法方面的内容，诸如家庭、学校、社会各方面如何教育、保护、培养未成年人健康成长，而且还规定了未成年人的权利与义务，保护他们的合法权益不受侵犯，未成年人犯罪如何审理、处置以及如何教育改造等内容，甚至还规定了有关机构设置及程序方面的一系列问题。

2. 《中国儿童发展纲要》

为使新一代儿童身心健康地成长，20世纪90年代初，我国政府签署了世界儿童问题首脑会议通过的《儿童生存、保护和发展世界宣言》及90年代的《行动计划》，批准加入了《儿童权利公约》。为了促进我国儿童的生存、保护和发展，为了积极履行对国际社会的承诺，我国制定了国别方案，即《九十年代中国儿童发展规划纲要》（以下简称《儿童纲要》）。明确了90年代我国儿童生存、保护和发展的主要目标。这个纲要是90年代我国儿童工作的纲领性文件，它对促进儿童的健康发展，指导保育、教育工作起着极其重要的作用，《儿童纲要》不仅面向大多数一般的正常儿童，也划时代地提出了保护处于困难条件下的特殊儿童的指标要求。《儿童纲要》的制定和实施，对儿童健康权益保护，提高儿童健康水平和推动儿童保健事业发展都起到了积极的推动作用。它是我国第一部以儿童为主体、促进儿童发展的国家行动计划，与随后制定颁布的《中国儿童发展纲要（2001—2020年）》，共同将国家保护和关爱儿童福利的意志上升为国家政策和发展规划。

《中国儿童发展纲要（2001—2010年）》（以下简称《纲要》）根据我国儿童发展的实际情况，以促进儿童发展为主题，以提高儿童身心素质为重点，以培养和造就21世纪社会主义现代化建设人才为目标，从儿童与健康、儿童与教育、儿童与法律保护、儿童与环境四个领域，提出了2001—2010年的目标和策略措施。《纲要》的发布和实施，必将进一步促进我国儿童的健康成长和儿童事业的持续发展。受社会经济、文化等因素的影响，儿童发展及权利保护仍然面临着诸多问题与挑战。进一步解决儿童发展面临的突出问题，促进儿童的全面发展和权利保护，仍然是今后一个时期儿童工作的重大任务。

除此之外，中国政府签署、批准、加入有关儿童福利的国际公约、宣言还有《批准国际劳工组织关于〈准予就业最低年龄公约〉》（1998）、《关于批准〈跨国收养保护儿童合作合约〉的决定》（2005）等。而国内颁布实施的涉及儿童保护、儿童福利的法律较多，可是专门以儿童为主体的法律还是极少，尽管我国已经制定了《未成年人保护法》《中华人民共和国义务教育法》（2006）、《中华人民共和国预防未成年人犯罪法》（1999）三大儿童保护的基本法典，但是儿童保护法律体系的基本框架尚未形成，应当建立健全儿童保护法律体系。

近十多年来，青少年违法犯罪逐渐上升，已成为我国一个严重的社会问题，它不仅影响着未成年人的健康成长，而且影响着社会稳定。

中国儿童保护制度的特征：儿童保护与福利没有根本大法，以司法保护、家庭保护、学校保护、政府保护以及学下保护为主体的政策体系、法律框架尚未搭建。从现有的制度安排可以看出，当代中国儿童保护以司法保护为首位，其次是义务教育，而健康儿童、残疾儿童保护及社会保护则次之，有关儿童生存与生活福利、生活化保护和确保儿童身心健康成长的家庭福利和社会福利的法律相对较少。因此，中国儿童的保护局限于权益保障。儿童保护需要系统性法律的保障，当前我们缺少儿童法律体系的支柱型法典，尚未构成儿童保护法律体系的基本框架。同时，还应当注重采取专项立法的形式，不断促进我国儿童保护法律体系的完善。

儿童保护是一个世界性话题，儿童权利的内涵在联合国的《儿童权利公约》中得到全面和权威的界定，但在现实中，儿童群体是被成人社会所排斥的，他们的权利没有代言人，对儿童排斥的研究却主要集中在困境儿童群体。实际上，不同的儿童群体面临的生存状况各不相同，其基本需求也各有特点。根据儿童权利保护的原则，中国政府制定了相应的儿童保护制度，但是主要局限于权益保护，还缺乏系统性法律的实体保护。

本章根据研究问题所涉及的理论，主要对贫困理论、福利支持、福利多元主义以及儿童保护理论和政策进行了回顾。

贫困由于其不确定的内涵，其价值更多体现在社会政策的研究和运用中，社会救助政策的演变反映了政府对贫困责任的认识及承担。贫困必然与福利支持相联系，但是如何提供福利、提供福利的程度如何，这是福利支持领域研究的内容。福利多元理论是在福利国家陷入危机而新生的关于福利来源的理论，强调福利来源的多样化，家庭、市场和国家都是现代福利的提供者，而且随着民间组织和自愿组织的发展，社会不同部门都参与到福利资源的安排中来。根据不同的社会文化背景，必须合理组织和充分发挥不同福利提供者的优势和作用。关于儿童保护的理论和政策，《儿童权利公约》具有世界性宪章的指导意义。目前国内关于儿童权利和问题的研究，其思维模式与理论视角主要是从社会问题和社会稳定、社会管理角度出发，从社会管理者、儿童福利机构、成年人和家长的角度出发，而不是从儿童群体本身的利益需求出发，因此，为保护儿童的切身利益，各种研究尚须深入。

第三章　理论分析框架与研究设计

在贫困理论与福利理论基础之上，研究城市贫困儿童的福利不足问题及其社会福利需求，必须将其问题具体化，才可以通过实证的方法展开调查，找到最佳切入视角。因此，在前一章理论回顾基础上，本章主要设计理论分析框架，阐述相关的研究方法，并就方法的相关因素进行讨论。

第一节　理论分析框架

一　城市贫困儿童的界定

1. 儿童的定义

儿童是人们对人类生命周期的一个较为一致但又模糊的概念。实际上，对儿童的界定在不同的时代和不同的社会背景，是有所差异的。不同学科对儿童的年龄划分有所不同，根据《最高人民法院关于拐卖人口案件中婴儿、幼儿、儿童年龄界限如何划分问题的批复》中规定："六岁以上不满十四岁的为儿童"；从法律意义上讲，儿童年龄界限是在七岁以上，十二岁未满之人。少年的年龄界限是在十二岁以上，十八岁未满之人。医学上一般对年龄的划分从出生至一周岁称为婴儿期，一周岁至三周岁称为婴幼儿期，三周岁至十八岁称为儿童期，十八岁以上就可以称为成人了。在中国的儿童工作中，一般将儿童年龄界定为6—14岁。儿童阶段，从接受教育的程度可以分为学龄前（0—6岁）、小学（6—12岁）和中学（12—18岁）三个阶段。

依我国台湾的《儿童福利法》规定："儿童系指未满12岁之人。"我国香港《雇佣儿童规例》规定"儿童"指年龄未满15岁的人士。据联合国《儿童权利公约》界定，"儿童系指18岁以下的任何人，除非对其适用之法律规定成年年龄低于18岁”。中国《未成年人保护法》等法律对未成年人的规定是0—18岁。可见，联合国《儿童权利公约》中对“儿童”的界定与中国法律的“未成年人”概念是一致的。因此，为了与《儿童权利公约》接轨，同时也为了与中国儿童保护法律保持一致，本研究对儿童的定义为18岁以下之人。

2. 贫困的定义

根据贫困的理论发展，贫困的内涵在不断变化，外延也在扩大，因而贫困的界限难以确定。贫困可以分为三类：赤贫、生存贫困和相对贫困，绝对贫困和相对贫困成为普遍接受的概念（见表3—1）。

表3—1 贫困的定义

绝对贫困	相对贫困
所有收入不能维持其基本的生存需要； 绝对的物质匮乏或不平等；（布斯和朗特里） 缺乏达到最低生活水准的能力。（世界银行1990年）	“所有居民中那些缺乏食物、很少参加社会活动和缺少最低生活条件的资源的个人、家庭和群体就是所为贫困的。”（英国汤普森《英国的贫困：家庭财产和生活标准的测量》） 从“缺乏”的角度界定贫困，范围从单纯的物质的“缺乏”到无所不包的社会的、精神的、文化的“缺乏”。（世界银行1980年） 从“社会排斥”角度界定贫困，认为贫困是由于贫困者资源有限，以致他们被排斥在所在国可以接受的最低限度的生活方式之外。（世界银行2001年）

贫困的研究从绝对贫困开始，但是随着研究的深入，人们发现，贫困已经不只是收入的不足和不能维持最低生活水准，更多地表现为没有话语权、社会参与不足等，而且不同的社会背景下贫困的标准有很大差异。深圳的快速发展积累了雄厚的经济实力，人均GDP位于全国之首，可以说这是一个丰裕的城市，然而在这样一个富足的城市，同样伴随着贫困，而且繁荣和富庶更是剧烈冲击着生活中“一贫如洗”的贫困者。这里，贫

困不仅意味着窘迫的生活，更多的是不能分享发展成果，不能融入这座城市的生活中，无法与这个城市共同走向富裕。

本研究的主题是儿童贫困，儿童的贫困更是有不同于成人的特点。儿童贫困是最影响生命周期的一种剥夺和权利丧失。儿童在其成长过程中，需要得到物质、精神与情感等多方面的支援和支持，他们更应该感受和共享生活的这座城市的发展。然而，贫困剥夺了他们的所需的资源，贫困使他们无法享受自己的权利，使他们无法作为完全的社会成员参与到城市生活中。

因此，城市儿童的贫困包含以下内容：一是缺乏足够的生活资料，城市儿童已经不再面临饥饿的问题，但是缺乏足够的营养资源，无法享受到与同伴相当的物质生活条件；二是缺乏自我发展和提升的资源，他们虽然能够得到普通的教育机会，但是无法享受到优质教育资源，缺乏更多的社会参与、文化活动；三是缺乏家庭支持和社区保护，家庭微弱的支持无法满足儿童情感需求以及人际交往需求，尚未完善的社区结构无法体现社区强大的社会机能。

城市贫困问题引起了社会学、心理学和人类学者的广泛关注。“城市贫困儿童”是20世纪90年代后期随着中国经济体制改革产生的城市贫困群体，从广义上理解，城市贫困儿童是指生活在城市的户籍、非户籍贫困家庭的儿童。本研究中的“城市贫困儿童”是一个狭义的概念，指具有城市户籍的低收入居民的儿童，包括低保家庭和低保边缘家庭的儿童。这一概念的确定有两个目的：一是为了研究对象界限更加明确，便于展开研究；二是使研究对象的同质性更强，使问题发现和政策建议更具有针对性。

二　研究问题的宏观背景

研究儿童问题，必须放在特定的社会环境和制度背景中进行考察，因为只有这样才能较为准确反映样本儿童群体的遭遇的福利缺失现状及其真实需求。在考察现有国家的儿童福利制度安排、家庭功能以及其他民间组织作用的基础上，通过横向比较和国际社会的儿童福利服务水平要求，提出以儿童需要为本位的儿童福利政策建议。

中国的儿童福利制度建设，应该建立在中国经济建设取得巨大成就的基础上。改革开放30多年来，我国国民经济和财政收入持续增长，2011年全年国内生产总值471564亿元，超过日本成为世界第二大经济体。城镇居民人均可支配收入21810元，城镇居民人均可支配收入中位数为19118元；全年农村居民人均纯收入6977元，农村居民人均纯收入中位数为6194元。无论是城镇居民收入还是农村居民收入都得到大幅增长，增速超过10%，国民经济保持平稳较快发展，为各项社会事业的建设和进步奠定了坚实的基础，也为儿童福利事业的发展提供了经济实力。

国家的福利责任在不断强化。福利责任是一个现代文明国家的标志和象征，是现代国家功能的体现，也是一个国家政权合法性的重要条件（杨伟民，2004：55）。我国对国家福利责任的认识和承担几经变迁，从政府无限责任的单位福利做法，到改革开放时期的政府将保障责任完全推给个人和市场的极端自由主义做法，发展到今天高度认可国家承担福利责任的必要以及合理分担责任的理性回归。也许正是经历过这些跌宕起伏的实践和教训，才使国家对福利责任的认识日渐全面和科学，借鉴国外先进经验，并结合本土实际情况，实现了新旧社会保障体系的转型，积极承担责任，开创全面建设社会福利制度的新局面。正是在这样大好的形势下，政府高度重视儿童福利事业，不再将儿童视为父母的私有财产和家庭完全的福利责任，儿童是国家的未来，国家对儿童群体肩负着不可推卸的保障责任，可以说儿童福利运动蓄势待发。

社会政策是因一定的社会问题而制定，福利责任是针对一定的弱势群体而确定。城市贫困家庭是任何国家在工业化和现代化发展过程中由于社会或个人原因不可避免产生的陷入生活困境的群体，而这些家庭中的孩子更是因为本身的无助和无为，成为需要社会特别关注和保护的对象。城市贫困儿童可以说是困境中的弱势群体。

尽管我国政府确认了社会保障责任，但是这种责任尚未到位，福利覆盖领域非常狭窄，福利制度还是典型的残补型模式，对于城市贫困儿童这样一个弱小群体，最容易被制度忽略。他们父母由于贫困受到城市最低生活保障制度安全网的保护，可贫困家庭儿童的特殊福利需求，还没有能够进入国家福利制度视野。而这样的家庭本身已经处于贫困之中，即使进入到城市低保，也只能维持温饱和基本的生活，对于儿童在生长发育中的各种福利需求，家庭已经无力提供或担当此项保障功能。本来贫困群体就是被社会排斥的结果（Gordon，2000），贫困家庭的儿童还会由于家庭功能被破坏和国家责任缺失遭到忽略，可见儿童最容易受到福利短缺的伤害。因此，必须在国家经济实力增强的同时，真正认识儿童权利，建立正确的儿童福利理念，保障弱者的权益和利益，避免贫困延及下一代。

三　基于福利需求理论的分析视角

本研究从福利需求的视角，研究城市贫困儿童的生活现状。需求说明人们在社会生活中处于一种缺乏状态，而福利制度实际上就是为了弥补这些缺乏，因此福利需求是福利安排的研究主题。福利是人类通过研究社会问题，提出社会政策，提供福利来满足需求，使人们最终达到人类的一种美好的生活状态。

1. 个人需求

福利就是满足需求的各种习俗、制度安排以及社会政策，社会政策包括了社会团体对社会成员实际需求的反应。因此，福利的提供必须建立在对需求深入研究的基础之上。

所谓需求“指的是身体上的、心理上的、经济上以及从社会和文化方面对生存、幸福和满足的要求”（杨伟民，2004：32）。在需求研究中，马斯洛的需求层次理论（Maslow's hierarchy of needs）是最著名的，该理论将需求分为五种：生理需求（Physiological needs）、安全需求（Safety needs）、归属与爱的需求（Love and belonging needs）、尊重需求（Esteem needs）和自我实现需求（Self－actualization）五类，依次由较低层次到较高层次排列。

生理需求是最低级和最基本的需求，一般包括食物、衣物、住房、健康等。心理需求有时又称安全需求，是对生存的环境缺乏安全感，包括不安稳的生活、学习或工作带来的歧视或不安，以及贫穷、疾病等可能的威胁。情感需求是对各种情感包括亲情、友情、爱情的需求以及不同的归属和关爱的需求，这也是一种社交需求，希望可以感受到身边人的关怀。社会需求也即尊重需求，是对成就、名声、地位以及晋升机会的需求，既包括自我的认同，也要求得到他人的认可。最后是自我实现需求，也是最高境界的需求，是自我价值得到实现的需求（见图3－1）。在这五个层次中，其中生理需求、心理需求和情感需求都属于相对低一级的需求，通过

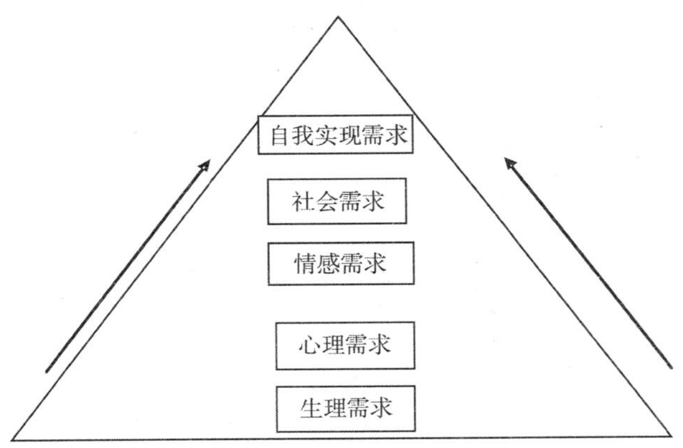

图 3—1　马斯洛的需求层次

外部条件可以得到满足；而社会需求和自我实现需求属于高级需求，需要通过内外因素才可以达到（见表 3—2）。

表 3—2　　　　马斯洛需求层次内容

需求类别	需求内容
生理需求	食物、衣物、住房、健康等
心理需求	人身安全、生活稳定、免遭疾病和各种威胁、贫困
情感需求	亲情、友情、爱情以及归属关系需求
社会需求	成就、声誉、地位及晋升机会
自我实现需求	体现自我社会价值的需求

马斯洛的五个需求层次一般而言是由低向高逐级递升，但是同一时期，一个人可能有几种需求同时存在，但总会有一种需求是占支配地位的，即使是处于最高的自我价值实现的需求中，仍然会有对其他几个较低层次的需求，只是这些需求可能不会影响其行为决定，处于非常微弱的地位。

需求层次结构的主次地位，与人们所处的经济地位、社会地位、教育文化程度等是密切相关的，不同的社会阶层人们的需求是不同的，同一个群体的需求大致相似。在人生的不同时期，需求层次结构也是有较大差异的，相同年龄段的人应该有大致相当的需求。比如处于成长期的儿童，他们的需求层次一般而言是低层次的需求占据优势和主导地位，对生理需求、安全需求和情感需求更为强烈，当然也伴随着少许的社会需求。随着儿童社会地位的日渐提高，儿童的各种需求被社会认可并接受，满足儿童的需求开始成为各个国家的社会责任。

儿童福利就是在深入研究儿童特殊需求的基础之上制定的能够让不同儿童群体健康成长、享受文明进步的各种福利制度和社会政策，儿童由于处于特殊的人生阶段，他们的需求有别于成人，例如他们有获得家庭抚养和教育的需求，有获得卫生保健的需求，有接受教育的需求，有对健康成长环境的需求，等等。在儿童群体中，还存在特殊儿童群体，他们可能是孤儿、残疾儿童、留守儿童、贫困儿童等，他们对特殊照顾有着较为强烈的需求，国家和社会有责任保护这样的特殊儿童，为他们制定适宜的福利照顾和供给政策，满足他们为生存、幸福所必需的物质、心理、经济、文化以及社会等方面的需求。

贫困儿童由于家庭的经济收入处于较低水平，他们的基本需求还是一种为满足生理需求的状态。因此，从福利需求角度可以探求贫困儿童的福利缺乏程度和现状。

贫困引发的排斥可能导致个体与社会整体之间的断裂，“各种社会排斥过程无不导致社会环境动荡，最终可以危及全体社会成员的福利。”（克莱尔，2000）贫困群体可能不能参与到正常的社会经济生活中，缺少社会交往的圈子，逐渐有被边缘化的趋势，成为相对弱势群体。

本研究的对象是城市贫困儿童，根据该群体的特点，从福利需求视角研究城市贫困儿童的需求现状、福利制度安排程度，研究城市贫困儿童在现代福利体系中的地位，从而了解在城市贫困儿童的成长过程中，福利制度、家庭功能、民间组织等诸多方面的作用和影响。儿童福利是国家福利体系的重中之重，因为儿童福利既是现代社会福利制度的基础部分，又处于社会福利政策制度的中心位置。儿童福利状况是衡量社会文明程度和社会融合程度的最佳指标体系，典型地反映国家、家庭和社会生活的关系（刘继同，2010：3）。现代贫困已经超出经济贫困的含义，早已与社会排斥相联系，社会排斥可以理解为被排除在机会之外，而儿童贫困是这种机会排斥的根源。所以，满足贫困儿童的福利需求，可以视为消除儿童贫困的一个目标，可以减少造成这种机会不平等的因素。

由于社会排斥本身的多角度和模糊性，而且有多种属性，对于贫困儿童而言，其社会排斥是非自愿性排斥，具有明显的相对性。因此，本研究从需求的角度研究城市贫困儿童的福利缺失，可以更深入地发现生活在城市中该弱势群体遭遇的各种社会排斥。儿童的成长离不开责任者的保护，贫困儿童更需要多一层的保护。

四 福利供给的层次分析

罗斯的福利多元理论指出社会福利是多元的组合，一个社会总体的福利来源于多个部门——家庭、市场和国家以及其他组织，它们所提供的福利构成了一个社会的总体福利。其特点是超越传统国家与市场的二分法，强调其他社会部门在社会福利提供方面的作用。在福利多元主义的政策方案中，政府以外的部门，如市场、家庭、志愿组织、社区以及各种互助团体，它们在社会福利体系中具有非常重要的作用。由于儿童群体的特殊性，他们还不具备从市场中获取福利的能力。因此，本研究以福利多元理论为分析路径，在对城市贫困儿童社会排斥的分析中，将福利责任纳入到罗斯的多元理论的分析框架，并借鉴伊瓦思福利三角理论，将福利三角理论的三个分析层面演绎为国家福利责任层面、家庭福利责任层面以及民间组织福利责任层面，探讨当代中国城市贫困儿童遭遇的福利排斥现象。

由于儿童处于生命周期的开始，是国家未来的发展力量，需要受到来自不同责任者福利的全方位保护。在现代国家，儿童有权享受国家的福利制度保护，国家是儿童福利保护的主体，因此，国家应该责无旁贷地承担起对儿童，特别是弱势儿童的福利责任，制定以儿童为中心的有效的福利制度。本研究把制度意识在福利提供中的作用演绎为对研究对象的国家福利责任。

家庭是儿童天然和最安全的避风港，照顾和保护儿童是家庭天经地义的责任，这是人类自古以来的传统观念，因为长久以来，家庭都发挥着诸多不可或缺的社会功能，尤其是在中国，在改革开放前，家庭较为稳定，现代社会保障体系尚未建立，家庭几乎承担对儿童的全部福利责任。改革开放后，由于社会处于急剧的变化，传统的家庭保护观念也受到震荡，家庭结构和家庭功能也发生重大的结构性变化，家庭的社会保障、社会保护性功能在弱化、衰减，尤其是陷入贫困中的家庭对儿童承担的福利责任更是发生了嬗变。本研究把家长能力在福利提供中的作用演绎为对研究对象的家庭福利责任。

民间组织在西方有悠久的发展历史，一直以来都是遵循慈善思想，提供各种社会福利和社会服务。在政府尚未担负社会保障责任之时，民间组织就开始为弱势人群提供各种形式的救助，对缓和当时尖锐的社会矛盾起着重要作用，在解决社会难题的过程中民间组织得到锻造，逐渐发展成一种雄厚的社会资本，民间组织已经成为各种社会领域的组织载体，被视为一种新的生产力，社会组织的发展壮大有利于营造和谐的社会环境。社会组织作为第三种力量，在政府失灵和市场失灵时，可以以自身独特的优势，在各种问题上发挥积极作用。因为长期的实践证明，在经济发展领域，市场力量起着决定作用，但是由于各种不可控因素及问题，如垄断的形成、宏观经济失衡、微观分配不公等问题，这些症结单纯依靠市场自身无法解决，实践证明市场并非万能。政府在公共管理和决策中也同样存在不足和缺陷，许多社会和公共领域问题单纯依靠政府是无法解决或解决不好的，使得政府在社会管理中失灵，这会给社会带来更大的灾难，造成资源的更大浪费。对于儿童而言，当家庭陷入困境或出现危机，儿童失去家庭的保护或者家庭对儿童的保护不足时，就会出现家庭功能缺陷，儿童失去健康的家庭生活保障，极易受到心灵和物质上的伤害，影响今后的成长。因此，民间组织主要致力于解决通过“国家体制”、“市场体制”以及“家庭制度”，国家、市场和家庭三者都不能解决的和无法顾及的一些社会问题，由此成为政府或市场不可或缺的合作伙伴，活跃在社会福利和社会治理的各个领域。本研究把民间组织在福利提供中的参与度演绎为对研究对象的民间组织福利责任。

因此，本研究融合社会排斥理论和福利多元理论的分析路径，以福利责任为视角，将国家福利责任、家庭福利责任以及民间组织福利责任组成一个福利三角框架，从三个层次对城市贫困儿童的福利需求与福利责任展开研究（见图 3—2）。

本研究在考察国际国内儿童权利相关的公约和规定中，反观中国城市贫困儿童的生活现状，提出核心研究问题：中国城市贫困儿童遭遇的福利缺失是如何形成的？现代城市贫困是以经济贫困为中心递展的多个范畴，可以从权利、福利、机会、参与等不同角度进行研究和深化。为了使研究

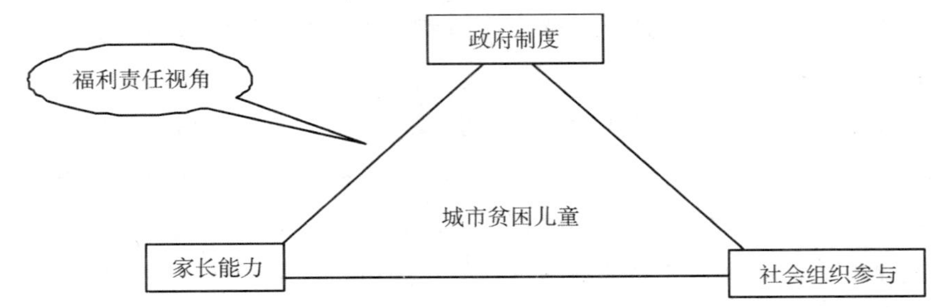

图 3—2　城市贫困儿童福利责任分析路径

更加具体和深入，具有一定的可操作性，必须把研究问题再细化。因此，从福利责任视角，核心研究问题分为两个：是谁造成城市贫困儿童的福利缺失？城市贫困儿童的福利缺失状况如何？

根据选择的分析路径，第一个问题的研究目的是，不同福利责任者应该如何为城市贫困儿童提供福利。

首先，从国家责任层面来看，我国现有的福利制度或承担的福利责任如何影响城市贫困儿童。笔者通过考察中国在全面进行福利制度的建设中覆盖和惠及城市贫困儿童的福利体系，分析国家对此承担的福利责任，并与国际水平和先进国家的横向比较，探讨国家是否对城市贫困儿童群体承担了相应的福利责任，对该群体在国家福利体制中的福利地位是正效应还是负效应。

其次，从家庭责任层面来看，贫困家庭如何提供其子女所需的家庭福利。长久以来，按照中国的传统习惯，是以家庭为本位对儿童进行福利供给，儿童的福利完全取决于家庭和父母的安排。随着社会的转型变化和家庭的结构微型化，家庭的福利供给功能开始弱化，但是家庭仍然是儿童成长的最重要的环境，是保障儿童权利最重要的责任人，是承担着为儿童提供物质和精神福利的主要责任人。通过考察城市贫困儿童父母的收入能力、对儿童的支出安排以及情感照顾，分析贫困家庭对其子女的福利责任与承担能力，探讨家庭对贫困儿童的需求支持能力的不足之处。

最后，从社会组织层面来看，社会组织在城市贫困儿童社会排斥中起着怎样的作用。中国是一个传统的小农经济社会，缺乏社会组织成长的土壤，因此福利领域几乎不曾有过社会组织的足迹。随着社会的发展，民众自主意识正在觉醒并不断提高，开始越来越多地关注运行在市场和国家之外的社会组织。社会组织活跃在社会活动中的各个领域，在推行政府改革，进行社会建设进程中，最终实现“小政府、大社会”的目标，社会组织的作用得到全方位的认识。社会组织通过动员社会各方力量参与社会发展，以社会弱势群体为焦点，关注容易被政府忽视的边缘问题，并以此促进社会整合，增加社会整体福利，推动社会改革，维护社会公平。近些年社会组织在中国迅速发展，活跃在社会福利、社会服务中，起着推动社会福利的作用。通过考察社会组织参与提供城市贫困儿童的社会福利项目及其作用，评估社会组织承担的福利责任，探讨在对城市贫困儿童福利服务过程中社会组织的作用。

第二个研究问题的目的是，分析城市贫困儿童不同层次的福利需求。

卡尔皮特（Culpitt，1922：48－95）认为，社会成员的需求满足是政府责任。作为一个现代国家，其贫困儿童的社会福利功能主要是反贫困、提供经济保障、提供健康和教育服务等。中国政府正在从对弱势儿童保护放任自流的状态中走出，儿童保护也开始告别完全仰仗家庭责任的传统，政府试图满足儿童的福利需求。本问题的目的是分析儿童的国家福利需求变项。

根据莫多克（Murdock，1949）的研究，家庭是一个功能群体，提供家庭成员的需求满足。家庭的福利功能主要是为其成员提供照顾和经济支持。在本研究的框架下，家庭作为儿童福利三角中最为重要的组成部分，贫困儿童对于家庭的照顾功能、情感支持和经济支持能力的需求极其强烈和依赖。从福利需求而言，可以说，家庭是城市贫困儿童最重要的不可或缺的福利提供者。本问题就是探讨贫困儿童对家庭的福利需求分析，即研究对象的家庭福利需求变项。

根据瑞典学者 Victor Pestoff 的观点，非制度化的民间组织通常选择在非正规领域，主要是社区、邻里、家庭领域，然后通过最原始的交易方式，即物与物、人与人的互助交换，而不是现代市场流通方式，解决养老扶幼中的福利需求，我们称之为一种非营利、非商品的公共福利。在国家和市场之间逐渐膨胀的制度化和非制度化的福利非营利组织是近年来出现的一股令人瞩目的新生社会力量，它们在政府与市场的活动领域之外发挥着越来越重要的作用。Victor Pestoff 还认为，随着各类非营利组织的蓬勃发展，其将成为可以和政府、市场、家庭相媲美的福利社会发展的主要力量。本研究的目的就是分析研究民间组织的福利需求变项。

中国开始全面进行社会保障制度改革，在这样的背景下研究城市贫困儿童福利支持的行动者（责任人）。国家开始承担对弱势儿童的保护责任，重视以儿童为中心的福利政策，中国从过去单一的国家福利责任，到后来夸大市场的福利机制，再到目前的福利多元主义，不同的角色担负着不同的福利供给责任。然而由于尚未建立起完善的社会福利保障体系，城市贫困儿童群体遭遇福利责任者的社会排斥，家庭的家长能力可能会增强或减弱他们被排斥的程度；国家对弱势儿童保护制度意识也可能增强满足城市贫困儿童的需求，但是如果这种保护意识还未形成或者不够强大，就会造成对该群体儿童的排斥；社会非营利组织在对城市贫困儿童的福利服务中的参与度可以增加他们的福利程度。所以，城市贫困儿童在社会福利方面的缺失现状是政府、家庭和民间组织相互作用的结果。相应地，城市贫困儿童对这三者的福利需求与其福利责任的缺位正好对应。因此，通过对研究问题的探讨和分析，明确城市贫困儿童福利责任三方的福利供给与福利缺位，进而提出明确福利责任、减少贫困和消除排斥的社会政策建议。

五　研究框架

本研究主要是描述性和探索性研究。从福利责任者的角度描述城市贫困儿童遭遇的福利缺失，把这种观察到的现象客观描述出来，尽量做到观察仔细而且谨慎，描述精确，尽可能解析客观现象存在的原因及其所隐含的意义。

本研究选择的是福利需求向度，从福利责任视角探讨城市贫困儿童福利缺失的行动者，以福利多元理论为基础，探究以政府、家庭和民间组织形成的福利三角对城市贫困儿童福利缺失的作用，以此构建城市贫困儿童福利缺失与福利责任者之间的关系。

在我国，儿童抚育事务长期以来都由家庭承担（刘继同，2012），但是在福利理论中，无论是在自由主义与保守主义的争辩中，还是在左派与右派的交锋中，都一致肯定国家对困境儿童的养育责任。所以，在国家责任之下我们考核其制度意识，以确定国家在儿童福利中的作用。中国是传统的家庭本位，家庭一直是儿童最重要的福利供给者，随着家庭的小型化，父母的能力成为家庭福利的依靠。故此，在家庭责任之下的父母能力成为考量其承担子女福利责任的指标。民间组织是新的社会公益组织形式，它的福利服务方式既不同于政府部门，也有别于私人营利部门，谓之第三部门（ the third sector)，是混合福利经济的产物。近年来，在西方国家，福利非营利组织，通过自己独特的形式和渠道提供福利服务，肩负着福利领域的重任，这是福利发展的趋势。在中国的福利改革前进路上，福利非营利组织以及其他各种社会团体开始参与到提供福利服务中来，在中国福利事业的舞台上崭露头角，并且发挥着越来越重要的作用。因此，在民间组织责任下的参与度可以测量出它们在儿童福利体系中的分量。

在分析城市贫困儿童福利缺失行为者的同时，本研究继续在福利三角的基础上研究城市贫困儿童的福利需求（见图 3—3)，根据马斯洛的需求层次，结合儿童特殊生长期的特点，将儿童需求分为四个层次，生理需求→心理需求→情感需求→尊重需求，每一个层次细化为具体的未尽选项。

儿童的福利需求依然是针对政府、家庭和民间组织展开。“儿童需要”是儿童福利事业的基础，是理解福利制度安排和运作机制的最佳角度；需要决定福利受益对象、服务对象、福利和服务范围与领域，也是决定福利供给的先后次序，而且还是衡量福利水平的标准（刘继同，2010：81)。人类在不同时期有不同的需要，在儿童时期需要必要的帮助和保护，一旦某种需要被确定为基本需要或社会需要，就会确定相应的责任者。当然，满足需求的途径多种多样，根据多元主义，家庭照顾、劳动就业、社区互助、非营利公益组织服务、国家制度化再分配形式，等等，不同的责任者会根据自身的特点和使命选择适合的需求满足的方式。

可以说，困境儿童的福利服务和社会保护是整个儿童福利体系的基础。因此，本研究以城市贫困儿童的福利需求为中心，向外辐射责任主体的需求满足形式。对于政府的福利满足形式仍以福利制度为主；而家庭在满足儿童需求方面形式最为多样，在此确定的变项为家庭照顾和经济支持；民间组织参与福利供给的途径也有照顾、服务等，但对确定的研究对象，最为有效地提供福利需求满足的途径是福利服务，所以福利服务是民间组织满足儿童福利需求的变项。

简言之，儿童的福利需求研究仍然是建立在福利三角的基础之上，是

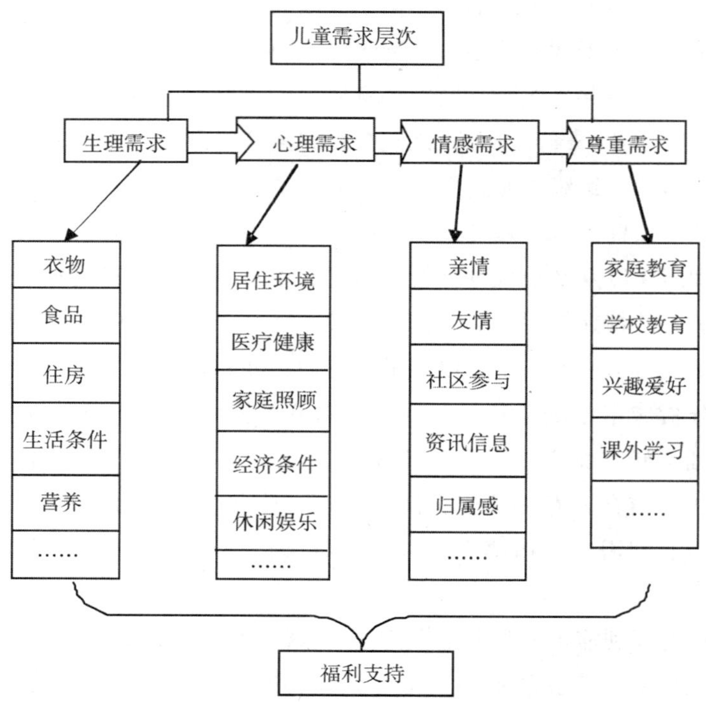

图 3—3 儿童需求分析框架

上述研究的延续和深入，以政府、家庭和民间组织为主的福利供给对城市贫困儿童福利需求的满足程度影响着他们贫困的程度以及受到的社会排斥。

其实，社会排斥和福利满足的主体都一样，只是各自的变项不同，所指向的中心有所不同，但是，二者是相互关联的，儿童排斥和需求满足呈反方向运动，即当社会排斥增加时，则福利的满足下降，反之，当社会排斥减少时，则福利的满足上升。因此，研究城市贫困儿童遭遇的社会排斥，就是发现政府、家庭、社会三者在各自的福利领域未能向该群体承担福利责任，满足该群体的福利需求。

对城市贫困儿童的研究，在社会排斥的整体分析框架里，不但要结合当时的社会结构和本土文化环境，更要通过对儿童福利前沿国家及国际经验的借鉴和汲取，寻找更多的元素分析贫困儿童需求，提出克服和消除贫困及排斥的政策建议（彭华民，2008：91）。

根据研究框架（见图 3—4），城市贫困儿童的福利保障不是一个定量，而是处于变化之中，是一个因变量，完全取决于家庭支持、政府福利水平以及民间组织服务的影响，这三者是不同的自变量，决定着因变量的

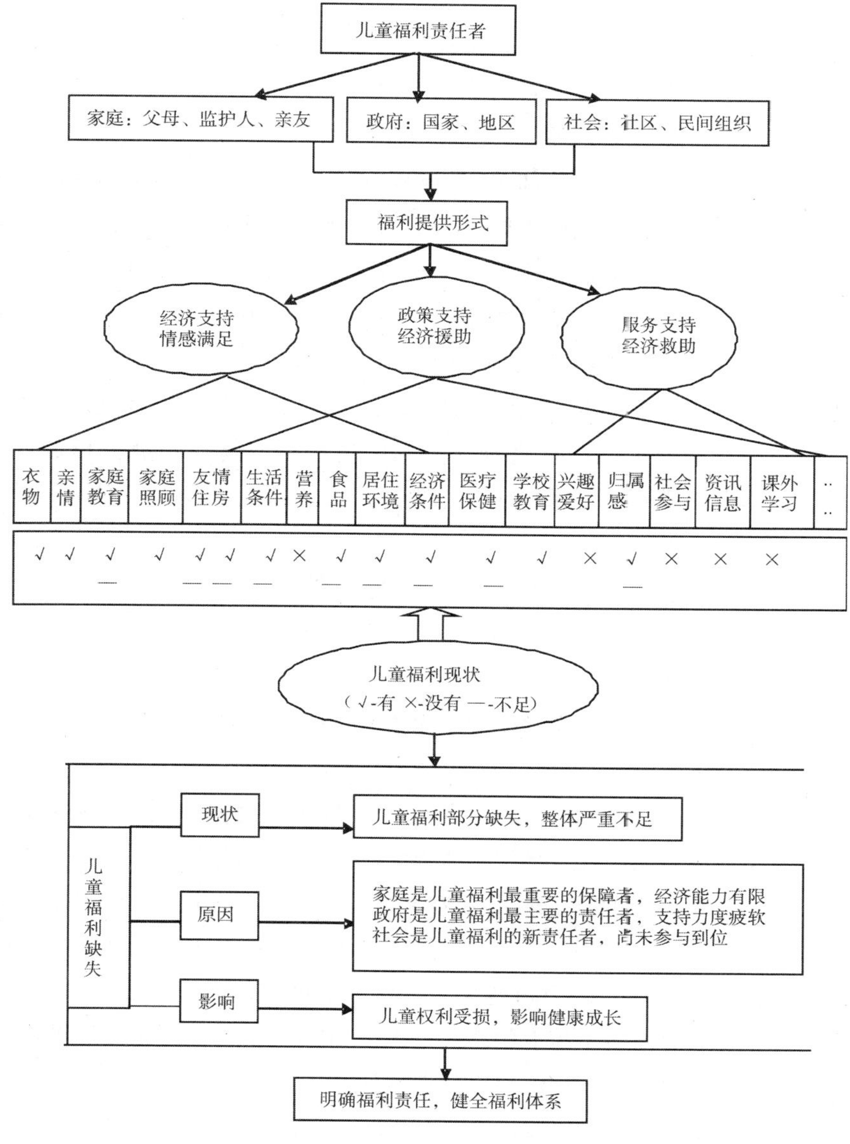

图 3—4　城市贫困儿童福利责任者分析框架

值，其关系可以表示如下：城市贫困儿童福利水平=家庭支持力度×政府福利水平×民间服务总量，即f（y）= X1×X2×X3。

三个自变量的积就是儿童的福利水平，三者相互作用。如果三者齐心协力，正向运动，履行自己的福利责任，能够在自己的范围内力所能及地提供服务与支持，就会将贫困儿童福利水平最大化。否则若其中任何一方不作为，都会极大地伤害儿童的福利水平，甚至导致贫困儿童的福利作用归零，回到贫困的原点。那么，考察三个作用者如何影响贫困儿童的福利水平，就是根据家庭、政府和民间组织在贫困儿童福利中的不同功能，确定每一位责任者应该提供的不同福利内容的水平，通过不同的方法对儿童的需求水平和责任者的现实供给水平相对比，分析出家庭、政府以及民间组织三者在城市贫困儿童福利供给中是否全面履行其职责，以自己特有的福利供给的方式为贫困儿童提供不同的福利支持，以此类推出城市贫困儿童福利需求满足程度，并且可以观察到福利责任缺失的原因及其对贫困儿童成长过程造成的影响和社会排斥，从中进一步厘清福利缺失形成的原因、程度以及对政策的意义。

第二节　研究方法

一　研究方法

本研究的研究方法采用多元研究方法：以定性研究为主，辅之以定量研究。

在社会研究中，定量研究和定性研究是普遍的两种方法，具有不同的特点。定量研究以实证主义哲学为基础，通过采用数据形式，对研究现象进行说明，通过演绎的方法来预见理论，是一种先有理论，后对理论进行评估或验证的过程。定性研究以人文主义哲学为基础，通过参与观察和访谈获得的第一手资料，采用归纳法，使其逐步形成理论。因此，二者一个是自上而下，一个是自下而上的方向过程。“定性研究为定量研究提供框架，而定量研究又为进一步的定性研究创造条件。”（沈剑平、瞿葆奎，1990）

社会研究的方式主要有四种类型：调查研究、实验研究、实地研究和文献研究。每一种方式都相互独立，而且具备独特的、与其他方式相互区别的特征，其中调查研究和试验研究属于定量研究方式，实地调查方式是唯一具有定性研究特征的研究方式，强调研究者深入到研究对象的社会生活背景中，理解并解读研究现象，而文献研究是唯一兼具定量研究和定性研究特征的研究方式。但是各种研究方式、具体方法和技术都不是各自独立、互不相关的，彼此之间都存在密切的内在联系（风笑天，2003：9）。所以，一般而言，社会研究中多采用多元研究方法。

多元方法是当今社会学方法的最新趋势，被称为研究方法的“第三次革命”。“采用多种视角的分析方法比单一视角能够获得更多更全面的信息。”芝加哥大学社会学系主任 Small 教授，2011 年在《Annual Review of Sociology》第 37 卷上发表了《如何开展混合方法研究：混合方法研究的新近趋势》一文，认为近十年来，大部分经验多元方法研究都采用了两种或多种类型的数据或数据收集的方法。所谓社会研究的多元方法，即在一项研究中，实现定量与定性的结合，采用了两种或多种类型的数据或数据收集的方法。多元方式有以下几种组合形式：两类数据同时收集，为并列设计；两类数据先后收集，为序列设计；两类数据交叉收集，为嵌套设计（徐小青、孙中伟/编译《混合方法研究：社会学方法多元主义时代或已到来》，《中国社会科学报》第 312 期）。在一项研究中，可以两种方式并行，也可以有主辅之分，主要取决于研究情景、研究问题和研究目标，当然也决定于研究者的兴趣爱好。

本研究在以个别访谈和焦点小组的访谈方法为主的基础上，考虑到访谈样本量小的缺陷，为了使研究的理论诠释更加全面和提高效度，辅之以调查研究的抽样调查形式，抽样调查由于是一个前期调查，而且规模较小（100 个样本），因而对于本研究的数据、信息只是起着一种补充和辅助的作用。

（一）个别访谈

资料的收集和整理，是一种自觉的理性认识活动。在本研究中，访谈是最为重要的资料收集方法。考虑到访谈对象年龄的特殊性，采取半开放型访谈，即在访谈中，研究者对访谈的结构具有一定的控制作用，但同时也允许受访者积极参与。

1. 样本来源

本研究对象为城市贫困儿童，样本源自深圳。深圳是中国最早对外开放的城市，中国第一个经济特区，副省级城市，计划单列市，经国务院批准1980年8月26日正式设立。作为中国的改革开放的前沿城市，深圳是世界上发展最快、中国经济最发达城市之一。2011年年末全市常住人口1046.74万人，其中户籍人口267.90万人，2011年深圳市生产总值首次突破1.1万亿元，人均GDP深圳达到21494元，居民人均可支配收入从3.24万元提高到3.36万元，居于全国之首，已相当于中等发达国家水平。在这样经济突飞猛进的现代城市，发展历史短暂，城市负担较轻，但是经过30年的经济建设和社会发展，在取得丰硕成果的同时，也积淀下一些社会问题。在深圳，依然存在贫困现象，截至2011年，深圳市城市居民最低生活保障家庭数4009户，共计人数10716人，其中在校生3462人（深圳市民政网，2011年民政事业第四季度统计数据）。这个群体虽然为数不多，但是其中1/3是在校学生，几乎每一个贫困家庭就有一个学生。因此，在这个经济基础雄厚的现代都市，贫困儿童的福利缺失更值得关注，研究他们在这个繁荣发达城市的生活现状和福利需求对于建立健全儿童福利政策具有一定的参考意义。

2. 访谈对象的选择标准和方法

本研究采用《儿童权利公约》对儿童的界定，是18岁以下的男孩和女孩，可见“儿童”概念的群体年龄差距比较大。为了使得访谈资料具有效度和信度，在正式访谈前进行了试访谈。

在试抽样（pilot sampling）设计中，由于质性研究注重对研究对象获得比较深入细致的解释性理解，相对定量研究而言，样本量一般较小（陈向明，2004：103）。根据研究中确立的研究对象和理论框架，抽样方式采取“效标抽样”，以低保家庭或低保边缘家庭中6—18岁的儿童为标准或基本条件。基于研究目的，在选取访谈对象前还设立了以下几个条件：第一，小学四年级或以上学生到参加完高考的学生；第二，8—9月在深圳可以进行访谈的学生；第三，男女比例适中。在深圳市两个中心城区的五个街道办进行抽样，初步预设抽取15个试样本（pilot samples）。在15个试样本中，男童7名，女童8名；小学生3名，初中生4名，高中生6名，高中毕业生2名。在15个家庭中，有3个单亲家庭，2个重组家庭；3个家庭有两个孩子外，其余均为独生子女；其中父母患病的有4个。

在试访谈过程中，由于样本对象的年龄差距，小学生对家庭贫困的感受还不明显也难以表达，高中生都在住校，一周只有两天甚至只有一天和父母度过，难以说明差异化的家庭生活。初中学生处于青春期早期，和父母朝夕相处，对家庭条件和家庭环境开始变得敏感，而且能够完整准确地表达自己的思想感情，有自己独立的思考和看法，他们的所思所想以及体验感受正好契合本研究的内容。

通过试访谈，根据研究目的，重新确认访谈样本的标准，即低保家庭和低保边缘家庭中在读的初中学生，通过“效标抽样”方式重新获取样本，“效标抽样”方式只针对符合选样标准者，目的是确保抽样的质量（陈向明，2004：109）。试样本中的4名初中学生保留在样本中，另外根据新的样本要求，在深圳市福田区抽取了13名符合条件的贫困儿童，其中两位儿童因为各种原因未能完成访谈。因此，最后的有效访谈对象为15个。本研究的理论认为，城市贫困儿童遭遇福利领域的社会排斥，因此，我们选取了15个处于贫困之中的儿童进行深入的研究，以此对设定的理论进行说明或佐证。

研究者承担了15个样本的访谈任务，11个访谈是在家里进行，这样便于研究者进行实地观察，获得访谈对象生活环境的第一手资料，以及访谈对象与家长关系的直观印象，这也是非常重要的研究资料。另外4个由于各种原因在外面访谈，选择了比较安静的咖啡厅，10位家长同时参与了访谈，丰富了访谈内容和了解深度。

3. 访谈过程

在访谈前，由于访谈对象或家长开始都持有戒备心理，比较谨慎，尤其是家长站在保护孩子的角度，比较敏感，或有所提防。研究者在表明身份、说明访谈目的之后，部分解除他们的顾虑，这是一个好的开始，于是在进入访谈主题之前，一般先了解家庭的基本情况和访谈对象的个人情况，营造了比较轻松的对话氛围，访谈的问题经过试访谈后进行了调整，问题开放，访谈对象能够做出深入回答，家长在场的，还不时进行补充和说明。研究者提问的方式、词语的选择以及问题的内容范围根据受访对象的年龄层次有所调整，以适合受访者的身心发展程度、知识水平和谈话习惯，以便能够让访谈对象听得懂并且进行交流。当然，研究者均在访谈提纲的指导下引导完成整个访谈。访谈主要目的是了解贫困儿童的整个生活状况和感受，因此引导的问题涉及家庭的基本情况，包括家庭结构，父母基本情况，家庭经济条件，住房现状等；家庭生活与亲子关系，包括一日三餐的安排，家庭主要消费结构，与父母沟通的时间与方式，家庭节假日内容，父母对自己的关爱方式等；学校生活，包括学习兴趣、学习成绩，与同学和老师的沟通和交流等；人际交往，包括与邻里、亲戚、同学以及其他人员的交往内容与方式等等。

首次访谈时间在40—60分钟，由于需要收集的数据除了是直接的事实信息以外，更多的是感受和观点，还有研究涉及贫困儿童比较敏感的话题，因此对每位访谈对象进行了至少两次的追踪访谈（包括电话补充访谈），这样研究者方可深入洞察和准确把握访谈对象的经历、观点、感受和情感，每一位访谈对象也能够全面地表达自己的生活状况和感觉，如此可以保证能够收集到所需的信息。

记录的方式：为了能够较为全面了解和把握访谈内容，在征得受访者同意的前提下采取了现场录音的记录方式。

（二）焦点小组法

“排斥”本身是一个相对的概念，是一个涉及至少两方的立场表达。因此，为了对贫困儿童的生活环境和遭遇的排斥的认识有一个参照物和基准点，本研究在数据收集中采用了焦点小组的方法。

焦点小组采取目的抽样，研究者根据研究目的以及对小组成员的了解，最后选取焦点小组成员为6人，3男3女，他们是深圳初一到初三的在校学生，来自不同的中学，5人为普通中学，1人为重点中学，与研究对象具有同样的身份，因此具有可比性和参照性；焦点小组成员父母分别是普通的工薪阶层、公务员、教师、自由职业者、企业高管以及自主创业者，还有无业者，他们代表大部分深圳初中学生家庭背景，他们的生活经历可以真正反映大部分儿童的正常生活和感受。

焦点小组进行了两次为时两小时半的讨论。6个孩子在研究者的指引下很快消除了陌生感，迅速熟络起来，大家在轻松友好的氛围中分别围绕家庭背景、家庭生活、学校生活和课外生活四个主题展开了积极的讨论和互动，每一个成员都积极参与，畅所欲言，他们没有任何顾虑，也没有感受到任何威胁，很愿意表达自己，也乐于分享自己的经历和情感。尽管在第一个主题的分享中能够感受到彼此的差别，但是后面三个主题小组成员发现有很多的共同点，对各自的感受相互补充，能够达成共识，产生极大的共鸣，使讨论获得圆满的结果。

也正是由于焦点小组对初中学生生活感受可以达成高度的共识，才能使得对贫困儿童的福利缺失和社会排斥研究成为可能。

（三）问卷调查

为了对深圳市贫困儿童家庭的生活现状有一个较为宏观的认识，本研究收集信息辅之以问卷调查法，因为深圳市低保家庭较为分散，收集的信息主要是一些客观事实，不需要与研究对象进行互动。根据本研究的研究问题，针对贫困儿童家庭的生活状况进行设计，问卷分为四部分，共计40个问题。考虑到被调查者的阅读和理解能力，问卷问题全部为封闭式问题，表达清晰、简洁。

第一部分：被调查者的基本信息。包括性别、年龄、婚姻状况、家庭结构、文化程度、就业情况、健康状况，以及配偶的同样的信息。

第二部分：家庭的生活环境和经济状况。调查内容包括家庭的居住环境、家庭的收入和支出项目等。

第三部分：亲子关系研究。主要指家庭内成员之间的感情交流与思想沟通的时间分配、方式和内容。

第四部分：家庭的人际关系研究。家庭与邻里和朋友之间的交往关系、大家庭之间的往来关系。

问卷调查的样本依然采用“校标抽样”方式获取，在宝安区、福田区、南山区、光明新区 7 个街道办抽取有在校中小学生的低保家庭以及低收入家庭，共计 115 个样本，由社区工作人员将问卷分发至抽取的样本家中，再将问卷回收，回收 110 份，经 SPSS 数据软件处理，有效问卷达到 100 份，这也是研究者计划中的问卷份数。

（四）政策资料的搜集

为了解深圳相关的低保政策和低保工作，研究者对两位街道办社会事务科负责低保事务的工作人员进行了一般性访谈。

为了解民间组织在现阶段提供社会福利和社会服务中的情况，研究者选取了 2 个社区工作站进行调研，访谈了社区工作站负责人及工作人员，就工作站在儿童的社会福利服务供给方面的实际情况进行访谈。

为了解发达国家的儿童福利政策，本研究搜集了国外比较完善的儿童福利政策资料，从有关文献资料中汲取营养，进行横向比较，从而开阔眼界，扩展思路，受到启发，以便对我国儿童福利的国家意识有一个较为准确的评价。为了对深圳市儿童福利政策提出客观科学的建议，搜集了国内其他经济较发达城市的儿童福利相关的政策资料和统计数据。以上资料的主要来源是政府的相关网站。

二 资料的整理与分析

本研究的主要资料和数据来源于深度访谈，因此，对资料的分析第一步就是对大量零散、混杂无序的资料进行整理。首先将访谈资料录音转化为文字，通过复核提高访谈文字资料的可靠性，并将相关的访谈时间、访谈环境、观察到的记录等一并整理，形成一份完整的资料档案，从中寻找隐含的模式。根据内容分析方法，在研究问题的指导下，将整理分类的文字资料编码，将原始资料上升到研究框架中的概念和主题层次，分别组织成概念和主题类别，然后用这些概念来分析资料。根据分析框架，对访谈资料在第一层次围绕5个概念进行编码，第二层次围绕多个变项进行主题编码，主题与概念相比是一个相对低层次的抽象过程。如此，可以摆脱原始资料细节的凌乱，在具体资料中寻找抽象概念，在更高一个层次上思考问题，当然从具体资料到抽象概念是一个不断重复的复杂过程，是从感性认识上升到理性思考的过程。研究者通过概念化的过程，将资料编码分别在国家福利责任、家庭福利责任、民间组织福利责任以及社会排斥和福利需求等概念下列出，并不断考量概念间的关系，最终将概念相互连结，交织在研究的理论中。

本研究的一般访谈，即对街道办工作人员、社区组织或社工组织的访谈资料，依据上述资料归档、编码程序进行整理和分析，主要分析发现国家福利责任和民间组织福利责任缺失可能对儿童贫困程度及排斥产生的影响。

本研究的文献政策资料以及统计数据资料，均按照上述质性资料整理步骤进行编码、分析，主要从制度层面考察福利政策如何对儿童造成排斥。

综合以上不同类型资料的整理和分析，对研究问题深入讨论、论证和研究，最后提出政策建议。

第四章　深圳贫困儿童基本生活需求分析

为了对深圳贫困儿童的生活现状有一个客观的了解，对他们的需求有全面的掌握，本研究采用了问卷调查方式，获取了家庭背景、居住环境、衣食条件、亲子关系、教育与发展、社交愿望与能力等方面的数据，并进行了简单的相关分析。本章在本研究中提供辅助性的数据分析，对深圳贫困儿童做一个概括性描述，对后续章节起补充和印证的作用。

第一节　深圳贫困儿童的生活背景及生活需求

一　贫困儿童的家庭背景

收入统计在贫困研究中是最基本的资料。根据国家统计局深圳调查，2011 年，深圳市居民家庭人均可支配收入为 36505 元，而同期人均可支配收入中位数为 33299 元。2011 年全国城镇居民人均可支配收入 21810 元，人均可支配收入中位数 19118 元。深圳人均可支配收入在全国 36 个大中城市中保持第一。然而，深圳低收入家庭人均可支配收入 15457 元，人均可支配收入中位数 16100 元，均低于全市平均水平一半以下。在深圳这样一个生活成本居高不下的城市，贫困家庭的实际生活状况值得关注。

深圳最低生活保障人数、低保家庭户数以及低保未成年人数从 2009—2011 年的变化还未呈现上升或下降趋势（见表 4—1），可见，尽管治理贫困历来都受到重视，而且扶贫力度在不断加强，贫困始终是城市的顽疾，即使在深圳这个年轻的城市，繁荣的经济依然化解不了贫困的困扰。

表 4—1　　　　深圳低保人数及低保儿童统计

年　份	2009	2010	2011
城市最低生活保障户数	4885	4497	4009
城市最低生活保障人数	13601	12283	10716
城市最低生活保障未成年人数	5344	5330	4391
城市最低生活保障未成年人比例（%）	39.29	43.39	40.98

深圳最低生活保障儿童虽然绝对数较小，但是在最低生活保障人数中的比例高达 40% 左右，远远高于前面对全国贫困儿童规模的估算（28%），贫困儿童人数超过最低生活保障户数，可以看出儿童是最容易受贫困侵蚀的群体，他们处于人生中最脆弱的年龄阶段，对贫困没有任何的抵御能力。因此，要减少贫困，必须从儿童扶贫开始，让贫困儿童能够健康、平等地成长。

深圳市 2011 年城市居民最低生活保障人数 10716 人，其中未成年人为 4391 人。从 2011 年 8 月起，深圳市居民最低生活保障标准提高至 510 元（深民〔2011〕143 号《关于调整深圳市居民最低生活保障标准的通知》）。目前深圳社会救助体系框架层次相对单一，主要包括两方面内容，一是最低生活保障救助；二是专项救助，包括医疗救助、住房救助、教育救助、灾害救助、就业援助、法律援助、养育扶助等多个专项救助制度；面对深圳户籍人口实施，2011 年 8 月起，深圳市第 8 次调高最低生活保障标准，为 510 元/月，居全国最高。然而，深圳 2011 年人均年收入达到 3.24 万元，这样的差距可以说是巨大的鸿沟，贫富反差格外引人关注。因此，对于城市贫困家庭，政府除了发放“低保”救济金外，还为低收入居民家庭的婴幼儿、全日制学生、患重大疾病或二级以上残疾或生活不能自理者设立了养育扶助金，养育扶助金按月发放，发放标准为最低生活保障标准的 30%（153 元），每月与低保金一起发放；对低保边缘家庭则按照最低生活保障，按标准的 20%，每月发放。对低保无房户，给予货币配租救助，人均住房最高补贴 391 元；最低生活保障的家庭每户每月免收水费，水量统一调整为 12 立方米。

为了更好地了解研究问题，本研究通过问卷调查，对 100 户低保及低保边缘贫困家庭的家庭背景进行了调查和统计，其中家长的文化程度、健康状况、就业现状的选项的统计结果如表 4—2 所示。

在调查问卷的 100 个低收入家庭中，家长的文化程度普遍偏低，高中以下文化程度的占到了 92%（见表 4—2），绝大部分没有受过高等教育。深圳是一个机会较多的城市，但也是一个竞争激烈的地方，身怀一技之长或拥有较好的教育背景是获得就业机会的资本。文化程度偏低无疑难以在人才市场或劳动力市场获得青睐，可以说是一种重要就业资源的缺失。即使找到工作，一般而言，所受教育程度低的人群，其收入水平相对来说就比较低。

表 4—2　　低收入家庭家长的文化程度

文化程度	人数（$n=100$）	百分比（%）	累计百分比（%）
小学及以下	16	16.0	16.0
初中	52	52.0	68.0
高中或中专	24	24.0	92.0
大专	6	6.0	98.0
本科及以上	2	2.0	100

健康对就业有着较大的影响，其中包括在劳动力市场的参与、工资及工作时间等方面都有不同程度的负面作用，健康不良在给家庭成员带来精神痛苦的同时，还会付出沉重的经济代价，尤其是父母出现健康问题，势必会给成长中的子女带来多方面的负面影响。健康问题对就业具有很大的挫伤力，会给家庭带来直接的经济损失，很多家庭因此陷入贫困。

表 4—3　　低收入家庭成员健康状况

健康状况	户数（$n=100$）	百分比（%）
健康	72	72.0
疾病或残疾	28	28.0

在 100 户低保家庭中，成员因为各种原因身患疾病或者有身体残疾的有 28 户，占 28.0%（见表 4—3），说明疾病成为家庭陷入贫困的一个重大因素，一方面，由于重大疾病或身体残疾，就丧失了劳动的能力，没有经济来源，无法自食其力，需要依靠家人才能生活；另一方面，疾病医治

是不菲的支出，况且倘若是长期或慢性的治疗更是雪上加霜，往往会把一个正常的家庭拖入贫困的泥潭。

表 4—4　　低收入家庭家长就业现状

就业现状	人数（$n=170$）	百分比（%）
失业	92	54.1
下岗	8	4.7
在职人员	2	2.3
灵活就业	66	38.8

在 100 个低收入家庭中，有 30 户是单亲家庭，170 位家长中 92 位处于失业状态（见表 4—4），从前面的统计中可知，部分是身体原因不能工作；还有 66 位家长采取灵活就业形式获得收入；2 位有固定工作的家长，可以推知其工作技术含量较低，薪酬不高。工作收入是个人收入的主要来源，也是维持家庭生活的主要开支，一旦家庭成员无法就业，经济来源被切断，整个家庭就犹如没有源泉的河流，不经时日就会变得干涸，遭到贫困的打击。

就目前的福利理论和政策研究都主要以收入为基础，因为收入即福祉，因此，在做贫困分析时，必须考察家庭的收入状况。

儿童贫困的根源实际就是家庭贫困所致，而家庭贫困主要原因是父母失业没有收入来源。就业是民生之本，是家庭成员的经济命脉。从问卷的简单数据可以得出一个推论：贫困儿童的父母普遍文化程度偏低，难以在社会转型的大环境中以及深圳产业升级的小环境中获得就业的机会，这是个人因素及社会变革的综合作用的结果，如果加之疾病或身体残疾的不利健康因素，更是难以在劳动力市场获得一席之地。

二　贫困儿童的居住环境

家庭环境是儿童重要的生活场所和成长背景，其中包含硬环境和软环境，硬环境主要指小区环境、房屋条件、家电设备等，软环境主要指家庭父母的影响、家庭作风等，问卷调查涉及的家庭环境是前者，数据显示如表 4—5 所示。

表 4—5　贫困儿童的居住环境

居住环境	城中村	廉租房小区	单位房	亲友家
户数	40	38	14	8
%	40	38	14	8

表 4—6　贫困家庭人均居住面积

面积（平方米/人）	10 以下	10—15	16—20	20 以上
户数	22	58	14	6
%	22	58	14	6

从收集的数据（见表 4—5）可以看到，贫困儿童生活的家庭主要居住在城中村以及廉租房小区，占到 78%，有 14 户是父母早期得到的工作福利——单位房。在住房面积方面（见表 4—6），人均 10 平方米的占 22%；人均 10—15 平方米的占 58%；16—20 平方米的占 14%；20 平方米以上的仅有 6 户。而问题“孩子是否有独立的房间?”的数据显示，只有 16 个家庭的孩子拥有自己的房间，仅占样本的 16%。数据表明，大部分的贫困儿童生活在嘈杂的城中村或小区环境总体不好的廉租房，而且八成的儿童在比较狭小的家庭空间生活，他们没有自己独立的空间。

贫困儿童居住问题严重：居住环境影响儿童成长的身心健康。深圳的贫困儿童虽然没有居无定所之困扰，有的可能也生活在小区，也有自己的房间。但总体而言，多数贫困儿童不能享受到良好的社区环境和舒适的家居条件，与深圳这个现代城市的整体市容市貌是格格不入的，剧烈的反差可能会给他们造成极大的心理冲击，甚至带来心灵伤害。因此，居住条件对贫困儿童的影响必须引起家庭和政府的重视。

三　贫困儿童的衣食条件

对于成长中的儿童，食物营养尤为重要，这也是考察儿童生活水平最为重要的指标。问卷中的问题涉及鱼、肉、蛋、牛奶、水果等儿童营养必须项，其中每天可以吃上鱼或肉或蛋的仅有 22 家，占 22%；隔天一次的有 58 家，占 58%；一周两次的 20 家，占 20%。每天能喝上牛奶的只有 8

家，占 8%；经常喝牛奶的 12 家，占 12%；偶尔喝的有 36 家，占 72%；几乎没喝的有 8 家，占 8%。每天都能吃上水果的有 6 家，占 6%；经常家里有水果的 22 家，占 22%；偶尔家里买水果的 62 家，占 62%；几乎没有水果的 10 家，占 10%。有 60% 的家庭到农产品批发市场购买粮油及各种菜篮子食品，40% 的家庭在附近的菜市场或小摊贩处购买，几乎没有人到超市购买食物。

可见，贫困儿童的食物结构基本能够满足儿童成长的需要，但是牛奶和水果就远远达不到需求。也许对于经济压力较大的家长，能够保证孩子一日三餐，并且能吃上鱼肉就相当不错了，其他的营养可能顾及不了。也可能是认识上还没有到位，或许二者兼而有之。

在儿童的衣着提供方面，主要是考察儿童衣物支出在家庭中的地位。给孩子经常买新衣服的为零；偶尔买新衣服的 86 家，占 86%；几乎不买新衣服的 14 家，占 14%。给孩子经常买新鞋的有 92 家；占 92%；偶尔买新鞋的 8 家，占 8%。在衣物的购买上，全部选择经济实惠的，没有家庭购买任何名牌衣服。

实际上，孩子的衣服不是家庭的主要支出项目，而且由于孩子们都有校服，所以校服几乎成为这些儿童校内和平常的全部服装，还有一个来源就是亲友的旧衣服，衣服特点是耐穿而且大小尺码弹性较大，因此可穿的时间较长，所以家长基于拮据的家境较少给孩子买新衣服。但是鞋子就不一样，一是孩子的脚变化较大，而且对尺码要求相对较高；二是鞋子的耐用性较弱，因此给孩子买新鞋是不得不为之的支出。

综上所述，深圳贫困儿童的温饱不存在任何问题，鱼、肉、蛋也能在餐桌上见到，但是食品营养未能达到儿童的需求标准，食物结构比较单一，牛奶、水果之类的儿童必需品对贫困儿童而言成了奢侈品。可见，贫困儿童的食物消费能够维持基本的营养水平，但是结构单一，水平偏低，家长在生活方式或消费方式上还不能随心所欲给孩子提供多样化的或孩子喜好的食品。即便如此，家长们还不得不选择批发市场或小摊小贩来降低生活成本。因此，维持儿童的食物营养，保证健康成长，对家长来说显然是力不从心。至于衣着方面，虽然家长不能给孩子随时添置新衣，但是由于校服既是学校要求的服装，又可以让孩子养成不攀比的好习惯，所以，对大部分贫困儿童来说，即使很少穿新衣，但是不会影响身体健康成长和心理健康培养。

四　贫困家庭的亲子关系

家庭是满足儿童情感需求的重要源泉，家长的教养方式对儿童的成长影响重大，父母与孩子的互动、沟通可以营造一个温馨和谐的氛围，对儿童的身心健康都不无裨益。问卷中的问题主要集中在家长与孩子的相处时间、方式及其交谈内容。

表 4—7　　贫困家庭亲子关系量表

问题＼选项	总是这样	经常	偶尔	从不
每天都会抽时间陪孩子	20	62	12	6
辅导孩子功课	8	14	12	66
与孩子谈心交流	18	70	12	0
孩子主动告诉他的事情和内心感受	14	38	36	12
打骂孩子	4	10	74	12

从表 4—7 中可以得出以下几条结论：贫困儿童尽管在经济上比较拮据，但是获得的家庭情感支持应该还是不错的，无论从父母陪同的时间还是交流的方式的角度来看，父母与孩子的关系都比较亲和。父母每天都能抽时间陪孩子的家庭占 20%；经常能够陪孩子的占 62%，因此，可以说大部分的贫困儿童在家中还是能够得到父母较多的关注，这对于儿童来说是非常重要的感情慰藉，他们可以在家庭的温暖和浓郁的亲情中愉快地生活，并且有勇气面对困难。父母与孩子的沟通方式以谈心为主，“总是与孩子谈心交流”和“经常与孩子谈心交流”的有 88 家，占 88%，贫困家长尽管家境贫困、本身文化层次不高，但是非常重视孩子的健康成长，可能家长自身对贫困带来的困扰深有感受，他们担心“贫困文化”对孩子的侵扰，因此比较关注孩子的心理状况，这是难能可贵的。而且我们可以看到，家长少有对孩子进行打骂的，“偶尔打骂孩子”和“从不打骂孩子”的分别有 74 家和 12 家，合计占 86%，在这些贫困的家庭中，也是其乐融融的一派家庭生活景象，孩子在这样温馨的亲子关系中可以淡化家庭贫困的感受。回答“孩子是否主动告诉他的事情和内心感受”这个问

题“经常”和“偶尔”的分别有38家和36家，合计占74%，这样可以解释，父母比较注重与孩子们的沟通，孩子们也从中受益颇丰，也乐意主动和家长交流，但是他们当中一些正值青春叛逆期，这一时期的特点就是孩子主动封闭自己，不愿向长辈透露思想；另一方面家庭的贫困家境无论如何给他们带来一些精神负担，他们或许感到压力，但是不愿告知父母这种感受，怕父母担心，或给父母增加压力。尽管家长非常关注孩子的成长，渴望他们成才，但是由于本身受教育程度不高，想在学习上帮助孩子显然是力不从心，因此大部分家长几乎从来没有辅导过孩子的功课，占66%。

在亲子关系中，问卷还对“孩子的生日”、“周末家庭休闲活动”等项设立了问题，其中“孩子的生日”经常过的仅有10家；偶尔过的有90家，占绝大多数的90%；当然也没有不给孩子过生日的。“周末家庭休闲活动”经常有的仅有30家；偶尔有的占多数70家，占70%；而总是有的以及从来没有的为0。那么从这两项指标的考量可以看出，家庭的经济条件还是限制了家庭情感沟通的方式，家长所用的方式都比较简单、直接，较少采纳经济上有时甚至是时间上花费较多的形式。

五 教育与发展

现代家庭都非常重视儿童的培养，特别是中国的独生子女政策让每一位家长既期待孩子的学业能够取得巨大收获，又希望孩子爱好广泛，见多识广，能够得到具有深度和广度的全面发展。因此，在对贫困儿童发展教育方面的现状调查方面，设立了以下几个问题“你的孩子是否参加任何兴趣培养班?”“你的孩子是否参加任何课外辅导班?”“孩子是否有外出旅游机会?”根据调查数据，100个家庭的儿童都没有参加任何的兴趣班和辅导班，这样的答案既是预料之中，也有些出人意料——深圳的学生课外兴趣班或辅导班都是收费不菲的，因此，即使家长望子成龙心切，但是昂贵的费用让贫困家长不得不知难而退，唯有让孩子在学校的课堂上习得所有的知识，兴趣爱好就只有顺其自然，在这一方面，可以看到贫困儿童与普通儿童的巨大差距，这也是一个明显的贫困陷阱。对“孩子是否有外出旅游机会?”的回答，大部分是否定的，有82家，占82%，而有旅游机会的有18家。旅游是增长见识的主要途径，但是旅游涉及经济的支持，因此贫困儿童的旅游机会相对匮乏，他们能去的地方范围较小，这可能也会给儿童的成长造成某种遗憾，也许现在的网络世界可以起一些弥补作用。

国内外的经验表明，通过教育可以给处于社会底层的贫困儿童提供向上流动的渠道和机会，因此让孩子获得较高的文化水平是贫困家长最大的希望。但是在深圳，中小学生普遍参加各种课外补习机构，而且还注重其他各种特长的培养，贫困儿童由于家庭原因已经输在起跑线上。所以，对于贫困儿童，虽然都能走进校门，获得教育机会，但难以得到全面的提升，因此就与其他学生拉开了巨大差距，而且没有任何政策顾及这一问题，这是值得引起政府和社会注意和思考的。

六　社交愿望与能力

交往对于儿童来说是非常好且重要的成长路径，影响着儿童的性格特点。在社交方面对贫困儿童的考察主要集中在以下方面：和同学交往的意愿、方式，和邻居、亲友来往的情况。

对“是否愿意和同学交往?”的肯定回答占 90%，只有 10% 的是否定回答。对“是否到同学家去过?”回答肯定的有 20 个，占 20%；没有去过同学家的有 80 个，占 80%。“邀请同学到家里来过”的只有 10 人；另 90 人都没有请同学到过家里。对“和同学交往有压力”的有 38 人；没有压力的 24 人。肯定“和同学交往活动不限于校园”的有 26 人，否定的有 74 人，占 74%。“和邻居同伴经常玩耍”的有 24 人，没有来往的就有 78 人，占 72%。“和亲戚经常来往”的占大多数，有 92 人，占 92%。

问卷调查的数据说明，贫困儿童在社会交往方面存在一些障碍，他们内心都渴望和同学交往，但是受制于家庭经济条件，在心理上感到交往的压力，同学的实际交往方式更多的是局限于校园内的交往，和同学互相到家里走动的相对较少，特别是都不愿意邀请同学到自己家里，这实际就是家庭贫困带给儿童的交往意愿的影响，可能家庭的环境让他们在同学面前有自卑的感觉。和邻居孩子来往的比较少，这可能有几种情况：一是深圳人际关系相对冷漠，邻里交往一般较少；二是邻居没有适龄的孩子；三是这些家庭的孩子没有和外人接触的愿望。所以，这可能涉及主观和客观的因素。最后，在这些家庭中，和亲戚的交往占很大比例，可见亲情对这些孩子有极其重要的意义。因为对于贫困家庭而言，社会网络相对狭小，社交资源不足，但是人作为社会人是需要社交生活的，而与亲人的交往会使他们感到轻松和温暖，而且亲戚比较了解这些家庭的实际情况，可以给他们提供所需的帮助。

第二节　深圳贫困儿童的贫困特征

贫困是一个相对的概念，因为时代、地域的不同具有不同的含义。深圳是一个经济发达的地区，生活在这里的贫困户籍人口的生活贫困状态是相对这个城市的平均生活水平而言。

根据以上调查数据和初步分析，可以看出贫困儿童具有以下特征：

一　深圳贫困儿童具有强烈的家庭使命感

深圳贫困儿童生活在贫富反差强烈的环境中，“改变命运”成为他们的愿望。三十多年来，深圳凭借经济实力跻身国内一线城市，人均收入位居第一，城市面貌尽显繁华，到处高楼林立，高档小车充斥着宽阔的路面，“富有”、“阔绰”似乎可以用来形容这里的每一个人。深圳的贫困儿童就是被这样一个“富裕深圳”的大环境包围着，他们近距离“远观”着另一个世界多姿多彩的生活景象。而大多数贫困儿童的生活却是另外一个世界，由于家庭的低收入，他们只能居住在破旧住宅内，只能蜗居在拥挤的空间，对于琳琅满目的商品他们无力消费，对于丰富多彩的都市生活他们无心融入，因为他们只能应付低消费的生活。在这样一种反差强烈的生存环境中，贫困儿童因为贫穷感受到强烈的“剥夺感”，而这种剥夺感刺激着他们，使他们产生极大的动力，希望改变贫困的现状，对未来充满憧憬。

与此同时，贫困儿童的父母又成为这种“改变命运”愿望的助推力。儿童最大的庇护伞就是自己的父母，父母的能力决定他们受保护的程度。通过调查可以得出这样的结论，深圳贫困儿童的父母无论是身体状况、文化层次和年龄阶段都处于职场的弱势地位，他们难以谋取固定职业，更不用说是获得较高的薪酬工作，如果身体允许，他们更多的是寻找临时工作。父母没有固定工作，便意味着低廉的收入，而且不能享受任何职业福利，不能给需要保护的孩子提供较好的物质保证。贫困儿童的父母对自身的弱势态势凭借个人的能力已经难以改变，政府关于促进低保人员就业虽然出台了一系列相关政策和优惠条件，但是在具体落实过程中却是困难重重，难以落到实处。民间组织对这一问题较少介入。因此，贫困儿童家庭要依靠父母的能力改变贫困的现状存在较大困难，短期来看不太可能。家长在社会竞争中的失败经历和教训让他们把更多对未来改变家庭状况的重担和希望毫无疑问寄托在了孩子们的身上，而贫困儿童生活在家庭的贫穷以及城市繁华的反差之中，大多数孩子也自觉不自觉把改变家庭命运的责任扛到自己身上，这是一种推动他们积极向上的原动力。

二　深圳贫困儿童处于物质相对贫困状态

深圳贫困家庭的儿童享有基本的生活条件，没有食不果腹、衣不蔽体和居无定所的情况，生活上的差距只是生活环境、居所比较拥挤或简陋，食物缺乏多样性和足够的营养，衣着上更是单一，几乎没有挑选的余地，衣着消费是家长尽量节省的开支。但是，在一个人均收入达到中等水平国家的城市，生活居民的生活已经不仅限于温饱层次，而是具有一定的生活质量成为起码的要求。水果、牛奶这些对于发育中的儿童是必不可少的必需品，却成为贫困儿童的一种奢侈需求，他们大部分没有自己的空间，对自己的许多生活用品没有选择的权利。所以，深圳的贫困儿童虽然没有陷入基本需求的“赤贫”状态，但是他们的生活状况让他们感到压抑，缺乏自由，没有选择的权利。在一定意义上，贫困儿童过着一种没有人格尊严的生活，一切的物质条件都不能遵从自己的意志，唯有服从，而且从社会获得的更多的是同情和救助，不是尊重。

政府和社会都关注贫困家庭的生活，通过社会政策对他们进行社会资源再分配，为维持贫困家庭的基本生活，由各省市自行制定最低生活保障标准。深圳市 2011 年的最低生活保障标准在全国最高，而且还为贫困家庭提供一定的租房补贴，对贫困儿童提供养育补助，还有民间组织也有参与到对贫困家庭或贫困儿童的资助。尽管如此，贫困家庭的生活水平依然远远低于全市平均水平，不能保证贫困儿童的健康需要，而且窘迫的生活现实造成贫困儿童的心理阴影。如何让贫困家庭脱贫，这是值得我们关注的问题。

三 深圳贫困儿童处于精神层面需求匮乏的状态

调查数据表明，家庭的经济贫困给贫困儿童造成心理压力和心灵伤害。贫困儿童在学校有较强烈的愿望和同学交往，但是同时又倍感极大的压力，经济能力所限，大部分的交往只能在校园、在课堂，因为校园的交往更多表现为学习交流、聊天、运动和玩耍等形式，没有任何经济成本，可以让他们相对轻松。看电影、逛街、打游戏等校外的交往方式对贫困儿童来说是一种经济负担，尽管他们也喜欢或向往，他们只能选择回避或不参与，交往方式受制于家中的经济条件。他们的兴趣爱好得不到任何培养的机会，无形中减少了交往对象，课余生活非常单调。学习上得不到父母的辅导又不能参加补习机构，只能依靠自己的勤奋努力，在精神上会有势单力薄的无助感。休闲、教育机会减少，让他们在同学或他人面前有自叹不如的心理。如果多重的负面压力交织在一起，可能使贫困儿童在人际交往中产生自卑心理和社交障碍，他们不愿参加任何社会活动，社会参与积极性遭到破坏，给他们今后的生活带来阴影。

当然，从调查数据中我们也看到，尽管受到贫困的困扰，贫困家长对孩子还是提供了浓厚的情感支持，他们尽一切所能重视孩子的心理健康，和孩子经常沟通，进行正确的引导，而且和亲戚的经常往来让孩子感受到亲情，某种程度上弥补了孩子人际交往的欠缺。真正体现了家庭是儿童重要的情感支持，是其他任何人都无法替代的，这是深圳贫困儿童在生活中值得慰藉的一点。

贫困儿童的精神匮乏状态还没有能够引起政府的关注，但是社会越来越多的人已经把目光转向这些精神和心理需求，尤其是随着深圳社会工作在近几年的迅速展开，贫困儿童的“精神贫困”、“社交贫困”、“社会参与贫困”等问题应该成为社工机构需要着力解决的工作实务，并且提供相应的社会服务。从目前深圳的社会工作状况来看，真正关注贫困儿童需求的社工机构少之又少，能够给贫困儿童提供有效服务还有待时日。因此，必须让社会对真正贫困儿童的精神需求和心理需求有一个广泛、深入的认识和理解，也许对于儿童来说，精神的需求重于物质需求，社会工作机构必须重视这一领域的社会工作，让综合素质较高的社工尽早尽快投入到这项工作中，给贫困儿童强大的外力支持，以专业的技巧为贫困儿童解决“精神遗缺”问题。

调查数据表明，尽管我们建立了城市最低生活保障制度，深圳也提供了在全国来说居于领先的保障水平，但是贫困儿童的生活现状依然令人担忧，他们的生活水平和生活质量仍然处于较低层次，和整个城市的城市形象、经济实力大相径庭。在深圳亮丽经济发展的背后，一些家庭由于家长能力限制、家庭经济资源不足，导致生活在其中的儿童经历贫困的高风险，而且社会允许这些无辜的儿童长期生活在物质匮乏的环境中。更为可怕的是，如此贫困的生活几乎不为他人所知，接触这些贫困儿童家庭的只有街道办的相关工作人员，走进这些贫困家庭居所的一年当中仅有一两次进行节日慰问的相关政府机构领导，可以说没人主动走进他们的贫困，真正能够触摸到他们的生活，揭示掩盖在城市繁荣、生活富庶下的贫困，社会容忍贫困对这些儿童的不利影响，贫困儿童是被这个生机勃勃都市景象吞没的群体，正如迈克尔·哈灵顿在《另一个美国》中描述的那样“穷人渐渐离开了人们的视线，穷人被隐身了”，而在一个人们理所当然认为是“丰裕社会”中“贫困之所以存在，是因为社会的忽视、社会的功利。贫困之所以存在，是因为缺乏解决贫困问题的政治意志”。经济快速增长下的儿童贫困不容忽视，“儿童是国家的未来”，那么，对于贫困儿童，政府的最低生活保障政策是否就意味着责任到位？这是决策者必须正视的问题。还有贫困儿童的家庭虽然本身已经非常脆弱，但在孩子的成长中如何更好地营造一个健康的家庭氛围，让家庭贫困不会影响到孩子的性格？贫困家长应该仔细思考。社会力量又该如何为贫困儿童提供社会服务，让贫苦儿童更好地融入社会生活中？这些都是值得我们继续讨论的问题。

第五章 贫困儿童得到的家庭支持

本章以深度访谈资料为主，全面讨论贫困家庭对其子女生活的影响，即家庭因素是如何影响贫困儿童的福利，贫困家庭是否有能力为其子女提供全面的福利需求，是否会给子女造成任何排斥的结果。本章从三个方面对此展开研究，一是认识贫困儿童获得的家庭经济支持状况，即儿童的生活环境；二是贫困家庭对儿童的情感满足能力分析；三是家庭贫困对儿童带来的排斥作用。

第一节 深圳贫困儿童家庭致贫原因分析

本节依据一般儿童陷入贫困的因素，对研究对象的家庭环境进行归类整理，总结出该研究中导致儿童贫困的主要因素，结合社会环境进行讨论。

儿童时期处于生长发育期，无任何劳动能力，其本身的生活状况完全取决于自己的父母及其家庭，尽管许多个人通过自己的行为和劳动抚养儿童，但是压力却在增加，各种证据表明，即使是全日制工作的收入要维持家庭基本开支也显得有些捉襟见肘。Booth 在 1880 年的伦敦调查显示，有孩子的家庭陷入贫困的比例较高（Booth，1903），这些家庭中有的属于无能之辈，有的离经叛道，抑或是罪犯家庭。同时他的研究也发现，低收入往往和无技能劳动密切相关，而且更重要的问题是工作不稳定，这样的经济收入当然对于家庭来说是入不敷出的，孩子自然陷于贫困。可以这样说，贫困儿童的家庭多半是收入偏低或者不稳定，而家庭收入又取决于父母自身的诸多因素以及身处的社会环境。

家庭因素对贫困的影响主要体现在两个方面：一是家庭规模及其需求

的不同导致贫困发生率的变化（Eber，1997；2005）。二是家庭成员参与劳动力市场的程度（Daly and Vallet - ta，2004；Alforrso Alba - Ramires and Lola Collado，1998；NailaKabeer and Mahmud，20C4）。由于计划生育的基本国策，所以研究范本中家庭规模不是影响家庭贫困的重要因素，而且需求差异不大。因此，家庭成员进入劳动力市场以及工作的状况影响着家庭贫困的变动情况。

本研究通过访谈发现，在深圳发生的城市儿童贫困，也是由于父母自身能力问题或者家庭遭遇的各种不幸所导致。

讨论儿童贫困必然离不开家庭结构和家庭收入。由于计划生育政策，在追踪访谈的15个儿童对象中，主要家庭结构是三口之家或单亲家庭，家庭的收入来源还是依靠政府低保补贴或者灵活就业所得。在非正规市场谋生，收入很不稳定，缺乏社会保障网络，创业机会极为有限。由于灵活就业主要是一些体力活，没有技术含量，或者不固定，因此，收入一般较低，而且不稳定。对于访谈的15个家庭，他们的主要收入还是政府发放的低保救济金。

表5—1　　访谈对象家庭状况一览表

编号	家庭成员	父母就业状况	父母教育	父母健康状况
1	父亲	无	初中	病残
2	父母	父母灵活就业	初中	健康
3	母亲	无	高中	生病
4	父母	父灵活就业	初中	母病
5	母亲继父弟弟祖辈二人	无	初中、高中	父病
6	母亲	无	小学	母病
7	父母兄长	母兄灵活就业	初中	父病
8	母亲	无	大专	健康
9	外婆、母亲	无	高中	母病
10	父母	母灵活就业	本科、初中	健康
11	父母	无	高中	父病
12	父母	父灵活就业	小学	母病

续表

编号	家庭成员	父母就业状况	父母教育	父母健康状况
13	父母姐姐	父母灵活就业	初中	健康
14	父亲	父亲灵活就业	初中	健康
15	母亲	母亲灵活就业	初中	健康

一 受教育程度和年龄的影响

Breton（2004）将教育、人力资本等变量引入索罗模型，认为人力资本和物质资本一样决定国民收入。受教育程度被普遍认为是社会测定一个人掌握科学文化知识、专业技术知识和技能的一个标志，对职业选择、个人收入高低以及阶层地位归属等都有决定性的影响。因此，人力资本理论把教育看作为减少贫困的重要手段，教育和收入之间存在一种牢固的线性关系：教育水平越高，收入提升；教育水平低下，收入降低。

教育具有促进个人顺利就业，提高收入，减少贫困的功能。劳动力市场制度使得受过教育的劳动力更受“欢迎”，而且可以获得更高的劳动回报，尤其是在经济发展繁荣时期，市场对受过教育的劳动力吸纳能力较强，教育获得的市场回报一般较高。

另外，在各种各样的就业条件中，从公务员招录、白领的招聘到农民工的招收，无不存在年龄的限制，而“35 岁以下”几乎是一道普遍的就业年龄门槛。特别是深圳是一个年轻的移民城市，整个城市的平均年龄不到 30 岁，用人单位的职业标准更倾向于“年轻化”，所以大龄求职者在就业市场又有一道高高的门槛挡着其难以进入。

在访谈中谈及家长的职业和就业问题，教育成为最主要的话题。

访谈（个案 2 父亲）：我原来在公司上班，看见别人做生意赚钱自己也辞职出来。后来自己的事情没做成，钱也亏了。再去找工作时，才发现没有文凭几乎就没人要，就一直处于失业状态，时间久了，就找些零活干干，大都是些体力活，收入也不高。现在年龄大了，有些活也干不了。

访谈（个案 11 母亲）：我们两公婆来深圳后都失业，学历不高，人才市场都进不去，都是靠朋友找点零活维持，不过现在我们两个都 50 多岁，要找工作也很辛苦。我们就是受教育少了，日子只能过成这样，以后希望孩子可以至少读个大学，养活自己不成问题。

访谈个案5：我原来问妈妈为什么不找工作，妈妈告诉我，她没有文凭，什么条件都没有，所以很难找工作。妈妈告诉我，只有好好读书，以后才有出路。

访谈个案5：我早先在超市，那时年轻些，等生完第二个孩子，再想去，别人不要了，年龄大了，现在都要年轻人。

访谈个案14：我爸爸没有读过大学，他告诉我一定要好好读书，将来考上大学才能找好工作，我也想读好书，可是就是学不好。

访谈（个案13父亲）：我们两口子都只读过初中，没有什么文化，所以一直就没有什么像样的工作。我一直在这干保洁，好在小区管理处还比较照顾我，还给我这个临时住处，老婆就在小区收废品，有时帮别人做做钟点工。人勤快点，生活可以勉强维持。所以对俩孩子的指望就是尽量多读书。但大女儿看来是上不了大学，在上职高，小儿子就在学习上多支持他，要多读书才行。

访谈（个案10父亲）：我是恢复高考制度后的第一批大学生，来深圳也比较早。我由于没有服从领导的工作调动，单位就没给我安排工作，把我闲置起来。那时候年轻有技术，又有学历又有文凭又有技术，而且我的技术还算不错的，我到哪个单位去都要，所以我一直在外面接活做，后来年纪大了，到了50多岁以后就很少有人请了，现在60就根本找不到工作。到2006年实在无可奈何，工作又难找了，年纪大了，我就只好申请低保，否则连吃饭都成问题。

访谈（个案8母亲）：我是搞财务的，按理说这个职业和年龄没有关系，而且年龄越大，经验越多，可是一到招聘市场，几乎所有的要求都是30岁以下，最多不超过35岁，连递简历的机会都没有。而街道介绍的工作工资很低，除去各种费用，几乎所剩无几。

可以看出，贫困儿童的父母在受教育程度上普遍不高，难以找到一份像样的工作，而且加之人已中年，难以在劳动力市场获得一席之地，因此，即便是健康的劳动力，却不能养家糊口，作为一家之长，无法独自承担抚养子女的责任。

在经济发达地区，教育文凭与收入分配有直接的关系，受教育程度对收入的影响较大，主要体现在两个方面：一是进入劳动力市场的机会大小；二是获得工资收入的高低。在15个访谈对象的家庭中，其父母受教育程度基本以初高中为主，而高工资的工作往往是那些与文化水平高相关的声望好的职业，受访家庭父母由于受教育水平总体较低，对于其中处于失业状态的，这一因素会直接影响他们就业机会和就业层次，找工作对他们来说非常困难，而且即便是可以找到工作，又多不稳定或者薪酬微薄，造成有工作但收入不高的状况，因此受教育程度低下成为导致该群体家庭收入贫困的主要原因。1967年，彼得·布劳和奥蒂斯·邓肯在研究美国人社会地位升迁时发现儿子的社会地位能否超过父亲，关键在于儿子的文化程度，其文化水平越高，身价就越高。正因为如此，贫困家庭的家长从自己身上看到摆脱贫困唯一出路就是让孩子受到较高层次的教育，可以找到一份稳定收入的工作，家庭未来的希望都寄托在孩子的教育上。

就业与年龄有密切的关系，一般而言，最佳就业年龄在18—30岁之间，30—40岁是一个次佳就业年龄段，而“4050”则是就业市场最为困难的年龄。就业市场存在年龄歧视主要存在以下原因：一是劳动力市场本身供过于求；二是市场出于对效率因素的需求考虑；三是对人才素质要求相对较多。在中国，“4050”的求职人群一般为下岗失业人员居多，或者长期失业人员，他们除了年龄的不利条件以外，还有本身受教育程度比较低下，因此在就业形势普遍严峻的情形下，再就业对他们而言就是一个难以解决的困难。而年龄因素正是影响受访家庭家长就业的重要因素，访谈对象的父母基本处于中年40—50岁之间，还有两位53岁和60岁的父亲，“4050”这个年龄段在劳动力市场是最受排斥和歧视的年龄，是再就业最为困难的阶段，特别是在深圳这个年轻的城市，因此他们要找到一份稳定的工作机会几乎微乎其微。

二 健康的影响

在就业领域，健康弱势人群受到比较严重的社会歧视，从而使得健康弱势群体失去参加劳动获得报酬的权利，才使得他们缺乏生活来源，造成该群体经济拮据，生活困难，生存状况更加窘困的现状。

因此，健康成为就业的基础，也是用人单位聘用人员的必要条件之一。在访谈的15个家庭中，有9个家庭由于家庭成员患病和伤残丧失了基本劳动能力，无法正常参与到劳动力市场，处于完全失业状态，无任何经济来源，导致家庭经济陷入困境，而且所患疾病大部分属于精神疾病，持续时间长，痊愈概率小，整个家庭还要为疾病医治支付一定的费用，有的身边还需要人看护，诸多因素导致整个家庭由此陷于贫困。

访谈个案12：原来我爸妈都有工作，家里条件还可以。四年前我妈得了我也说不清楚名字的病，花了不少钱，三年前还差点儿自杀，对我影响挺大。从那以后，我爸爸就全职照顾妈妈，不得不辞掉原来的工作。爸妈都没有上班，没有收入，所以现在家里经济就比较紧张，成为低保户。

访谈个案4：妈妈因为生病，不能出去工作，她得的是抑郁症，严重的时候还需要爸爸在家照顾。我爸爸原来有工作，有2000多的收入，后来我妈妈病了，由于经常请假就没工作了，很难再重新找工作，可能因为年龄也大了，有五十一二岁。

访谈个案1：爸爸身体不好，每天都吃药，不吃就不行，吃了药就没有力气要睡觉，所以整天都在昏睡。不吃（药）不行，吃了又会这样，家务事都干不了，更不用说找工作。

访谈个案1（父亲）：我这样和你谈话都不能谈久了，不能超过一个小时。我一年药费都好几千块，而且是在老家买的，买一次只能报销50块，家里的低保补助大部分都用来吃药了。

访谈个案5（母亲）：我老公因为一次车祸导致脑瘫，就是神经病，是一级残废，不能工作，不是天天骂人就是天天打人，必须靠药物控制，每个月要400多块，我们每个月有200元的药卡补劫，但还是不够。我自己以前出过三次车祸，留下后遗症，浑身痛，眼睛老流眼泪。因为经济紧张，就这样拖着，没有好好检查。

访谈个案7：我爸爸有病，身体残疾，这几年一直在吃药，不能出去工作。

访谈个案6（外婆）：他妈妈小时候得的是脑膜炎，没有及时治疗留下严重后遗症，现在除了生活能自理，其他什么活都干不了，也不能和人交流，更不用说找工作了。

在访谈的15个个案家庭中，疾病成为9个家庭贫困的元凶，而9个患病家长都是慢性疾病患者，长期的病患无法参加任何劳动劳务，导致长期处于失业常态，而医疗费用又是一笔沉重的负担，出现“一人患病，全家贫困”的普遍现象，这不得不考量现行的医疗卫生保障政策。

受教育弱势群体、就业年龄弱势群体以及健康弱势群体等不利的就业因素，依然会造成就业歧视，如果以上有两三个不利因素综合在一起，就会陷入“雪上加霜”困境，除了找不到工作之外，还要支付长期的医药费用。

对于贫困家庭、“4050”失业人员、残疾失业者等就业困难群体，尽管政府出台扶持政策，一般有免收工商行政事业性相关收费、税费减免优惠政策、小额担保贷款等举措，有一定的积极作用，但是更多的是向该群体提供一些灵活就业的机会，他们收入较低，而且持续性难以保证。

三　社会转型带来的影响

社会转型是社会经济、政治、文化、价值体系等各因素不断变化，结构分化重组，向现代化不断迈进的过程。

我国改革开放30年后的社会转型主要表现在生产力层次上，集中在经济增长方式由粗放型向集约型转变，其广度、速度和强度都处于高速转型期，经济结构、产业结构、社会分层结构以及职业结构等发生了深刻变化。然而，社会转型是一场多层次全方位的社会变革，是一个错综复杂、曲折艰难的长期过程，在社会转型时期，社会失业问题往往是经济结构大变动、社会结构大变化的结果。在新旧体制交替与转化过程中，必定有利益受损群体，而在新的社会结构中，该群体难以找到自己的位置，失业成为他们在社会转型后不得不直接面对的结果。而2008年发生的世界性经济危机，更是加剧失业这个社会顽疾。金融危机造成经济发展低迷，劳动力市场受到巨大冲击，劳动力需求大幅减少，经营组织为了降低成本，大量裁减人员。在这种大环境下，下岗职员要再求职，就难上加难。失业会让家中的资产锐减，如果不能及时找到工作，家庭又没有额外或者其他收入来源，则很容易陷入贫困。

访谈个案8（母亲）：我原来在一家公司做财务，2008年的金融危机使得生意越来越难做，许多企业倒闭。我那家公司也大量裁员，2009年就失业了。整个经济环境不景气，找工作也难，而且企业为了避税偷税，可能还会要求做假账，那要承担很大的责任，这样的工作我也不敢做。没有了工作，就没有收入，勉强用老本维持了两年生活，到今年实在撑不下去就申请了低保。

访谈个案 11（母亲）：原来我们俩口子都在国企，后来企业处于半倒闭状态，员工只能买断工龄，没有办法。当时因为孩子小又经常生病，就一直没事做，等到孩子大点，自己年龄也大了，到人才市场找工作几乎是不可能，所以成了失业人员，生活也不得不依靠政府救济。

访谈对象 15（母亲）：我几年前是劳动局的临聘人员，做窗口服务，专门为失业人员办理登记的相关手续，没想到后来机构精简，对临聘员工进行裁减，我可能因为学历较低，成为其中的一员，就这样工作丢了，再找没那么容易了。

访谈中的这 3 个家庭相对条件较好，可能源于之前稳定的工作的积蓄和打下家庭建设的基础。样本中虽然只有 3 位家长因为企业或机构的调整导致失业，但是社会转型给家庭带来的冲击不可忽视，尤其是对在劳动力市场缺乏竞争力的中年人士，他们的失业可能导致整个家庭生活质量下降，甚至沦为贫困。

中国从计划经济到市场经济的社会转型的规模和强度迄今为止都是最大的，历时 30 多年尚未结束，当前的社会转型主要体现在深层次上，除了调整产业结构使其更加合理，均衡东西部发展、缩小不同行业和不同阶层的收入差距，防止社会转型时期加剧社会矛盾和冲突，更是政府目前需要亟须应对及妥善解决的问题。而历史上第一次由传统到现代、由封建社会向资本主义社会、由农业社会向工业社会转型发生在英国，当时的都铎英国采取相对平衡政策，有效应对了这一有碍社会转型、有“瓶颈”特征的社会失业问题，使其社会转型过程得以顺利进行（魏建国，2002）。

近几年，中国经济正处于重大的调整和转型时期，也成为失业、下岗的高峰期，但是素质低下并不是造成失业的唯一因素，还有国家宏观政策、企业中观经营以及个人微观的人际关系等诸多方面的原因。因此，对于在社会转型过程中被抛离原有社会秩序轨道和生活方式的人群，政府应该及时出台相应的社会政策进行必要的引导和调控，利用多种社会资源化解社会转型带来弱势群体的强烈阵痛，让社会各个阶层都分担社会转型带给他们的巨大代价。

从以上访谈可以得出一个总结：贫困儿童家庭由于父母教育程度、健康状况、年龄因素等，属于劳动力市场中的弱势群体，均处于就业市场的边缘地带，使他们处于失业与不稳定就业的动荡之中，他们自身被就业市场所排斥，贫困成为他们最终无法逃避的困境。在这个文明的时代，失业不仅意味着贫困，还意味着社会活动减少、社会地位低下，而且无法享有任何的职业福利，还可能意味着灾难的可持续发展，即这种贫困对下一代的影响或传递。

尽管在宏观政策方面提出“加强就业和社会保障工作，坚持把扩大就业放在经济社会发展的突出位置……重点做好下岗失业和关闭破产企业人员的再就业工作，积极帮助‘零就业家庭’和就业困难人员就业……”（国务院总理温家宝在十届全国人民代表大会上的政府工作报告），但是在当前社会，由于劳动法律法规尚未健全，用人单位在招用员工时仍处于强势地位，从自身利益出发，是否录用员工，由企业独自定夺，这种状况短时间还难以得到改观。

综合以上分析，访谈案例的家庭贫困原因主要是父母受教育程度、年龄因素和健康状况，具体分布如表5—2所示：

表5—2 访谈儿童家庭致贫原因分布

原因户数	教育程度低下	年龄因素	健康状况	社会转型
15	13	15	9	3

为了更全面准确地了解贫困儿童家庭致贫的原因，我们采集了焦点小组家庭的相关资料（见表5—3）：6个家庭的11位家长有10人都是受过大专以上的高等教育，其中2位家长是博士生；所有家庭成员都有健康的身体。正是由于有比较好的教育背景和健康的身体条件，才使得这些家长可以有立足职场的资本和条件，焦点小组的6个家庭中8位家长有稳定的职业（另外，1位是自由职业，2位无业在家当全职母亲），当然由于各种原因，他们的家庭收入差距也较大，年收入从10万元到60万元不等。该焦点小组可以说是深圳初中学生大部分家庭的一个缩影，代表着不同层面的正常家庭。

表 5—3 焦点小组家庭状况一览表

	1	2	3	4	5	6
家庭成员	父母	母亲	父母	父母	父继母妹妹	父母姐姐
父母教育程度	本科、硕士	大专	硕士、博士	本科、高中	硕士、初中	硕士、博士
父母就业状况	父自由职业母稳定工作	母稳定职业	父母稳定职业	父自由职业母无业	父稳定职业继母无业	父创业母无业
父母健康情况	健康	健康	健康	健康	健康	健康

通过对焦点小组 6 位学生的访谈比照，可以更好地了解贫困儿童的生活现状，对研究问题有更清晰的认识和剖析。

第二节 贫困儿童的家庭生活现状

家庭是儿童成长的环境基石，在这里儿童享受着父母提供的物质环境和精神环境。由于父母能力大小的迥异，他们营造的环境也千差万别，即使是陷于贫困窘境的家庭，由于不同的贫困标准和地区差异，他们展现出来的生活现状也有较大不同。深圳是一个经济相对发达的地区，其贫困现实有自身的一些特点，下面我们就从研究中的贫困儿童生活现状对此展开分析和探索。

一 贫困儿童的居住条件和环境状况

家庭的生活环境其实也是经济实力的反映和写照，家庭的物质环境主要指小区环境和家庭住房条件。一般而言，有小区环境的住房比较安全，在绿化、卫生、安全等方面都有一定的要求和保证，且小区的居住单位多以单元套房为主，其中从一居室到四居室为常见。

结合问卷调查和访谈样本的住房状况，二者有着惊人的相似性。在该研究的问卷调查中，低收入家庭的居住状况如表 5—4 所示：

表 5—4 **低收入家庭住房情况统计**

住房情况	户数（$n=100$）	百分比（%）
合租	12	12.0
单间	38	38.0
单元房（一房一厅）	36	36.0
单元房（两房一厅）	8	8.0
其他	6	6.0

在 15 名访谈对象中，生活在有小区环境中的有 11 位，另外 4 位生活在城中村的出租屋。其中 3 个家庭是工程兵，原单位自购物业，1 个家庭是 20 年前自购物业，3 个家庭是政府提供的廉租房，2 位访谈对象家庭借住在外祖母家，1 个家庭住在朋友暂借的房子，还有 1 个家庭居住在由小区提供的免费的废弃公厕及其收费间。

访谈个案 13 居住在一个政府福利房小区里，家庭住房是一栋商住楼底层废用的公厕，入厕的过道被改用为厨房，摆放了一个单孔煤气炉和放厨具的桌子；收费间就是这个家庭的居室，大概 10 平方米，里面摆了一张大床和一张小床，还放了两个单人沙发，以及一个放电视和电脑的桌子，这样所剩空间无几，不过房间干净整洁；里面的公厕就被这个家庭用于洗手间和堆放杂物的地方。访谈对象的母亲以在小区收拣废物为主要收入，所以杂物间放了不少东西。访谈对象是一个四口之家，还有一个上高中的姐姐，一居室显然较为拥挤，刚上初中的他还和父母挤睡在一张床上。这样一个居住环境自然没有任何邻居。

访谈个案 13（父亲）：这个房子是管理处给我住的，不交钱的，就交水电费，像这种房子租金需要 1500 元左右。我因为在小区做保洁工作，是相对稳定的工作，才有机会享受到这样好的待遇，要是自己租房，真的会入不敷出。

访谈个案 10 居住在华侨城附近的一个城中村，周围的环境又脏又乱，一栋栋楼房密密麻麻，没有规划，也没有清晰的标志，七拐八弯，即使有详细地址，但如果没有人引路是很难找到的。走进房间，客厅几乎堆满了东西：书、杂物挤满了进门一角，电视机、电脑占去入门的一侧，靠里的墙面摆放着一张用来吃饭的圆桌和几张凳子，这里也是客厅唯一可以走动的空间。客厅的另一侧连着唯一的卧室还有厨房，房间很小，放了一大一小两张床，还有一张书桌，显得很挤。

访谈个案10（父亲）：我在这里住了很久，房租从600元涨到现在的1500元，而且建筑面积只有40平方米。不过比起其他地方还算便宜，也就是这个原因，尽管这里环境差点，还是选择住在这里。不过这里的租客基本上都是外来工，环境和治安都很乱，抢小孩、偷小孩、骗小孩的都有，没有一点安全感，特别是我孩子又是女孩，所以我们一般不让她单独出门，进进出出都是我陪着，从来不会让她一个人外出，这是住在这里最大的问题，但是没有办法，生活所迫。

生活在这样一个没有任何安全感的环境，访谈个案10可以说除了上学，几乎不出门，和外界没有什么接触和交往。

访谈个案5：一家居住在一个政府安置小区，这里的主要房型是一居室的单身公寓。她家住在8楼，房间可以说几乎被三张床占满，一张大床和两张小床。

访谈个案5（母亲）：我这个房子是街道办分的，就不再享受住房补贴，30平方米，每个月要交107.9元房租。我婆婆和我妈都跟我们住，所以家里有六口人。

访谈个案6：我和我妈还有舅舅一家都住在外公外婆家，外公外婆的房子是他们退休前分的。原来是三房一厅，有100平方米，住了7个人，我和妈妈一间房，现在我大了，就把厨房改在阳台上，原来的厨房改成一间房给我妈妈住。

在11个租房的家庭中，都是一房一厅或只有一间的单身公寓，所以访谈对象均无自己独立的房间。

访谈个案10：我有一个愿望，就是希望有一间自己的房间，我就可以把自己的房间打扮得非常漂亮。

访谈个案11（母亲）：她常常回家来说，很羡慕人家房子那么大，我们三个人还挤一间房。我家就是一个30多平方米带厨房和卫生间的单身公寓。

生活在城中村租屋的访谈家庭，更是多了一种对环境安全的担忧。其中4个访谈对象又是女孩，所以家长都不允许孩子在晚上出门，或者要求孩子放学立刻回家。

从对访谈对象生活环境的考察，在贫困儿童家庭居住条件相对比较恶劣，特别是早先没有任何物业基础的家庭，他们要么就是依靠政府提供的廉租房，虽然有小区，但和普通住宅小区的条件还是差别较大，而且均为单身公寓，没有电梯，分配的楼层普遍较高，家庭居住显得狭小逼仄，有的家庭祖孙三代同居一室更是让人窒息。而选择租住在城中村家庭，则是为了节约租金，尽管周围环境脏、乱、差，治安条件让人担忧，而且大都是“握手楼”，这些家庭都有正值初中的孩子，这种环境对他们的健康成长是一种威胁，可见住在城中村唯一的可取之处就是租金便宜，至少可以让濒临贫困的家庭有一个立足之地，可以为家庭和孩子提供一个可以遮风避雨地方。居住在这样的环境是贫困的生活所迫也是父母的无奈之举。

通过在访谈中的观察可以看到这样一个现象：在陷入贫困前如果通过各种方式拥有房屋的家庭，他们的居住环境相对较好，无论是小区环境还是房屋条件。没有房屋的家庭总体居住条件差强人意，包括租住廉住房和城中村的家庭，廉租房外部环境略胜城中村，但是内部居住环境显得更为狭窄、拥挤。所以，倘若要改善贫困家庭的居住条件，仅仅通过提供这样的廉租房恐难以达到解决问题的目的。

与此形成对比，焦点小组的 6 个家庭均居住在绿化率高的小区环境中，面积从 90 平方米到 200 平方米不等，房型以三房两厅为主，有两家是四房两厅。每个孩子均有自己的房间，家长无须为居住环境的安全担忧，尽管有的家庭小区较小，但安保系统健全。6 个家庭中有 5 个是自购置业，1 个家庭是租房，无论是自住房还是租住房，每个家庭在选择的时候，都将小区环境、安全以及出行等因素考虑在内，主要目的是为了给孩子一个安全的大环境和舒适的小环境。

例如，焦点小组唯一的离异家庭，母亲为了给孩子创造一个良好地生活环境，从原来 40 平方米一房一厅换租到现在 90 平方米的三房一厅，尽管租金翻了一倍，增加了不小的经济负担，但的确给孩子换了一个心情，孩子说：“原来家里很挤，我和妈妈挤一张床。上初中后，就换了大房子，我一个人一间房，客厅也很大，回到家里感觉心情都舒畅多了，我周末也可以经常邀请同学到家里来。”这一点就足以让这位单亲妈妈心满意足，近 4000 元的房租对她并不是小开支，还必须缩减其他方面的支出。还有一个家庭为了让女儿能够进入好的初中学校，在女儿小学六年级下学期便不顾高额的学区房价，购买了一所市属重点初中附近的三房一厅的单元房，四个月后女儿便顺利进入了这所初中学校学习。

可见，贫困家庭和一般家庭在居住环境的选择上有天壤之别，对于贫困家庭，找一个租金便宜的房屋便是家的安居处所，他们对于居所没有任何选择和挑剔的能力，这是由他们的经济实力决定的，尽管他们也想给孩子一个宽敞明亮的生活环境，尽管孩子的安全也是他们最为揪心的担忧，然而一切只能无能为力。与一般家庭相比，贫困家庭家长根本不可能考虑学区房和环境优美的小区房，即使是租住；贫困家长选择单身公寓或者城中村出租屋，根本无法顾及孩子的感受，即使想给孩子多一点的空间。所以，在生活环境方面，贫困儿童生活在一个压抑的空间，他们难以感受到生活的舒适和宁静，这是父母能力低下带给他们和其他孩子的结果，而且这种差别伴随着他们成长的重要岁月。虽然贫困儿童的父母也想竭尽所能给孩子提供幸福快乐的生活，然而现实是穷困比爱更有力量，他们无能为力。

二　贫困儿童家庭的生活条件

科学技术改变着家居生活，使人们的日常生活变得越来越便捷和舒适，家用电器已经成为非常普及的生活必需品，而且随着生活水平的不断提高，人们对于电器的需求更加多样化。例如，过去电视几乎是每家的必备需求，供人们娱乐和了解社会，而今天，电脑已经成为人们内晓国情、外知国际、相互沟通的工具；电风扇一直以来是抵御夏季炎热的家居用品，而现在空调在深圳几乎是每户夏天必备的电器。所以，从考察贫苦家庭的家用电器的使用情况，可以考量他们的现实生活质量水平。问卷调查在电器的使用情况与访谈的家庭总体情况差不多：

表 5—5　　100 户低收入家庭家用电器使用情况

拥有家电	电视	电风扇	洗衣机	电脑	冰箱	空调
户数（户）	82	90	14	50	16	8
%	82	90	14	50	16	8

从调查问卷的统计结果可以看出，观看电视是城市家庭普遍的娱乐消

遣方式，深圳地处亚热带，夏天气温大多在30℃以上，而且时间较长，所以电风扇是生活在深圳这个城市最基本的和必备的驱暑避热工具，洗衣机和电冰箱在贫困家庭则是可以节省的一笔开支，而空调对他们而言就是奢侈品，信息时代的客观要求则使电脑也走进了贫困家庭。由于各个贫困家庭的具体状况不一，生活的具体需求也各不相同，仅从问卷资料还无法得知具体详情。因此，通过访谈可以了解更多更详细的信息，我们可以窥视到贫困家庭真正的生活状况和生活质量。

访谈个案15：我家现在可以说什么电器都没有，原来有个二手电视，后来坏了就没再买。一是因为没有钱买得起；二是因为有的还用不起，比如冰箱。所以我的家没有任何现代元素，过的是现代都市的原始生活，我想这个在深圳应该是比较稀少的。但是妈妈还是省吃俭用，东拼西凑给我买了个电脑，这让我和同学可以有共同的话题，而且对我的学习也有很大帮助。

访谈个案5（母亲）：因为我们住的是廉租房，所以没有住房补贴，生活完全指望着政府给的低保，根本没有多余的钱买任何电器，这个冰箱还是邻居换新冰箱时送给我们的，但是用起来还是觉得吃力，耗电。我们用水和电政府给了优惠，免费电15度，水8吨，我们一家人水是够用了，但电就不够，特别是夏天天气热，人又多，电风扇几乎晚上一直都要开着。

这是一个六口之家，完全靠夫妻俩和俩孩子的低保以及其他补助共2040元，勉强维持生计，家中四壁如洗，是15个访谈家庭中最为贫困的一家。

访谈个案1的家也是一贫如洗，因为她父亲长期吃药的原因，经济压力更大，家里连电风扇都没有，更不必说其他的电视、电脑等家用电器。

访谈个案4：我家什么电器都没有买，但是和我家合租的另一家就有电脑、电视、洗衣机，电视机摆在客厅，所以我们经常看。过去独租时家里没有电视，想看的时候就去邻居家看。洗衣机就偶尔用用别人的，一般还是自己手洗。

尽管访谈家庭经济比较拮据，但是大部分还是都给孩子配备了电脑，他们认为电脑是现在孩子必不可少的学习工具，所以在15户家庭中有10户给孩子配备了电脑，有的是通过买元件找人组装件，有的是买二手电脑，其他4户因为家中有病人而在经济上无任何结余，所以孩子只有在学校电脑课上才可以接触、学习和使用电脑。

访谈个案1：家里没有条件买电脑，所以也没有给爸爸提出来过。学校有电脑课，在学校见识一下就行了。

访谈个案2：小学的时候，学校有电脑课，觉得很好玩，家里没电脑，就只有跑别人家里玩，我也很想家里买一台，但是也知道很贵，当时给爸妈说想要电脑，被他们拒绝了。后来过了很久才买的。

访谈个案10（父亲）：她小学的时候说要买电脑，我们觉得太昂贵，而且不利于学习，可是每学期学校发的电脑光碟回到家我们都没办法使用，后来我们就咬咬牙，给她买了这台台式电脑，当时她已经五年级了，花了5000多元，对我们来说是很大的一笔开销。

访谈个案13（父亲）：电脑我们大人基本不用，可是孩子有时候需要查资料，有时候要玩游戏或者和同学沟通，而且老师说布置的作业都要在电脑里面检查，不得已在他四年级下学期的时候就请老乡组装了一台，相对来说还比较便宜，两千来块钱，还在可以承受的范围。大女儿读小学就没用上。

访谈个案14：我家电脑是爸爸的朋友淘汰送我们的，我们就拿来用，可是经常坏。

访谈个案14（父亲）：是啊，经常修修补补，到后来实在修不好，就以旧换新换了台新电脑，花了不到两千，主要是孩子学英语一定要用电脑。

访谈个案9：我住在外婆这里，没有电脑。我的同学都有电脑，不过我会修电脑，学校老师的电脑坏了都是叫我修的，小毛病都是我修的。我自己也觉得很奇怪，我在一家电脑店看别人装，自己就琢磨会了。我会每星期到网吧去玩。

访谈个案8：我家原来条件比较好，一般该有的都有，电脑早就有了，而且是笔记本。只是今年开始生活就比较紧张，就不敢问妈妈买东西，或者想要什么妈妈也不像原来那样都会答应。

访谈个案3：我妈妈去年才给我买电脑，因为很多学习资料都要在网上查，而且要准备中考报名等，不得不买，两千多，对家里也是一个比较大的开支。然后电视是今年创维搞活动一千多买的。

访谈个案4：我家是和别人合租的一个单元，自己家就什么电器都没有，学习上如果需要上网，就借用合租人家里的，不过一般还是尽量少用，毕竟觉得不好。

访谈个案7：上初一的时候，父母咬咬牙给我兄弟俩买了电脑，应该是最便宜的，好像不到两千，现在互联网应该是每一家的必需品。

访谈个案6：因为是住在外公外婆家，舅舅一家也住这里，他们买了电脑，我也就可以用来上网查资料，有时候玩玩游戏。

在15个访谈对象中，家庭条件仍然存在较大差异，其中访谈个案5和访谈个案1两个家庭没有任何家用电器，除了前者的母亲有一个手机，后者家里有一个座机。而访谈个案8和访谈个案6的家里家用电器比较齐全，前者是新贫困户，后者则是寄居在外婆和舅舅家。

再看看焦点小组的情况：虽然焦点小组的6个孩子的家庭都并非富裕阶层，但是家庭的电器武装还是一应俱全，有三个家庭还有两台电视，6个孩子都有自己的独立空调，而且每个家庭至少有一台台式电脑和手提电脑，4个孩子有iPad，每个孩子都配有手机。

因此，从家用电器的视角看两组家庭的生活条件差距，可以说贫困儿童的生活条件与普通家庭儿童相去甚远，焦点小组的儿童生活优越，他们充分享受到现代科学进步的成果，感受到生活的舒适与美好。相反，贫困儿童生活在一个物质丰富的时代，却没有条件充分感受到物质文明的成果，这种感受的缺失可以对他们形成两种相反的力量：要么努力学习，为未来美好生活而奋斗；要么十分压抑沮丧，失去积极向上的斗志和毅力。在访谈的15个孩子中，每个孩子都渴望、向往美好生活，并希望通过自己的一己之力改变家庭的现状，这一点令人欣喜。可是，在焦点小组的孩子眼里，他们享受的一切生活水准和拥有的物质条件都是司空见惯的，没有感受到任何的优越性，也理所当然地接受着。正如富足的不觉富足，贫困的方知缺失。

三　贫困儿童零花钱的获取及其支配

由于人们的物质生活水平大大提高，父母对子女，尤其是现在的独生子女，基本都是“百依百顺”、“有求必应”，会给他们足够的零花钱，满足他们的各种需求。因此，无论是上学还是放学时间，在学校附近的小卖部或小食店，都是人头攒动的学生，他们在这里拿着父母给的零花钱消费着小店“琳琅满目”的商品，有的拿着百元、五十大钞，有的拿着十元、五元，总之是有买吃的、喝的、卡通卡片的，还有的买书和杂志。学生的零花钱是家庭经济条件的一个指标，尽管有的家庭经济不宽裕，但为了孩子，家长自己节省，也不苦了孩子。因此，我们通过对孩子零花钱情况的了解，可以探讨贫困儿童的贫困程度和家庭经济支持能力。

访谈个案 11：我妈妈一般不给我零花钱，说外面东西很脏。我从小到大积攒起来的钱有一百多，差不多快两百了，但是不能自己支配。有时候看着同学吃零嘴很眼馋，我要不就不和他们走在一起，实在忍不住会问同学要一点。现在我在向妈妈提出抗议，申请每周十块的零用钱。

访谈个案 10：我爸爸很少给我钱，我也一般不买不必要的东西。在我看来，50 元以上的东西就是奢侈品，我一般不会买，如果流行某种玩意，同学有，我就借来玩玩或用用。

访谈个案 1：我家这种经济状况不可能有零花钱，平时生活中能省则省，能吃饱就可以了。

访谈个案 2（父亲）：我是每周给她 50 元，就是周一到周五，包括在学校的午餐，喝水或者买珍珠奶茶之类的，所以这 50 元钱等于是给她的生活费加零花钱。

访谈个案 2：爸爸每天给我 10 块钱的午餐费，因为离家近，我就中午经常回家，不在外面吃，这样就可以省了午餐钱，自己支配。在外面吃的话一般吃得比较节约，吃酸辣粉或面，就是一定在 10 块钱以下。省下来的钱有时候买点奶茶，吃点夜宵，或者和同学朋友出去玩用点，不过都很少，因为结余的钱本来就不多。

访谈个案 3：妈妈给我的钱一般平均每个月就是一百到两百，主要用于坐车和在学校的午餐，其他基本不花。假期我会通过电脑游戏出售自己的游戏虚拟财产赚点小外快，挣得很辛苦，知道钱来之不易，所以平时也比较节约。

访谈个案 8（母亲）：我每周给女儿 100 块，包括车费和午餐，要坐两趟公交，算下来也剩不了多少，就当给她零花钱。

访谈个案 8：过去想要什么都可以，家里当时也有这个条件。现在每周 100 块，其实用的也差不多，有时候要买点喝的，还有买点零食。多数同学也差不多和我一样在学校的开支是每周100元，他们不用坐车。只是现在上街不能像过去看中的妈妈都会给我买，总说这也不行，那个太贵，心里很别扭，也不愿意逛街了。

访谈个案7：我的消费一星期100块钱，包括学校一餐和往返的地铁，车费是固定的，每天5块。学校食堂不好吃而且贵，所以都在外面吃，一般就是买最便宜的那种，10元一份，两荤一素，偶尔会吃12—15块的，同学们吃得较多的就是这种，他们有的也会买20块的。其他就没有什么零花的，最多就是买瓶水。

访谈个案4：我一日三餐都在家里，所以一般在学校不会花零花钱，爸妈也没有给我这个钱，但是一般在学习上需要买什么就会跟他们说，如果他们觉得贵的话就不买，可以节约的就节约。家里这种情况一分钱都不能乱花。

访谈个案13：学校离家很近，不用坐车也不在学校吃饭，所以我爸妈几乎不给我钱，我偶尔会向他们要点零花钱，10块左右，有时候在学校买点奶茶喝，别的就没啥啦。

访谈个案9：平时外婆每周给我70块钱，中午每餐要10元，剩下的就是零花钱，主要买点零食。

访谈个案5：我一般没有零花钱，就是每天妈妈给3元的早餐钱，有时没吃就当零花钱了，也是买一些小吃。

虽然在这些访谈对象中因为家境的差别，孩子们可支配的零花钱也有不同，有的可以说没有任何零花钱，大部分可以自由支配的也就在每周20元的范围，主要用于买饮料和零食，其他用途的几乎没有。

通过小组访谈，6个对象都有自己的零花钱积蓄外，有的每周固定从父母处获取50元的零花钱，有的则是可以随时问父母要，一般要求都会得到满足。他们的零花钱除了买饮料和零食外，还买一些卡片、纸牌（如一副“三国杀”要100元左右），还有其他一些玩具和卡通书、漫画书，有时和同学外出到桌游吧、电影院消费等娱乐场所，每次消费一般达到50元到100元不等。一般初一、初二时，和同学外出的时间比较多，初三由于学习紧张，消费也大幅减少，零花钱都存起来，等到中考结束后用于同学们的各种聚会。

由于初中学生才刚刚获得自由支配小额金钱的自由和权利，消费观还未完全形成，消费内容也不多。多数家长也重视培养和引导孩子正确的消费观，所以普通家庭不会任其孩子无节制地胡乱花钱，贫困家庭家长即使自己节俭，也会尽量满足孩子在学校的需求，尽量缩小孩子与同学之间的差距，而且初中学生的主要活动场所还是在学校。因此，在零花钱的支配方面，初中学生的差距不是很大，至少在学校生活中的差别不会让贫困儿童有太大的心理冲击。

四　贫困儿童家庭的生活消费结构

家庭的消费结构是指家庭各种不同消费项目支出的比例结构、变化趋势以及协调程度，它是衡量一个家庭生活水平和生活质量的重要指标，也是反映一个国家的社会经济发展状况。一般而言，消费内容分为物质消费和精神消费，消费层次由低至高分为生存消费、享受消费和发展消费。随着物质的不断丰裕和精神生活的不断丰富，人们的消费水平得到逐步提高，人们的消费结构也逐步得到优化，即从低层次的消费结构向高层次的消费结构转化。

通过考察贫困家庭的消费结构，可以了解贫困家庭的生活质量和水平，进而了解家庭提供给儿童的消费层次，从而解析他们的生活现状。

访谈个案 3（母亲）：我家完全靠政府补贴，每个月总共有 2118 元，租房就用掉 800 元，剩下的用来生活都很紧张。给儿子每个月 100 多块，剩下不到 1000 元主要是我娘俩的一日三餐和水电煤气等。

访谈个案 3：我妈妈自己节衣缩食，省吃俭用，尽量满足我，不过我主要的消费除了生活就是学习消费了，学习用品和参考书。小的时候也没有参加过任何兴趣班，太贵，也没钱补习功课，更不用说娱乐、旅游的支出了。可以说基本处于满足温饱阶段。所以很想早点出校门可以挣钱，改善家境。

访谈个案 8：我原来还是参加了舞蹈兴趣班和英语、数学补习班的，到今年一切都停掉啦，好像生活一下掉到冰窟，买什么都不行，反正除了吃饭、坐车上学，妈妈就拿不出钱来似的。感觉生活质量突然变得好糟，我很不适应。

访谈个案 8（母亲）：是的，原来生活条件比较好，甚至在同学中都算不错，从小一直学跳舞，准备中考考舞蹈特长生，还给她参加数学和英语的课外补习，希望她考一个好点的高中。可是，我 2009 年失业后，由于没有别的收入，各种非必要的开支就不断减少，最后她所有的课外学习都停掉了，到今年实在困难，申请低保，月收入有 2118 块，家里的支出就主要用于生活了。好在房子是自购的，没了房租支出这块，勉强还能维持。每个月固定给她 400 块，她的生活我尽量维持原来的水平，保证每天一盒牛奶，还有水果，单就早餐至少要八九块，现在的物价又高，两千来块钱就用来吃饭都很紧张，其他的活动就减少很多，比如周末外出吃饭，她有时和同学看电影，或逛街，而且现在也不可能像原来那样出去旅游了。

访谈个案 2（父亲）：现在整个家庭的收入，包括我老婆的工资和我的加在一起，不到 4000 块。除掉房租 1500 块，水电费、电话费，差不多要 200 块，剩下 1800 块是一家三口的生活费。我这个房子比较小，但也算两房一厅，女儿大了，我尽量能够给她一个空间就让她有个空间。这里离批发市场近，一般都在那买菜，节省很多，伙食费花掉差不多 1500 块。所以一个月下来有时还会有几百块的结余。

访谈个案 12：我家具体每个月多少收入我不是很清楚，我爸妈不和我说这些，但我知道我爸一般会去农批市场买菜，每次骑单车去，一买就买好几天的，日用品比如洗发水、卷纸就去爱心超市。我们基本不进超市，除非是我上学需要什么。爸爸平时买东西都是买那种最便宜的，我自己买东西的时候也会下意识有多便宜买多便宜的那种感觉，比如说买笔芯，我一般都是买一块钱的，最便宜的一种。爸爸不抽烟不喝酒，别的花销就没有，就是吃饭，还有妈妈还要吃药，不过不是很多。

访谈个案 1：我爸爸因为生病，整天昏沉沉的，脑子也记不清东西，家里有多少钱他不清楚。我家的收入就是我和爸爸的低保补贴，加在一起 2450 元。除了房租 800 元，其余的完全用于基本的生活，而且还要省吃俭用，因为爸爸还要长期吃药，都是自费，所以有结余的话就是给爸爸买药，其他任何别的开销就没有。

访谈个案 5（母亲）：我家一个月四口人的补贴 2400 多元，因为住的是廉租房，每个月房租 108 元，家里六口人，每个人平均不到 400 元的生活费，很难维持，可是家里还有个病人经常生病住院，医药费就东拼西凑，日子很艰难。这个小儿子才两岁多，和我们一起吃，营养跟不上，但是没办法。

访谈个案 13（父亲）：由于孩子的原因，我没去办低保，所以没什么补贴。我做协管员一个月能拿到手的差不多 1700 块，每年过节费总共有 2500 块，他妈妈收废品收入不固定，时多时少，这样每个月不到 3000 块的收入，供 4 个人生活。以前还觉得可以基本应付得了，现在物价涨了，感觉生活压力很大。每个月紧紧巴巴 2000 块钱用于生活，菜呀，油盐米还有很多日用品都去批发市场，大女儿上高中，每月固定 200 块，两个孩子还要给点零花钱，买书和学习用品，大概要三四百块，所以一个月尽量节省可以留个 500 块，为女儿在职高每个学期的学费做准备。

访谈个案 10（父亲）：我家三口人，各种补贴加在一起 2871 元，房租 1500 元，水费 7 元一个立方，电费 1.3 元一度，不得了，2—3 元的水费这里是翻倍，所以房租水电就花掉 1800—1900 元，剩下的连基本生活保障都没有。孩子打小就身体底子差，到现在还经常感冒生病，主要是营养没跟上。

访谈个案 10：我家这里前面是世界之窗，后面是欢乐谷，但是我长这么大一次都没去过，门票太贵，买不起。平时也不是每天都能吃肉，出去吃就更不可能。爸爸妈妈说我家的钱只能拿来吃饭，如果用到别处，那就会饿肚子。

访谈个案 14（父亲）：虽然家里日子紧张，平时都是能节省的就节省，但我在孩子学习上一点都不吝啬，每学期该买的参考书我都会买齐，学习用品也买中等的。这是一笔不小的开支，一学期好几百元呢。

从访谈中可以看出，深圳低保家庭的消费结构还是处于比较低级层次，几乎每一个家庭的开支都用于基本的生活开支：租房和一日三餐，就这两项开支已经让这些家庭倍感压力，他们通过多种方式尽量减少开支，或者减少成本，比如大部分家庭都到批发市场购买油盐菜米，到爱心超市购买日常用品，不去一般的超市购物，不外出用餐，等等。有病人的家庭更是捉襟见肘，常常是入不敷出，负有外债。自购房的家庭虽然没有房租的压力，但是由于物价因素和总收入有限等原因，总收入的 80% 以上还是主要用于购买食品和日常必需品。

家庭消费水平和消费结构取决于收入水平，收入水平又是影响消费结构最重要、最基本的因素。因为食物是维持生命的最低层次消费，所以从一个家庭的食品开支在家庭总支出中所占的比例，可以大致获知一个家庭生活水平的高低。食品支出占家庭总支出的比重，被称为恩格尔系数，这是由19世纪中叶德国统计学家恩斯特·恩格尔提出的。恩格尔系数过大，说明收入的大部分都用于维持生命，生活水平极其低下。如果基本的生活资料成为一个家庭的主要开销，那么这个家庭就难以承担其他的消费支出，尤其是发展资料和享受资料，限制消费层次和消费质量的提高。反过来，恩格尔系数越小，则表明家庭的消费结构改善，生活水平较高。一个社会的进步，意味着公众的收入水平提高，购买能力提高，而且社会的消费结构趋于合理，消费水平不断优化。

要使消费结构不断得到优化，就要逐步缩小生存消费的比重，而相应增加享受消费和发展消费的比重；而在物质消费和精神消费的结构比例上，则要逐步缩小物质消费的比重，相应增加精神消费的比重。消费结构的不断优化还可以从食物消费的变化中得到体现，即在全部消费支出中的比重逐步缩小食品消费，即恩格尔系数的降低。优化的消费结构可以使消费在外延上和内涵上得到扩大，最基本的消费需要只是总体消费的小部分，更多的消费用于满足高层次的需要。

从访谈资料分析可见，深圳的贫困儿童家庭消费层次极其低下，基本还处于维持生理需求的最低阶段，虽然各个家庭有所差别，但总体开支的绝大部分均用于生活必需品，有差异的地方只是各家的食品结构的不同，文教娱乐消费除了给孩子买书可以说几乎没有更高层次的消费支出，即便有也是微乎其微。因此，深圳的贫困儿童家庭消费水平还处于最低阶段，反映一种贫困状况。

在对焦点小组6位学生的访谈中了解到，食品消费在他们的家庭支出中占很小的比例，基本在1/5以下，更多的家庭经济资源用于改善居住环境和提高生活质量。在6个家庭中，有两个家庭的购房按揭占去收入的1/3和1/4，一个家庭由于租房的支出是收入的1/3；用于孩子身上的费用主要有两项：一是参加各种兴趣班和补习班；二是外出旅游。6位孩子均参加各种科目补习班，每个月费用从1000—2500元不等，两位还参加了钢琴兴趣爱好班；家庭周末外出就餐一个月有两三次，或者一家三口，或者和父母的亲友，这类支出数额不一，一般在2000元左右或更多；短期节假日都有在省内旅游，寒暑假会随父母在国内旅游，其中3个孩子国外旅游2—3次，这是家庭中主要的消费支出，一年从2万—5万元不等；6个家庭中有5家有私家车，其中2家有两辆汽车。没车的家庭外出公交和的士并用，孩子由于离校较远，为了保证孩子的睡眠时间，冬天有两个月每天有40元的士费。孩子用于衣物和文具购买、和同学外出消费等均没有受到严格控制。每个家庭还有数额不等也不固定的积蓄。

从焦点小组的消费结构来看，这些家庭更加注重消费的质量，直接反映生活消费过程中的舒适和便利程度，和人们在心理上、精神上所得到的享受和乐趣。生存资料在消费支出中的比重微乎其微，更加注重发展资料和享受资料的投入。

综上所述，对于贫困儿童，由于家庭收入较少，大部分家庭主要依靠低保生活补贴，只能维持生计。正如恩格尔关于消费结构变化得出的一个规律：一个家庭收入越少，个人消费总支出中用来购买食品支出所占的比例就越大，随着家庭收入的增加，个人消费总支出中用来购买食物的支出比例则会下降。因此，贫困家庭的消费支出基本只有生存资料，在享受资料和发展资料方面则受到严重的排斥，贫困儿童外出消费、外出交往和外出见识的机会少之又少，在其他同学看来非常平常的消费，对贫困儿童则是遥不可及，和同龄的同伴相比，仅仅是由于家庭经济条件的巨大差异，贫困儿童在生活享受、未来发展方面完全没有父母的任何投资，被完全排斥在优化的消费领域之外。父母的能力相对低下带给孩子巨大的不同生活状况，深圳贫困儿童仍处于刚过温饱线的生活水平阶段，他们较少机会享受到文教娱乐闲暇等方面的高层次的消费，尤其是在教育上的支出几乎为零，远远低于普通家庭，造成他们成长过程中的种种不平等和被排斥。

第三节　贫困儿童获得的情感支持

家庭结构、父母的教养方式、亲子关系、家庭社会经济地位、父母职业和受教育水平、居住环境等均是影响儿童心理发展的重要因素。家庭在孩子的成长过程中为他们提供物质、情感、信息等方面的帮助和指导，初中生由于身心尚未成熟，又处于青春期，经济未能独立，有很强的感情依附感，家庭和学校是他们成长和发展过程中最重要的精神支持者和情感满足源，与父母的情感交流是孩子主要的情感支持，而与亲友、同学的接触和互动同样是孩子不可或缺的情感需求。因此，情感支持包括家庭内和家庭外的“情感支持”两个层次，贫困儿童的情感支持主要考察他们对人际关系重要性和强烈度的感知，本研究主要从以下两方面来阐述贫困儿童情感支持的关系强度及其质量体现。

一 贫困儿童获得的家庭内部情感支持

家庭在儿童成长过程中扮演着极其重要的角色，不同的家庭都会对儿童产生身心各方面的影响，并且体现在每个孩子身心发展的各个方面，影响着儿童未来的社会化、情绪体验、人格发展等。可见，家庭功能是否良好是儿童个体心理健康发展的一个重要条件（杨文娇、赵普涛、李燕巧，2011）。儿童更是需要来自家庭的理解、尊重和情感上的支持。健康家庭的孩子一般都善于自我表露，倾向于寻求家人安慰，与家庭成员的情感交流更密切，整个角色扮演、情感介入较高，总的家庭功能较为良好，因而获得更多的家庭内部的支持，也就是说孩子可以更多感受到来源于家庭的情感温暖和保护支持，问题解决、沟通、角色、情感反映、情感介入、行为控制这些因素保持良好，也就说明儿童在家庭中可以获取较好的理解、支持和尊重。反之，倘若家庭功能不良，儿童在家庭中获得的内部支持较少，可能导致儿童无法从家庭中习得人际关系的处理技巧，而且家庭内沟通及情感方式不正确，也可能导致个体在人际交往时遇到更多的阻碍，使个体无法获得满意的人际关系，产生强烈的孤独感，对家庭功能产生副作用，形成恶性循环。

沟通是人与人之间情感、思想交流的渠道，家庭成员之间沟通出现障碍，成员之间的关爱得不到有效传递，可能会造成儿童心情压抑。家庭支持在生活照料和精神慰藉方面有着不可替代的作用。对于任何人而言，得到家人的关心、关注、重视，就会感到温暖、快乐和幸福，反之则会产生孤独、冷漠和痛苦等消极的情绪。家庭是儿童生活的重要场所，父母为其提供了最重要的经济支持、生活照料和精神慰藉，家庭的互动和情感支持对儿童会产生极为重要的影响，其中包括与父母沟通的时间、方式，互动的质量，在学习中的事情征求父母的意见让作为父母的角色得到满足，让父母有兴趣听取自己的意见，等等。

良好的情感支持使学生体验到更多的正向情感，增强了学生的自信心，促使学生对社会活动积极投入，更努力、更有灵活性和主见。

访谈个案9是一个看上去比较成熟的初一学生，但似乎对自己的生活安排既感无知也很无奈，从小就和外婆相依为命，而妈妈住在同一座城市却居无定所，周末都是自己在外面游玩，打发时间，也不告知外婆自己的去向。访谈时间都是外婆前一天和他说好在家，他才留在家里。在访谈过程中，访谈个案9对自己为什么和妈妈分开也搞不清楚，反正就是被动接受，也没有主动问过外婆和妈妈其中缘由，可以感受到这是一个挺有主见、聪明伶俐，但缺乏家庭关爱又感迷茫的孩子。

访谈个案9：我住在外婆这里，完全靠外婆不到1000元的退休工资，还是有些困难。不过在生活上外婆会尽量给我吃我喜欢的火腿、牛肉丸，她自己省吃俭用，对我就不会。我和外婆没有太多的话，一般很少交流，主要就是在生活上的关心，其他就不会交谈。回到家里，我就是看电视，外婆就做饭干活，所以在家里我会有种孤独感，有时会觉得要窒息，不愿待在家里，更愿意在外面瞎逛，没有目的，你说这样我出去有什么好说的，自己都不知道要上哪儿。

在后来的跟踪访谈中了解到这个孩子是一个私生子，他一生下来就由外婆独立抚养，这些情况孩子本人都一无所知，所以他不明白为什么自己不能像别的同学和爸爸妈妈住在一起。

访谈个案9（外婆）：××这孩子很可怜！他妈妈本来是一个很优秀的学生，高三那年因为被强暴后怀孕生下他，他妈妈受到这么大的严重打击，受不了，有些神经错乱，后来就自暴自弃。在这种情况下我在他百天之后就抱过来。这孩子一直跟我，虽然很亲近，但是祖孙辈的差距还是很大，而且我没有什么文化，对他的功课也辅导不了，特别是他初中以后，好像比较逆反，成天不回家，有时候晚上也不回家，我急啊，可是他理解不了。我知道他很苦闷，家里没一个可以交谈的人，这么大的孩子正是需要交流的时候，他妈妈虽然也在深圳，但是只顾自己玩，对这个儿子没有什么关爱和责任，只是每个周末××去她那里玩玩，每次给他十块八块的。××以为和他妈妈住在一起的那个人就是他爸爸，可怜啊！

访谈个案9的可怜的身世可以说是造成他现在生活状态的重要原因，没有一个正常的家庭环境，也没有得到充分的家庭情感支持，初中阶段正是青春叛逆期，他经常无端出走，如果没有得到及时正面的引导，会影响到孩子的心理健康，而且对他今后的生活都有负面影响。外婆也正为此事犯愁，不知道要不要告诉外孙的真实身世，而且她一个人觉得很难应付可能出现的各种困难局面。

访谈个案 12 在刚开始电话沟通时不愿意接受访谈，并以学习紧张为由，后来经过多次说服，终于答应在外面见面谈话。这是一个相对封闭的女孩，开始说话时非常谨慎，不愿意多说，但在谈话进行到一个小时之后，开始变得主动、积极，并且还愿意有后续的交谈，所以后来又连续访谈了三次。

访谈个案 12：好像我家三口人都属于比较内向的性格，在家里相互说笑交流就很少，特别是妈妈病后，家里不仅经济紧张，整个气氛也很紧张，我想可能还是跟钱少有关系，但是爸爸妈妈从没有和我谈起过家里的收入，只是知道爸爸没有上班后就开始领取低保，具体多少我也不知道。不过爸爸是很爱这个家的，也很关爱我，这些都是通过我观察感受的，他从来不说也不会表达。比如申请低保，他从来都是自己到我学校去开证明，学校离我家很远，他都不叫我去办这些事，我想他可能是出于保护我的角度才宁愿辛苦自己。爸爸经常不在家，因为他要找事情做挣点钱。我爸爸是一个话很少的人，不爱多说，在家他很少和我说话，我妈妈生病也不能和他交流，有时候一家人坐在一起都很安静，气氛凝重，所以回到家里常常觉得很苦闷，经常一个人待在自己的房间发呆，但是又没有心情学习。可能是在家交流少的原因，在学校我也很少和同学说话，有时候不知道如何去和人打交道，同学们觉得我不爱说话，比较安静，所以也不会很主动地找我说。现在我对自己内向的性格也感到比较苦闷。

可见，孤僻、人际交往的不擅长，造成孩子体验家庭支持的障碍。

访谈个案 5 是一个非常可爱的女孩，天性很开朗，也是很愿意交流的一个人，但刚刚和她提起家里的情况，她声音就变得哽咽，接着控制不住地泪流满面，原来是家里非常压抑的生活氛围使她无法自制。

访谈个案 5：我家虽然有 6 个人，但是我主要就是和妈妈有交流，跟弟弟玩得多，弟弟还小，才两岁多，和奶奶外婆还有叔叔就没有什么话说。特别是叔叔，自从有了弟弟后，就经常骂我，还不准我碰弟弟，有时候他犯病也拿我出气，有时候还拿东西打我，叫我滚出这个家。妈妈和他也经常吵架，甚至打架，有几次都报警了。我一般都不和他说话，也不会和他单独相处，只要妈妈不在，我都不会待在家里，要不就是带着弟弟在楼下。我本来性格比较开朗，在学校会开心一些，在家里虽然表面看起来很好，但是心里面觉得承受了很多不愉快，虽然和妈妈可以无话不说，但是觉得她也很难，所以很多话都憋着。

在学校我就比较开心，老师和同学都很关心我，比如老师知道我爱看书，每次订书的时候都帮我订上，订了以后又不收我钱，每次我有什么事，老师都会比较关心。同学们都知道我的家庭情况，他们很友好，比如有我在的时候他们就不聊我敏感的一些话题。

可以看出个案 5 性格率性，大方活泼，但是由于生活在一个重组家庭，叔叔伤残又性格粗暴，而且赤贫的家庭条件让她感受到委屈、压抑，虽然祖孙三代 6 人共居一室，但是除了母亲她无法和他人交流，也得不到任何情感支持。所以看似非常阳光的少女心里有沉甸甸的心结，让她感受不到家庭的温馨和家人的愉悦。

在访谈个案 8 的家，她放学回家面无表情和妈妈打了个招呼就进了自己的房间，好像带着一种抵触的情绪，表现得不友好，妈妈耐着性子敲她的门，叫她出来说说话，她回答说要做功课，不要烦她。在后续的访谈中，终于了解到母女俩之间的症结。

访谈个案 8：我妈妈原来非常爱我和在乎我，平时做什么都会和我说，和我商量，我也是对她敞开心扉，所以尽管家里就我俩，但感觉还是很舒心，觉得彼此相互需要。自从四年前家里生活发生变化，我成了单亲孩子，从一个富裕家庭沦为现在吃低保，那么大的心理落差，一开始我很抵触。后来妈妈和我细细交谈后，经过这几年我也理解并接受这些变化，并且也在努力改变自己，可以说是在为她而改变。但是就这段时间她变了，她开始在外面谈恋爱，把这些时间拿来和那个男的煲电话粥，已经不管我啦。一有时间就跟别人打电话，她原来天天都关心我，现在减少了一半。原来晚上除了加班，都会在家陪着我，可是现在竟然会选择去找那个男的，昨天晚上就是这样。我一开始不接受我妈找对象，后来我接受了，她就变本加厉，我知道她需要人陪，偶尔打个电话就行吧，不能太频繁。一直以来我妈就是我的天，现在他把我的天一下抢走了，我还有什么？我觉得我已经没人爱。另外，你知道昨天晚上我都有自杀的冲动吗？我很难过，她走了我有谁陪？她这样不在乎我，我很难过。我跟她讲了我的感受，她当作我不懂事一样对待。我也跟她约定过，叫她最好晚上陪我，可她连对我最基本的承诺都做不到。

我听到我妈跟你说她的离婚风波、破产风波，对她来说需要承担，对我同样也是一种沉重的打击。很多人是因为父母离婚学坏了，我经常开导我自己，不然我现在是什么样子；破产对我来说也是剧变，我以前想买什么买什么，现在我能省什么省什么，你知道对我来说改变有多难吗？她完全都没有看到这些，天天抱怨我这不是，那不是，我都已经退让到这个样子了，她还想让我怎么样？每天多陪我一下都不愿意，她原来关心我的时间，看我作业的时间，现在全部上网聊天，就像我已经进入半个社会一样，就是只给我提供基本的费用，其余可以不闻不问了，我现在还没有成年。

可见女儿很不满意妈妈现在对自己的态度，在开始的一番抱怨、哭诉之后，就是对妈妈的辩解进行反驳，在整个对话过程中，访谈对象一直处于上风，和母亲说话有咄咄逼人的态势。其实，这正好反映出这对母女平时沟通的平等性和情感的依赖性，虽然对话充满火药味，但是也是女儿在情感上对母亲依恋的表现，母亲为女儿提供了强大的情感支撑，一旦女儿意识到别人可能分享母亲的情感，就表现出敏感、受伤的情绪，对母亲的做法产生恨意，甚至无法释怀。这是离异家庭家长和孩子情感支持变化普遍存在的问题，家长在开始新的恋情之前必须考虑周全如何在情感上不伤害到孩子。还有家庭经济经历了从富裕到低保的巨大落差，孩子需要一个漫长的适应过程，家长对此也要有正确的认识和引导。访谈过程持续了差不多三个小时，分别和母女俩交谈了解相关的信息，引导俩人就彼此交流隔阂原因对话，最后又对这对母女进行疏导。

访谈个案 2：我和爸爸妈妈的沟通不是很多，因为经常回到家都是我一个人，我妈在上班，爸爸也在外面。学习上的事他们也不懂，所以养成一切靠自己的习惯了。周末他们也忙，我就自己安排。整个家的感觉好像就是各忙各的，没有交流的习惯，也没有时间。

访谈个案 2（父亲）：她的独立性比较强，有的时候很多事情她自己一个人扛，不愿意跟我们说。一个原因是受家庭不是富裕的影响；另一个原因是她不想让家里担心。她现在一心想学习好点，将来有作为，可以回报家里。但是我们作为父母，不管家庭怎么样，都是关心孩子，她需要什么尽力满足，满足不了那就是实在没办法了。

访谈个案13：家里聚在一起的时间主要就是吃饭的时候，爸爸会问问我们学习情况。平时晚上爸爸就经常一个人出去走走，妈妈和姐姐看电视，我做功课，上网。爸爸妈妈周末或者节假日也没有带我们出去过，因为玩要花钱，相对来说开支大。爸爸妈妈也没有给我和姐姐过过生日，但是家里还是在生活上尽量满足我们，比如我喜欢吃肉，妈妈会想方设法让我每天吃上，有时候他们不吃省着给我。我在学校的花销爸爸都会给我，家里条件不好，但是一家人还是很温暖。

访谈个案13（父亲）：可能我们大人都忙于找活干，没有太多的时间和孩子在一起，一般就是吃饭时候给他们讲讲道理，孩子身体健康、心理健康就可以啦。为了让他们觉得和别的家庭一样，我也没去申请低保，虽然街道也了解情况，觉得我可以申请，我想想为了孩子算了，尽量自己挣钱。

访谈个案1是一个娇小秀气的女孩，在电话里表示愿意接受访谈，没有任何抵触心理，也很配合。

访谈个案1：我从小就被寄养在亲戚家，小学六年级才被接到爸爸身边。从来没感受过母爱，爸爸身体不好，一天吃三次药，吃完药后就昏昏欲睡，所以交流的时间也很少。家里的条件很差，爸爸老觉得对不起我，但我知道他也没办法。还好我伯伯家住得比较近，我经常去他家，婶婶也很关心我，我家很多事情都是他们在帮忙照料，经济上也会帮助。我的衣服都是亲戚给的，从来没买过新衣服，买不起。由于爸爸的身体情况，我们基本上没有外出，公园更没去过，节假日都是待在家里，最多就去图书馆。

访谈个案1（姑姑）：我这个哥哥和侄女很可怜，是深圳的最底层，没办法，他生病，老婆刚生完孩子就离了，所以她从小就没有生活在爸爸身边。生活很困难，除了政府补贴就是亲戚帮补一下，我们这些姐妹也会给一点，但是我们家里也不富裕，都是打工的，不过家里有什么事都会过来看看，能帮上忙的我们都会尽量帮。我大哥住在附近，所以生活上就经常照顾他爷俩，××也把那儿当成自己的家，放学回来基本都去她伯伯那，在那吃饭、写作业，就回家睡个觉。所以从这点来说，她还是幸运的，我嫂子对她很好。我们都会经常给她打电话关心她，在心理上辅导她，毕竟是没有妈的孩子，我们就尽量让她感受到亲人的关爱，所以她心理上还算是一个健康的孩子，特别懂事，学习也自觉，但是这么困难的家境可能还是让她有点早熟或者压抑，她在生活上从来不提要求，不乱花一分钱。

访谈个案 1（爸爸）：我觉得很对不起女儿，自己不能挣钱，身体又不好，完全照顾不了她，但她对我来说既是寄托又是希望。身体原因，我不能多说话，成天都处于昏昏欲睡的样子，和女儿几乎就谈不上交流，但她很体谅爸爸，我也知道她很孝顺。我的弟兄姊妹都很帮我，几乎都是他们帮着我照顾她。

个案 1 的家境非常贫寒，父亲身体孱弱，生活气息给人一种惨淡的感觉，可以看出访谈对象对自己所处现实没有任何的埋怨和不满，并清楚地认识到自己的任务就是让自己身心健康，努力学习，未来通过升学才能改变自己和家庭的命运，是一个学习不错、性格乖巧的孩子，但是可能种种原因，该孩子在交流中还是有些怯意，也看得出她对生活没有太多要求，因为在她看来都是不可能的奢求。

访谈个案 7：我有个哥哥，和哥哥关系挺好，话也比较多，放学后我基本上都是和哥哥在家。晚饭后我妈妈和爸爸他们经常会自己出去散步，或者找老乡聊天，可能爸爸妈妈觉得我们都大了，不需要陪伴。不过爸爸妈妈平时还是挺关心我的，爸爸身体不好，一直在吃药，但生活上他们尽量会满足我。我觉得自己给他们带来很重的负担，有时候觉得对不起他们，所以很想快点长大，早点出去挣钱，减轻家里负担。

在个案 7 的家里，父母没有关注和孩子的交流，好在有一个哥哥可以做伴，因此在家里没有太多的孤独感。

以上几个家庭在情感满足方面都是低支持的家庭，由于家庭的各种原因，所造就的氛围令孩子们紧张或者不放松而不愿待在家里，而且没有固定的家庭聚会时间，父母也没有专门陪伴孩子的时间。

综合以上的访谈分析，低支持家庭存在这样或那样不利于培养学生健康人格的环境因素，综合而言，主要包括以下多个因素：家庭功能不健全或家庭功能低下、家庭气氛不良、教育资源贫乏、对环境缺乏安全感、对他人缺乏信任感、享受不到必要的家庭温暖……这些不利因素无疑增加贫困儿童的心理压力，使他们更容易形成紧张、不安、不知所措的性格特性。由于在家庭中缺乏必要的人际交往指导和生活指寻，低支持家庭的贫困儿童从家庭中难以找到学习的榜样、上进的动力、为人处世的指引，因而在人生前进的道路上，低支持家庭的贫困儿童常常感到迷茫，遇到困难挫折只能被动应对。不良的情感支持使低支持家庭的贫困儿童体验到的更多的是负面情感，即使在家里也不敢轻易开口向父母提要求，问问题。还有低支持家庭贫困儿童由于家庭经济条件有限，各方面物质要求难以得到满足，这让身心发展尚未成熟的初中生与同学在一起时容易产生自卑心理。总体而言，低支持家庭的贫困儿童由于获得家庭内部支持较低，比较容易形成一种防御性人格，为了避免自尊心受到伤害，他们更多会倾向于采取幻想、忍耐等消极应对方式。

虽然这些孩子能从家长身上感受到关爱，但是情感沟通和心灵对话几乎没有，即使有对话也比较表层，孩子不能得到所需的和有效的家庭情感支持，造成的结果就是孩子内心压抑，不能为他们在外面的人际交往提供帮助和指导意见，无法缓解来自外面的交际压力。

家庭良好的支持关键是父母的支持行为。如果父母能够认识到家庭支持对儿童成长的重要作用，那么就要为孩子创造和谐宽松的家庭环境，即使经济能力有限，但是不吝对孩子表现出关爱、理解、体贴，尽量和孩子展开多一些沟通、联系，让孩子在情感上得到不逊于同伴获得的家庭安慰和满足。

访谈个案 6 是一个非常阳光和健谈的男孩，他的外公外婆也是性格开朗的老人，愿意与人交谈，这是一个很开放包容的家庭，充满着其乐融融的氛围。

访谈个案 6：我和妈妈生活在一个大家庭里，有外公外婆，舅舅舅妈，还有表妹。由于妈妈身体原因，基本没有任何交流能力，但在这里外公外婆给予我很多关爱，还有舅舅舅妈。一般回到家里我都会和他们聊聊学校的事情，他们也会问起我功课的情况，摆摆家常。节假日的时候，舅舅舅妈会常常带我和表妹出去玩。所以，尽管我没有爸爸，妈妈也不能交流，但是还是能感觉到家庭的温暖，回到家里觉得很放松。

虽然个案 6 生活在一个残缺家庭，而且妈妈丧失了基本的劳动能力和交流能力，但是由于外公外婆的担当，而且又有舅舅舅妈一家共处，生活当中对他给予了很多的关注，所以在这个三世同堂的屋檐下，他能感受到祖辈、父辈以及同辈之间多种情感，也享受着与三代人感觉愉悦的交流。虽然对他个体而言有一个不健康的小家庭，但是这种残缺与不幸已经消化在这个大家庭对他的特别关爱和彼此的融洽之中。

访谈个案11的妈妈行事比较谨慎，要求访谈不要在家里，怕对女儿有不好的影响。而且在访谈她女儿之前，她要求先和访谈者交流以了解访谈内容和访谈目的，可见是一个爱女心切的母亲。

访谈个案11（母亲）：我是老来得女，现在50岁了，女儿才刚上初一。她爸爸脾气比较暴躁，方式也粗暴，所以基本上她和我比较亲近。我偶尔出去找点事做，平常都会陪着她，特别是周末和寒暑假。我希望她学习出色一点，以后才有机会，所以对她要求也比较严厉。生活上我还是会尽量满足她，毕竟只有一个小孩，不想让她有什么遗憾。家里的经济情况我也不具体跟她讲，特别是低保话题，因为她比较敏感，如果她觉得自己和别人不一样，她会自卑。本来她就有感觉，如果再跟她确认，她就会更承受不了。像我们这样家庭的孩子可能会有两个极端，一种是勤奋努力，想争取摆脱这种境地；另一种就是自暴自弃。我在力所能及的范围内尽可能给她创造一个好的环境，比如周末或节假日经常带她到外面的公园走走，或者去附近的图书馆看书，偶尔走走亲戚。她很外向，喜欢交往，只要有空，我们母女俩都会在外面。

访谈个案11：我爸爸对我不太好，很凶，爱发脾气，也不怎么关心我，我比较疏远他。和妈妈就很亲，妈妈生活上照顾我，学习上关心我，但是也很严格。我和妈妈沟通还好，我给她讲学校的情况，她就经常告诫我一定要学习好，而且考个第三名还要接受妈妈的批评。有时觉得心理压力很大，可是没办法，妈妈也是为我好。

访谈个案4是一个有些腼腆和羞涩的女孩，在整个交谈中，虽然她很拘谨，但还是可以感受到她是一个愿意敞开心扉的谈话者。

访谈个案4：我和爸爸妈妈比较亲，交流也很多，他们会给我谈家里的经济状况，所以我知道家里的情况，对他们不会提出什么要求。家境困难，但是他们总是想到尽可能满足我，尤其是在吃的方面，会尽量让我多吃点。特别是我爸爸挺疼我的，我家在我小学的时候就开始申请低保，我在学校的证明都是我爸去办理的，他可能是不想让我觉得难为情。

我什么事都和父母说，包括学校的事，不过有些烦恼觉得自己能够承担就不说。和妈妈沟通的时候，给我的感觉有点怪异，可能和她的情绪有关，她一个月有十几天会烦躁，因为她有忧郁症。所以跟爸爸的沟通多些，爸爸也什么事都会跟我说。每天回家觉得很温暖，也很温馨，妈妈基本上都在家，爸爸有时候会出去干活或办事，和他们相处交谈的时间还是比较多。周末有时候一家人会去笔架山公园、莲花山公园，都是免费公园，一路上说说笑笑，很开心。我很喜欢这种家庭出游，有时候早上出去下午回，我们就自带包子，或者偶尔奢侈一下，找一些比较便宜的大排档。大概一个月有一次这样的安排。

访谈个案10：我爸爸可以说是一个全职爸爸，我的生活学习都是由他安排和照顾，课外书也是他选择，每天课余时间和周末、寒暑假，爸爸都安排好学习内容，我不会的他会辅导。所以我和爸爸的关系比较亲密，妈妈在外面做事比较忙，基本上没有时间管我。因为住的这个地方不安全，外出一定是和爸爸妈妈一起。邻居基本上没有来往，同学也没有来过我家，我也没去过同学家，可以说是很宅的，还好总是有爸爸在家，我就什么话都跟爸爸说，给他说学校的事，爸爸就给我说讲他的经历，谈我的未来。跟爸爸聊得挺多，什么都谈，我想我俩是很好的聊伴，所以也不会觉得孤独、无聊。

访谈个案10（父亲）：我现在年纪大了，也很难找事，所以就在家陪孩子，辅导功课，我跟她说了，我们没有任何别的路可走，只有读书好，才会有将来，现在对她多付出一点，以后才不会有遗憾，否则真的这个家就没啥希望了。

在访谈个案3的家里，虽然是一个单身公寓，但是收拾得非常干净整洁，布置得也温馨。在整个交谈过程中，妈妈对儿子溢满了舐犊之爱，儿子对母亲充满着敬爱和体贴之情。

访谈个案3：我和妈妈是彼此的感情寄托，特别是随着我年龄的长大。妈妈什么事都和我说，我什么心里话也不隐瞒她。比如，家里面的经济条件她就很明确告诉我，虽然我从小就比较开朗，但在小学的时候，可能年龄小看的比较直观，去同学家里觉得别人住得宽，同学玩什么自己也没有，心里为此感到自卑，都不带同学来家里，妈妈可能觉察到我的心理，我也告诉妈妈自己的想法，妈妈很重视，她经常开导我，记得特别清楚的几句话就是，“钱方面说到现在，你的同学也好，朋友也好，他们优越的经济条件全部都是来自长辈的，都没有自己努力创造的。你现在不是和同学比现在的家景，对吧？你是比将来你的能力，现在家景不好是我的问题和你没有关系”。对妈妈的这番话我慢慢领悟，我觉得妈妈讲得有道理。后来我就和妈妈一起共同克服窘迫的经济条件，我尽量不问妈妈要一份额外的钱，从来不要求买新衣服，反而总是妈妈老是问我需要不需要。我想自己已经是个男子汉了，应该和妈妈一起分担家庭重任，今年暑假我就去打工，挣了两千块钱，那下学期完全不用妈妈负担我的生活费了，妈妈也会轻松点。

我跟妈妈很少两个人出去玩，偶尔出去外面走走，逛逛商场，去小餐馆吃饭这样。出去玩的话开销太大。

最大的愿望是找个人把我妈照顾好，可以是妈妈自己找，也可以等我长大后我找。

访谈个案 3（母亲）：我这孩子从过去自卑到现在很健康，心理方面都很好，我觉得很满足，而且越大越体现出他懂事，去理解别人，在外面和同学还有打工的同事相处都应该是不错的。在外面应该挺好，朋友都很多，同学那些都跟他很好，算是学校里面比较懂事的孩子，所以能够体谅别人的，虽然在学校不是说特别好的学生。他还行，放假每天在家里面都很乖的，打工的钱还给我，还给了他外公、外婆两百块钱。

以上几个家庭的孩子在家里的沟通相对而言比较畅顺，内心能够得到释放，可以获得较多的情感支持，所以在家中感到比较轻松、自在，发自内心有一种家庭幸福感，缓解了由于生活窘迫带来的各种焦虑和压抑。但是父母在关注孩子的心理健康、注重沟通的同时，也要懂得和善于沟通，尤其是如何让孩子正确面对家庭贫困。访谈个案 3 的母亲就比较正面地引导孩子，从而克服孩子攀比和自卑心理，培养积极的生活态度，“我觉得我的孩子如果说心理、身体健康我们才有希望，如果说这个心理不健康，说真的就没希望了”。

其他访谈对象的父母为了保护孩子，要么避免给孩子谈论家里贫困的经济状况，要么在申请低保过程中不让孩子参与。当然，这也是一种保护孩子的方法，但是孩子因为家庭贫困产生的自卑感并未得到有效疏导，可能还会阻碍他们在外交往的自信和动力。

另外，由于经济拮据，贫困家庭的父母都没有能够带孩子去各种有消费的娱乐场所、旅游景区，失去了与孩子在轻松的氛围中进行思想沟通与感情培养的渠道，这是贫困经济条件造成的交流方式单一的表现，也是消费结构低下的结果。

情感支持较高的家庭、家庭功能积极反映的是一种精神氛围和丰富的家庭资源，可以培养孩子积极向上、健康活跃的性情，可以增强孩子的自信心。

二　人际支持——与邻里、朋友的互动

儿童的成长需要各种情感的伴随，除了需要获取家庭情感支持外，还需要家庭外的多重情感支持，因此家长还需要引导孩子从狭小的家庭生活走向广阔的社会环境，鼓励孩子多与同学交往，多参加社会活动，以此培养孩子乐观进取的人生态度，并且树立远大的理想抱负（朱卫红、顾永清、黄希庭，2003）。

访谈个案5：我们家虽然穷，但是和邻居来往还比较多，他们人特别好，其中有两个是医生，还有一个是公司的经理，条件都不错，他们有老人在家，我不是不喜欢在家待嘛，所以我经常会带着弟弟到处走动，经常串门，可能我们这种连通的走廊也拉近了彼此的距离。他们也很帮助我们，有时候会送点吃的过来，有时候会拿些用的东西给我们。他们很友好，所以我经常会觉得人间总有温情在，感觉很温暖。

访谈个案5家住在一个政府的单身公寓楼，是一种开放式的楼宇，宽敞的走廊有十几户人家，天气热的时候，各家各户就在走廊上纳凉。约见他们的时候，访谈对象和她妈妈、弟弟正在和邻居拉家常，可见邻居之间的关系比较密切、融洽，这在深圳是不多见的情景。

访谈个案5：我在学校和同学比较要好，也喜欢待在学校。刚刚上初中，功课还不紧张，所以基本上每个周末就会和同学约着出去玩，有时候去莲花山，有时候去书城、少年宫。我妈妈知道我在家里不开心，一般都会支持我出去找同学，或者待在学校帮老师做些事情，或者给班上出出板报。总之，我在外面比在家里心情好些。

还有我经常会去我阿姨家，她家离我家比较近，而小舅舅家在关外，路远又花钱，偶尔才去。

访谈个案2：我们和邻居很少有交往，在深圳也没什么亲戚，最多就

是周末有空的话会和同学去书城看书。

访谈个案 13：我家住的这个环境没有邻居，所以我交往最多的还是同学，经常去同学家玩，同学也会来我家。我们生日会相互请去肯德基吃快餐，那也是大家比较开心的时候。我到现在过过两次生日，最近一次是请了五六个同学去肯德基，花了一百多块钱，本来妈妈不同意，但是爸爸答应了。

访谈个案 4：我家是和别人合租的一套房，大家关系还是比较融洽，他家的电视都是放在客厅大家一起看，有时候我需要上网，也是借他们的电脑，还有洗床单被子也会用他们的洗衣机，感觉像一个大家庭。还有就是住在同一层楼的几家人也有来往，大人和孩子都相互走动，经常在一起聊聊天。平时还会去小姨家，她家离我家近，还有个表妹，我俩常一起玩。小姨条件比较好，我妈的医药费很多都是小姨帮支付的。

访谈个案 10：我交往的对象就只有同学，而且限于上学时间，偶尔在家会和同学打打电话，不过很少。暑假我一般都和爸爸在家，记得春节有两次是回爸爸老家江西过的，比较远，要花大笔路费，所以不常回去。深圳也没有亲戚，经常会感觉在这个城市没有地方可去。

我在学校参加了一个兴趣班，每周三一天的课程完成后，就拎一个画画的袋子往美术教室跑。是老师选我去美术班培训的，因为我的画画得比较好，从小爸爸就教我画画。这个班是免费的，是学校老师上课，要钱的话我也上不起，付不起这个费用。好像这就是我唯一的课外活动，在这里也是除班上同学之外可以结识一些新朋友的地方。

访谈个案 10（父亲）：我们住的这个区域比较特殊，大部分是外来工，很少有当地户口的，而且深圳户口的大部分也是农转非，社会治安非常乱，所以一般都不来往。放假的话，很多人都带孩子回老家了。女儿小的时候我在家教她画画，这是我的本行。所以给她打了点基础。

访谈个案 11：我的生活圈子还是比较小，跟妈妈在一起的时间比较多。我去哪里妈妈都不放心，去图书馆妈妈都和我一起。还好我小区有一个同班同学，我俩经常一起写作业一起玩，和同学有时候打打电话，在网上聊 QQ。

父母没带我出去旅游过，就有一次我妈妈的朋友邀请我们出去，在外面住酒店，我感觉特别好，特别开心，就很向往住酒店。我喜欢住在外面，可能是因为家里太挤，还有可以和外面的人交往，我很喜欢交流，但是平常交往面很窄。妈妈有几个好朋友，但也不是经常来往，因为每次聚会都是别人掏钱，妈妈觉得不好，妈妈买单，他们又不让。现在我们住的房子就是一个阿姨借我们住的，妈妈觉得已经欠了别人很大的人情。

访谈个案1：我们这里一个单元三家，但是大家都不熟悉，有时候见面就打个招呼，没有来往。在学校有几个要好的同学，但是平常相互来往也很少，最多就是约着去图书馆。

访谈个案7：我家这个小区因为都是爸爸妈妈原来的同事，大家相互都认识，而且知根知底，所以邻居之间也很熟悉，家里困难的时候，爸爸妈妈还会找邻居借借钱，他们都会帮助。大家有时候还会相互请到家中吃饭，关系很融洽。

我和同学关系也很好，但是因为住得比较分散，基本上都没有到家里去过。所以一般都是在学校走得比较近，或者放学后在学校玩打打篮球。

访谈个案9：我和同学来往也很少，他们大多时候都在网上联系，我没有电脑，就周末上上网吧，在同学群里也是隐身，所以，和同学自然少了聊天，而且可能他们多多少少知道点我没有和爸妈住在一起，有时候吵架就会说我、骂我，可能因为这个，我就不和同学多来往，他们就觉得我不怎么合群，在班上就越来越疏远大家，变得有些孤独。

我们这一层住了四户人家，和邻居还常有来往，他们知道我家的情况，也很热心帮助我家。

访谈个案3：因为我们家亲戚都在深圳，我外公外婆还有舅舅舅妈都在。亲戚朋友对我们来说是很大的精神支柱，在经济方面也给一些帮助，外公外婆很疼我的，经常偷偷地塞几百块钱给我，老人家有退休工资，几千块钱，舅舅他们有时候也给。还好有这样的家庭氛围，不会让我觉得就跟妈妈在这里相依为命，可能会少感到很孤独和无助。

在整个访谈和观察过程中，可以发现，在贫困家庭，日常生活的安排却是大相径庭，家长们依旧会为满足一家人的衣食住行而操劳、奔波，由于孩子们课余或周末一般都没有参加有组织的活动，也没有参加任何课外课程，因此，他们不拘形式在家中的时间就比较多，也就是说自由的时间多。一般而言，在贫困家庭，大人对孩子们在家的活动就没有那么关注，也不会花精力去为孩子们安排，尽管贫困家庭的儿童与其他孩子一样仍然希望和喜欢得到父母的关注，会要求大人关注他们或是帮他们做某些事情，然而父母因为能力问题等原因，常常不能满足或者直接拒绝孩子的这些要求，在长期缺乏资源的情况下，贫困家庭的孩子会逐渐不同程度了解自己生活中的种种局限，久而久之往往也会默默地接受家庭的决定，通常他们很少甚至不会催促成年人满足他们的愿望。因此，由于生活的重担或无奈，贫困儿童难以成为家庭的关注焦点，而在面对和对待家庭以外的更大的世界时，孩子们看起来形成了一种局促感，而不是一种优越感。

相比之下，焦点小组 6 个家庭的孩子受到父母较多的关注，他们几乎没有单独在家的情况发生，父母下班后至少会有一方陪伴孩子或辅导孩子功课，尤其是 3 位女生。特别是周末的家庭生活更是以孩子为中心，由于都不同程度参加各种组织的课程补习或兴趣班，家庭生活都以每一个孩子的活动为中心而组织起来的，远的要接送。可以说这些家庭的社交活动主要都是围绕孩子的活动，而不是围绕和亲属之间保持联系来安排的，这种弱化了的亲戚关系和贫困家庭中的关系形成了巨大的对比。

家庭经济资源的差距形成不同的家庭沟通模式，孩子理解家庭情感支持的方式也有差异。在贫困家庭，孩子和父母沟通更多关注在日常生活中，感受父母的爱也是更多体现在父母节衣缩食对自己基本生活上的满足，获得情感满足是初级需求的满足。而普通家庭的孩子基本生活需求得到较为丰富多彩的满足，而且自己成为家庭的情感关注中心，更多的满足来自父母对自己的陪伴、对自己学习竞争力和兴趣培养的高度关注，即使是单亲家庭也不例外。

我们还可以观察到，贫困儿童的社交资源比较匮乏，他们较少机会结交学校、家庭外的人员，贫困儿童和自己的亲戚的联络十分紧密，他们在校外接触的大部分成年人都是自己的家人或者自己大家庭的成员。生活的空间相对狭小，社会交往非常缺乏。贫困儿童在学校的交往活动受到一定限制，对于学校的各种集体活动也不能充分参与。

通过比较发现，普通家庭的周末生活非常紧张忙碌，家长们在孩子各种各样不同的课外活动和补习机构之间奔走，他们的家庭社交活动主要都是围绕孩子的活动，而不是围绕着与大家庭的联系。

第四节　家庭贫困对儿童造成的排斥作用

里杰（Ridege，2002）赞成以儿童为中心的方法，通过访谈贫困家庭儿童他们的亲身体验，才能更好地理解贫困儿童真正意味着什么，才能真正了解贫困是如何阻止儿童或者让他们无法通过他们自身的条件过上“正常”的生活。如果说20世纪初关于贫困研究的挑战是说明贫困是关于收入不足，那么到了20世纪末直至21世纪初，研究者的挑战则是说明贫困与人的发展经历之间的关系，或者说是哪些因素可以构成一般的生活方式或体面的生活标准。对儿童而言，哪些因素构成他们合理的标准生活，或者说家庭贫困对儿童造成哪些方面的排斥。

根据访谈和观察，深圳贫困家庭已经摆脱了食不果腹、衣不蔽体的困扰，也达到居有其屋的生活水平。家庭的贫困带给孩子最大的困扰是令他们在家外的交往受困。心理学家的大量研究和人们的生活实践都表明，对于任何一个人来说，正常的人际交往和良好的人际关系都是心理正常发展和个性保持健康的必要前提。

一　家庭贫困使儿童交往同学的动力不足

马斯洛的需要层次理论包括五方面：生理的需求、安全的需求、社交的需求、尊重的需求、自我实现的需求，并且这五个层次的需求呈阶梯上升，从低至高。

每个人首先需要满足基本的生理需求，这是人作为生理人的基础，但人的需求是多方面和多层次的，因为每个人都是社会的、现实的人，不是抽象的、孤立的个人。情感需求、享受需求、发展需求等是人们作为社会人所必须和追求的。社会交往是社会存在、人们生活方式的重要内容，是满足自身情感的需求方式之一。人类的每一个层次的需要都要通过人际交往来实现，人际交往是人生存和发展的需要。马斯洛认为，“人人都有这样一种基本需要，爱和归属的需要，人都需要归属于一定的社会团体，需要得到他人的爱和尊重，这些需要也是不可缺失的需要”（马斯洛，1943）。著名心理学家罗杰斯认为：人与人的交往不仅可以交流思想，还可以畅谈未来，而且分享许多内心的隐秘情感……因此，人际交往是人的成长过程中不可或缺的，它对人生发展大有裨益，因为沟通可以相互启迪，交流可以促进个人的成长，满足自我实现的需求。

人们通过交往寻求理解、协调互动，以求达到社会一体化和个性成长的需要。交往包括个体与个体的交往、个体与集体的交往、个体与社会的交往三个层次。

初中学生生活的两个主要环境：一个是家庭；一个是学校。学校是他们学习和交友最重要的场所，同学是他们接触最多、交往最频繁的对象，与同学融洽相处、积极互动，可以给彼此带来快乐，因此每一个学生都渴望同学间的友谊，因为人不能孤独地活着，他需要社会，对于中学生而言，他的社会就是学校、老师和同学。贫困儿童依然希望与人交往，满足情感需求，然而在同学的交往过程中，可以感受到由于不同的家庭经济条件带来的物质差距，也可以体会到自己在交往中受到的种种限制和弱势地位，在没有家长或老师的积极引导下，很容易产生自卑心理，不愿意让更多的同学了解自己的生活状态和窘迫的家境。

访谈个案 4：在学校最好的同学肯定能看出我手头比较紧张，但是他们都不知道我吃低保，但应该看出我家经济比较困难。有时候自己会觉得难为情，所以尽量少和同学交往。如果同学出去玩，要吃什么，或者有消费，我一般就会拒绝参加。

访谈个案 9：我的零花钱和同学比起来少很多，所以很少和同学出去玩，消费不起。

访谈个案 12：在学校我大概就跟一两个同学玩得较好，我就是那种不合群的，可能是受父母影响不爱说话，还有自己家里条件不好，觉得很压抑，不愿意和同学交往。

访谈个案 7：平时和同学关系都挺不错，但是一起在外面玩就很少，因为我的零花钱最多买瓶水。和同学手机联系也尽量控制费用，因为手机主要是和家里人联系的，办的是短号，互通免费。

但是同学们都不知道我家的经济条件，我也不想说，一个原因是觉得不好意思；另一个原因是觉得说出来也许对他们是负担，感觉好像要让同学可怜自己，喝瓶水都要同学请，我觉得这样不好。春游一般我都不参加。

访谈个案 1：我在班里算是特困生，大家都知道我的情况，不过同学们都挺关心我的，有时候会免掉我的班费。我交往的同学一般家境都不是特别好的，所以不存在看不起我的情况。我对家里的条件非常清楚也不得不接受，不会要求买什么。如果同学们有什么流行的东西，我会借来玩玩，仅此而已，同学也不会拒绝。在学校有一些女生团会帮我，所以学校组织的春游、秋游等活动，我都会参加。但是如果同学们自己约着出去玩，我就不会参加，因为肯定会花钱的。

访谈个案8：我现在基本不和班上的同学交往，因为家里突如其来的变化让我不愿意和同学来往，怕他们知道我现在的家境。

访谈个案6：因为我住在外公外婆这里，所以从来没有带同学来过家里。我跟有一些同学交往得好，经常交流的那些同学，我会告诉他们我家里的情况。有时候同学疏远我，我就会怀疑是因为我特殊的家庭条件，不过也许不是我想的那样。

访谈个案3：我和同学交往还是算多的，但是跟他们出去玩的时候，他们吃的、喝的跟我差别很大，他们吃得很贵，如果我买2块钱的东西，他们会买20块的，他们家里都有好车，我只能坐公交。所以虽然比较要好，他们出去玩都会邀上我，但我不一定会去，尽管经常会是他们掏钱，次数多了我也不好意思。

访谈个案2：我同学的家境都比我好，和同学出去玩，要买东西吃，我经常没钱，同学会说没事，请我，但我不想别人老请我，毕竟人是有自尊心的。所以和同学外出的时间就逐渐少了。

访谈个案5：我在学校和同学交往比较多，一起玩的也多，但是我从不跟他们讲我的家庭，一说起我就想哭，所以在学校从来不提家里的事。

访谈个案15：我性格还算开朗，在班上也有一帮要好的哥儿们。一般同学间都不会问起家里的情况，所以大家也不知道我过得那么苦。我会邀请几个要好的同学到家里，特别是周末或假期，因为爸爸经常不在家，我一个人自由，同学们也愿意来玩，我就会和他们谈谈家里的情况，感觉也挺好的，好像这样可以释放一些压抑很久的东西。

良好的人际关系给人带来快乐。社交能力是人类生存的重要能力。交往双方都是积极的主体，可以改变双方关系，但是交往中又存在社会性障碍和心理障碍，导致交往受阻，而交往出现问题的原因可以归结为社会成员之间不良的心理——孤僻、自卑、多疑。

从访谈中可以看到，尽管家长竭尽全力满足孩子的各种需求，尤其是学校的要求，但是贫困的现实还是在孩子的心灵打上了烙印，让他们在轻松活泼的校园生活中也抹不去心中的阴影，这是家庭贫困造成孩子在同学交往中的排斥。由于性格的迥异和父母不同的引导，这种排斥呈现出不同的表现形式：有的孩子在与同学交往过程中会产生心理障碍，有意识地缩小交际圈，退缩、逃避、离群，性格可能逐渐会变得孤僻，甚至多疑；有的孩子比较敏感，经常感到自卑，内心渴望“有与别人同等的家庭环境”，但在交往过程中他们又感到举目无助，会产生一种己不如人、低人一等的悲观情绪；有的孩子能明显地感到受别人排斥和冷漠，在交往中总希望别人主动与自己交往，使自己常常处于被动状态；有的孩子虽然乐意和同学来往，但其间的支出行为会让他们刻意回避一些活动，以维护其自尊，这种自尊心实际上也是一种天然的自我保护的反应；有的孩子努力不让同学知道自己的贫困家境，他们憎恨别人对自己的同情和怜悯，处处表现出不甘人后，然而面对现实却又感到力不从心，因此在和同学交往过程中处处感到吃力、紧张。

以上种种表现说明，家庭贫困总会带给孩子负面的心理影响，家长们已经千方百计避免因家庭因素带给孩子的负面作用，但孩子们在学校的交往活动却常常因此陷入被动，尽管他们不愿意因为贫困而被人怜悯或歧视，但是有的甚至可能变得自卑或孤僻。同学们不喜欢与自我封闭的人交往，如果孩子们得不到老师或家长的指点，久而久之贫困儿童就会愈发孤独。因为在交际中，一般而言，人们都喜欢性格开朗、积极主动与人交往的人，乐意与他更多地交谈。因此，家庭的贫困对儿童心理的影响，影响他们和同学之间正常的交往，造成他们在学校的交往活动受到排斥，受到排斥的程度又会因为个人性格、家长的引导、同学的态度等诸多因素而有所不同。

家庭贫困是贫困儿童无法改变的现实，因此最重要的是培养他们积极的生活态度。个人生活态度如果开朗、活泼、乐观，便能吸引人们与之交往，而且善于和人交往，反之就会不愿与别人交往，拒人千里，并且在交往中感到困难重重。因此，父母要重视培养孩子良好的性格和积极的生活态度。

二　家庭贫困使儿童的交往方式受到限制

初中学生处于青春期早期，开始有朦胧的自由意识，在生活中有摆脱成人束缚和追求独立的需求。而且由于独生子女政策，城市孩子绝大部分都是独生子女，没有兄弟姐妹，在家庭内部缺乏同辈人的交流互动，因此，与同学交往成为他们寻求同伴的主要途径。初中学生交往的主要内容主要集中在闲聊、谈心、学习功课、体育活动、外出旅游、逛街购物、生日聚会等，非常丰富，上课见面、节假日外出和家中电话联系或网上聊天是初中生之间交往的主要方式。

人际交往的过程实际上是人与人精神和物质的交换过程，这一过程顺利与否受到多种因素的制约，主要有三方面的因素：生理因素、心理因素和社会因素。当然还有一些其他制约因素，如自然环境、价值观念、社会群体、习俗礼仪、道德规范等。笔者在对该课题的研究中发现，研究对象在学校与同伴的交往活动，由于家庭的贫困，造成他们的交往心理障碍之外，对他们与同学的交往方式也设置了极大的限制，主要体现在以下两个方面：

第一，交往的经费支出。

美国社会学家霍曼斯的"社会交换理论"认为，任何人际关系本质上就是一种交换关系，与市场规律相似，这种交换过程遵循互惠平衡原则，双方都有索取与付出，可能是"物质"的，也可能是"精神"的，因为人是不能脱离物质而存在的。初中学生的交往虽然主要是在学校的学习生活，课间交流、课后玩耍、游戏运动、QQ 聊天、电话联系等是他们主要的互动形式，但这个年龄段的孩子刚刚可以独立于家长的监护，家长也可以放心孩子自己在城市内外出，加之学习不是特别紧张，自主组织安排自己活动的热情和兴趣处于最浓厚阶段，于是周末或节假日经常结伴相约，一是享受自主的快乐；二是享受更加丰富的交往方式；三是享受校外的精彩世界。

在焦点小组中，6 位孩子是这样描述他们的同伴交往活动的：初一、初二的时候，周末我们就会三三两两约着出去玩，有的去书城看书或买书，有合适的电影也会约着一起看，比如放《哈利·波特》《功夫熊猫》《阿凡达》《加勒比海盗》《变形金刚 3》等 3D 大片，这些片子就喜欢和同学看，大人们不喜欢，或者和我们产生不了共鸣。有的时候女生会逛街，男生多半会去反斗乐园，有的还会去桌游吧。反正和同学在外面觉得特别放松，也特别开心。

大家在一起的各种消费，我们都会 AA 制。一般也不会乱花钱，多数时候消费从二三十元到五十元不等，如果看电影或玩电玩什么的，就要多些，再加吃饭的话，最多不会超过一百块，但是花这么多钱的次数不多，一学期大概有两三次，寒暑假也会有两三次。这些花费我们有时候用自己攒的钱，也会问父母要。

初三学习开始紧张，这种外出玩耍的时间就很少很少了，最多是要好的同学过生日大家又会约在一起，内容还是差不多，额外的可能就是过生日的会大请吃一顿，寿星就要“大出血”，花上好几百。

在深圳的初中学生进行校外的交往活动，不可避免有很多涉及消费的环节，例如交通、吃、喝、玩等，他们大部分刚刚获得可以支配一点金钱的权力，对于自由支配金钱有很大的满足感和成就感，对于自由支配自己的时间也跃跃欲试，他们就像刚出笼的小鸟，渴望自由，对于交友的方式渴望摆脱校园交往的单一性，同伴交往慢慢走出校园，呈多样性。

深圳这个城市为青少年提供了各种各样的娱乐场所，既有免费开放的市政公园，也有门票不菲的游乐公园，各种大型电玩城、花样百出的桌游吧也比比皆是，还有各具特色、丰富多彩的儿童美食……这些都吸引孩子们结伴相约。同伴外出不可避免涉及交往的消费，在支付方式上，深圳的初中生基本上都选择AA制，没有轮流请客或某个家庭富裕的同学承担的做法，他们认为这是最公平也体现相互尊重的消费方式，对于这种消费方式，普通家庭家长都理解并支持，不会觉得是额外的负担。

但是对于贫困家庭的儿童，他们也渴望校外的交往内容和方式，也渴望享受这座城市的美好生活，但是如果这种方式涉及额外消费，他们只能望洋兴叹。由于贫困，他们没有可以自由支配的零花钱，父母给他们钱仅够他们上学的交通费用和在学校的伙食，即使他们节省，不过区区小数，几元到十元，所以和同学在一起的消费最多是一杯奶茶或一瓶饮料，这就限制了他们和同伴群体的整体人际交往状况、结构。

访谈个案5：我和同学外出都是去莲花山、少年宫，去书城也是在那看看书，几乎都没有买过。除了每天早餐的3块钱，我没有多余的一分钱。跟同学出去消费简直就是不可能，虽然有时候也很想。

访谈个案2：我和同学出去玩爱逛街，但是都是过过眼瘾，从来没买过东西，我们花钱的地方就是看到小吃会买点，都是各付各的，有时候我实在没钱，同学也会请我，但是多数时候这种情况我就不会和他们出去。至于看电影那些活动，我就不会参加，因为一张电影票要几十块。

访谈个案 8：原来我是同学活动中的积极分子，也经常组织玩得好的同学出去看电影、逛街，但是自从家里困难后，我就再也不组织也不参加类似的活动了，同学叫也会拒绝，叫过几次现在他们都不会叫我了。

访谈个案 11：我一日三餐都在家里吃，而且学校又近，妈妈从来不给我自由支配的钱。和同学就只能在学校玩，而且妈妈不准我和同学出去，说不安全，实际上就是不想给我钱。所以我到现在也没有和同学出去玩过，很郁闷。

访谈个案 13：我兜里最多的时候只有 10 块钱，所以和同学最多就是放学的时候一起买点奶茶，边喝边玩。好像同学们约着出去玩我也没有多少兴趣，觉得就是那么回事，而且他们一般都要花几十块钱，我没有。

访谈个案 3：我有 6 个玩得比较好的同学，他们家里条件都很不错，所以经常一起出去玩，而且在我看来每次都消费昂贵，就我自己是没有条件那样玩的，但是同学都知道我的情况，一般都不会叫我出钱，我觉得这样不好，所以偶尔才和他们出去玩玩。

访谈个案 7：我和同学交往的花销很少，最多就是一瓶水。主要的沟通方式就是学校见面或者家里网上聊。

访谈个案 1：我和同学除了在学校的接触，几乎就没有其他时间在一起，爸爸长期生病需要人照顾，所以一般放学我就会回家，家里没有电脑，和同学不能在网上联系，也很少打电话。和同学约着出去对我很困难，一是要照顾爸爸；二是没有钱。

访谈个案 4：有时候会和同学出去玩，比如去公园玩一下，最多买点水。如果要一起吃东西，我就会拒绝。

可以看出，由于家境不宽裕，客观上限制了贫困儿童和同伴的交往，除了在学校一起的学习生活，电话、电脑等先进通信工具的普遍使用，方便了同伴之间的联络，但是贫困家庭有的无力购买电脑，有的电话使用也尽量控制，特别是在孩子结伴外出时，由于涉及额外的支出，使得经济拮据的父母无力支持这种交往方式，而且由于贫困父母受教育水平普遍相对较低，这就决定了他们对自己孩子的教育相对局限，对孩子交往没有一个科学的认识和引导，在他们看来，孩子课后的交往方式可有可无，而且会增加经济负担，多数会持反对意见。因此，家庭的贫困在孩子的交往方面起着负面的作用，对孩子的同伴交往行为多持否定态度，令孩子的交往方式和结构变得单一，使得孩子在学校和同学的交往方式受到排斥，也让孩子无法享受到与同学正常交往带来的乐趣，无法和同伴一起享受到生活在这座城市的孩子们的快乐。

相反，普通家庭对孩子外出交往行为中发生的各种费用支出也会积极支持，尤其是受教育程度较高的父母在教育子女上通常比较注重多方面品质的综合培养，他们会科学、合理地认识孩子的同伴交往行为，鼓励孩子与同学在多方面的交往以弥补独生子女在家中没有同龄伙伴的缺陷，也让他们与同学在生活的相处中学会与人交往的一些技巧，克服独生子女自身的一些缺点，因此这些家长能够有意识地对孩子的交往行为给予一定的指导和帮助。

在对焦点小组的访谈中了解到，6 个家庭的父母都很积极支持孩子周末与同学的校外来往，鼓励孩子们在交往活动当中的自主安排，目的在于培养其独立性和自主性，每次孩子外出前会询问其活动内容，时间安排以及消费项目，会提出相应的意见和建议，活动结束后会问孩子的感受和满意程度。另外，家长们在家庭外出旅游时观察到旅游过程中孩子与大人之间的差异以及孩子缺少同伴的无趣，为了可以让孩子结伴而出，寒暑假或节假日外出时，每个家庭都会相约有同龄孩子的朋友一起，让孩子们在旅游中可以结伴而行，摆脱旅程中没有同伴的孤单。其中有两位孩子的家长还主动与孩子要好同学的家长联系，暑假期间相约由母亲带着孩子到澳洲和欧洲旅游。这样，孩子们不仅能开阔眼界，而且还能学会和同学相处，加深了解，收获友谊。

当然，这种通过家长联系、和同学结伴外出旅游的交往方式，在深圳中学生当中开始慢慢变得普遍，但是对于贫困儿童却显得有些遥不可及，主要原因也是由于贫困对他们造成的交往上的种种障碍和限制，在这一种成本较高的交往方式上，他们是被彻底排斥在外。

三 家庭贫困约束着贫困儿童的交往范围

初中学生的生活空间主要在学校和家庭，因此其交往对象主要集中在两个方面：一是学习的同伴群体；二是围绕父母的交际群体。贫困儿童由于经济贫困，带来交往对象的匮乏或者交往范围受到一定限制。

1. 贫困儿童在学习同伴的交往领域受到排斥

交往对象多具有邻近性，即时间和空间上邻近的同伴，学习活动中的相近性为初中学生提供了较多和便利的交往机会，他们平时接触最多的就是同学，如同一个学校、同一个年级、同一个班级、同一个小组或同桌，因此，初中学生交往的对象主要就是同学，交友范围自然集中在“同学”的领域之中，选择同龄人中志趣相投、志同道合的同学。

在15个访谈对象中，有14位儿童的好朋友都集中在自己学习的班级，而且在他们看来，除了班级之外，没有别的渠道可以结交到相互了解的好朋友，因为他们在学校的各种活动都是在班级中展开的，他们没有其他的学习团体。还有一位因为参加了学校的美术班，所以交往对象扩大到兴趣班中，该班有初一、初二两个年级20名学生。由于这位访谈对象多了一项学习活动，近距离接触对象有所扩大，交友范围选择更多一些。

而在焦点小组中，6位学生均有参加各种课外学习团体，两位女生分别学习钢琴、古筝，虽然是一对一的教学，在学习过程中没有学习同伴，但是一年一度的各种比赛、考级的活动会让他们认识同门老师的弟子，由于共同的兴趣和共同的活动让他们很容易结交成为新朋友。6位学生均参加了课外补习班，从一个科目到四个科目不等，有1人在补习机构学习，班级有25人，均来自不同的学校和不同的班级，没有一个是原来认识的同学，于是他又结识了24位新同学，在这当中结交了几位好朋友；其他5位参加的是小班学习，两人一组的有4人次，四人一组的有8人次，两人组的1人次是与不同学校的同年级的一起学习，其余3人次均来自同班同学，四人一组的主要是同校不同班的同学。这种小班学习是近距离接触，每一周学习小组的同学会见面一次，共同度过半天的学习时间，这种时间和空间都是零距离的学习方式使得他们交往起来比较容易，而且这种小组的安排是学生学习成绩差不多，大家彼此有同样的学习动力和劲头，认同感比较强，很容易成为好朋友。另外，学习小组的家长彼此还有联系，会就接送孩子、学习成效、时间安排等问题进行协商和交流意见，家长们的这种联系也拉近了孩子们的距离。

虽然课外补习不是每一个孩子的必修课，但是由于深圳初升高的升学率只有47%左右，中考竞争强，升学压力大于高考，因此，每个家庭都倾其所有为孩子提升竞争力，除了课堂学习，一般家庭均会给孩子增加课外辅导课，即使是成绩好的学生家庭也是如此，虽然这无形中将孩子推向更为激烈的竞争，但这是每位家长不得不做的一个选择。贫困家庭的孩子虽然更需要课外辅导，因为其父母的教育水平普遍偏低，对孩子的功课无力辅导，而打好孩子的学习基础对培养他们的学习兴趣至关重要，也对他们将来的学习成就影响重大，并以此通过自己的努力改变贫困的命运。可是，由于课外辅导的费用较高，贫困家庭无论如何是负担不了的。因此，对于他们来说，既没有参加课外辅导的学习机会，也失去了与更多学习同伴的时空活动，自然被排斥在中学生的重要活动领域之外，被排斥在课外的学习的交往范围之外。

2. 贫困儿童受到父母交际圈狭小的影响

初中学生在情感上对家庭的依附很强，尽管他们刚刚开始有了强烈的独立意识，但父母依然是他们在家庭中最重要的沟通对象和求助者，在孩子有限的交往中，父母的交往对象自然而然也成为他们的交往范围，父母的社交活动对他们产生不可避免的影响。

交往既是一种精神和思想交流，也不可避免需要有交流的成本，尤其是在深圳这个现代化都市，成人更热衷于饮茶、喝咖啡、吃饭或唱歌、运动等方式进行交流，以联络感情，加深彼此的联系，而这种种方式都需要一定的经济实力作为基础。

在访谈的15个贫困家庭中，每个家庭在除去房租、基本的生活费用之外，有的家庭还要支付家中病人医药费用，所剩无几，根本没有再用于社交的任何费用。因此，15个家庭的家长都没有经常来往的交际圈子，也没有经常性的社交活动，如此，孩子由于父母社交的缺失失去家庭的交往对象。在这些家庭中，孩子们在家中交往接触最多的就是经常给予家庭帮助的亲戚：

访谈个案1：我一般放学或节假日都在伯伯家，可以说这是我的第二个家，他们对我和爸爸的生活照顾挺多的。

访谈个案4：我平时去得最多的就是小姨家，一是离得近；二是有一个差不多大的表妹。

访谈个案5：我们家从来没有大人的什么朋友来过，只有一个表姐放假的时候会来看我。

访谈个案9：我家就没来过客人，都是我和外婆在，偶尔妈妈回来一下。

在访谈中了解到，贫困家长由于多数没有固定工作，靠临活补贴家用，因此白天都在为生计奔波，无暇顾及各种交往活动。另外，由于经济资源有限，这些家庭的父母除了难以支付社交成本外，他们对自己在外的社交活动也没有信心。因为手头拮据，他们难以展开社交活动，甚至不愿意与人交往，而有的父母本身性格孤僻，不会交际，与周围人们很少来往。由于贫困家庭对外交往较少，他们的孩子自然对外交往范围受到严格限制，在他们接触的成人范围大多是围绕自己的大家庭。这样不仅使孩子在家庭中的交往范围受到限制，而且还会因为父母的不善交际受到影响，因此，贫困儿童会失去其他家庭常有的大量的学习和锻炼机会，由于交际能力是在长期的实践中才能提升，如果得不到锻炼，一旦与生人接触，就会局促不安，感到和显得不自在。久而久之，对交往的不自信就会在心理上产生一种自卑感，从而失去交往的兴趣和勇气，成为影响儿童健康的不利因素。当然，孩子们在亲人面前无拘无束，这种交往方式让他们非常放松，也无须刻意掩饰什么，无疑这对他们的成长也不无裨益。

在普通的家庭，由于父母都有自己的交际圈子，自然而然也会让孩子结识自己的交往对象，以培养孩子的社交能力。

在焦点小组中，每一位孩子都认识父母要好的同事、同学和朋友，并经常参加父母的各种聚会，有同龄孩子的家长也常常相约，让孩子结伴而玩。有位家长还通过网络参加户外旅行团体，让孩子在自己的监护下学会与陌生人打交道。这样，接触父母的交往圈扩大了孩子的交往范围，让他们在安全的环境学会应对不同的社交关系，对他们的交际能力提供了很好的锻炼机会。

安妮特·拉鲁在《不平等的童年（2010）》一书中观察到贫困家庭和中产阶级家庭孩子在社交活动上的差别：在贫困家庭中，虽然没有足够的钱，但是孩子们生活得更加闲散，尽管他们很想参加一些社交活动，但是由于经济拮据再加上交通不便他们很少或无法能够去参加。在贫困家庭中，孩子和自己的直系亲属及大家庭之间的联络非常紧密，他们在校外接触的大部分成年人都是自己的家人或者自己大家族的成员，他们很少与亲人之外的成年人互动。中产阶级家庭的社交活动都是围绕孩子展开的，由于在这些家庭中，衣食住行、孩子的课外活动，以及其他方面花销的财源充足，孩子们参加各种活动以及兴趣爱好被看作是很重要的事情，整个家庭的社交生活都是围绕孩子的活动。

因此，尽管文化不同，但是贫困家庭和中产阶级家庭的孩子在社交活动方面的差异都有相似之处，有限的家庭经济资源使得孩子的交往范围受到限制，他们被成人的社交圈子所排斥，不能参与到成人的社交活动中，使他们较少接触到亲人以外的成年人，其中的交往能力得不到锻炼。实际上，父母的个性以及父母与周围人们之间关系会影响到儿童的交往能力，因为儿童的社会交往能力是靠耳濡目染的学习和模仿得来的，那么如果父母性格开朗、善于交际，经常组织或参加各种形式的有益的社会活动，善于与周围人打交道，融洽相处，通过言传身教，让儿童学习各种交流技巧，养成与人们交往的良好习惯，打开社交局面。

贫困儿童的父母所受的教育程度普遍偏低，所从事的职业层次较低，一般多为体力活，所得到的收入也比较少，有的勉强可以维持生活，供子女上学，而有的失业连生计都难以维持，如果再加上疾病困扰，就更是雪上加霜。父母所受的教育程度低，文化水平低，在子女的思想教育、情感沟通、社交等方面的能力都会较弱，不能很好地辅导孩子。而收入水平的高低，也影响着孩子的教育水平，好的家庭条件能为孩子营造一个好的学习环境，如为孩子请家教，周末带孩子去旅游以减少孩子的学习压力，为孩子购买各种的学习资料等。而若家庭处于贫困，则难以给予孩子一个好的学习环境，请不起家教，不能为孩子购买各种学习用书等。因此，贫困家庭的父母在经济上对子女的支持力度微弱，影响着儿童家庭生活和学校生活的质量，影响着家庭的亲子互动和情感交流，限制着儿童的社交活动能力，最终影响儿童的未来发展。

本章详细分析了贫困儿童遭遇的家庭福利排斥。本研究发现，贫困家庭无法为其子女提供正常家庭的各种支持，根源于家庭贫困。在访谈对象中，其父母受教育程度普遍偏低，又人到中年，在劳动力市场难以找到一席之地，大多处于失业状态，没有工资收入是家庭陷入贫困的主要原因。另外有的家庭原本过着正常生活，由于家庭成员的生病或残疾，除了需要支付昂贵的医疗费用或者需要长期服药，病人本身又失去劳动能力，而且还需要家人照顾，不仅成为家庭沉重的经济压力和精神负担，也将整个家庭拖入贫困泥潭。以上是导致本研究对象贫困的主要两大诱因。本章还对研究对象的生活环境以及家庭给予儿童的情感满足和生活支持进行了分析，尽管这些家庭的生活环境相对而言较为恶劣，家庭条件比较艰苦，但是孩子仍能感受到父母对自己倾注的关爱和付出，在亲子关系上总体而言比较融洽。然而由于薄弱的经济支持以及父母自身素质偏低，父母对孩子的情感支持处于较低层次，更多关注的是生活的温饱，思想的交流以及学业辅导几乎没有。与普通家庭相比，贫困儿童在家中获得的情感支持从生存的层面没有实质性的差异，但从发展的层面来看，贫困儿童并没有从父母那里获得所需的情感支持。因此，贫困儿童遭遇家庭发展层面情感支持的排斥。同时，贫困给儿童与同伴的交往造成巨大的心理障碍，并且由于家庭的经济实力薄弱，使儿童与同伴的沟通动力、交往方式、交往内容和交往范围受到严格限制，而且父母社交生活的缺少使得儿童的社交资源匮乏，与成人交往的机会稀少，社交能力难以得到锻炼和提高。无论是在同伴的交往方面还是与成年人的接触活动，贫困儿童都因为家庭贫困受到种种限制和排斥。相比之下，普通家庭给儿童提供的生活支持质量较高，儿童获得的家庭情感满足呈多层次，儿童的交往范围和方式也比较自由，而且在父母有意识的带动和熏陶下，交往群体相对复杂，社交能力可以得到较大的提升。

因此，与普通家庭相比，贫困儿童由于诸多因素，获得的家庭情感支持相对较少而且层次较低，他们无法享受家庭提供的较好的成长条件及发展福利。家庭贫困造成儿童成长不利的环境，包括物质环境和精神世界，他们被排斥在正常家庭福利之外，尤其是在深圳这样一个经济比较发达的城市。那么，在贫困儿童家庭功能如此弱化的同时，政府对贫困儿童的福利责任如何承担？下文将对此展开分析。

第六章　贫困儿童享受的政府福利保障

保障公民基本生活安全是现代国家存在的基础和前提，为公民提供基本的福利保障是国家的基本职能。因此，政府的第一责任是构建社会保障安全体系。《济贫法》第一次明确了政府关注穷人的责任，《社会保障法》则指出政府在社会保障中的财政责任和行政责任，《贝弗里奇报告》进一步从追求“社会公正”和“公民需求”的角度将社会保障视为政府必须的责任和能力。因此，从社会保障的发展轨迹可以看出，政府责任是福利思想和福利制度安排的核心问题（杨燕绥、阎中兴等，2007：48），可以说社会福利是现代国家治理的主要手段和社会政治的重要组成部分。然而，儿童的政府责任，在中国一直被漠视，因为传统中国向来不重视儿童，即使在西方，正如周作人对儿童文学地位的评价，政府责任，对儿童的发现，也不过是 19 世纪后半叶的事。而贫困是每个国家都会面临的时代难题，贫困及贫困悬殊都会引起社会矛盾或导致社会冲突、动荡，因此与贫困的斗争是政府永远的责任，而关注贫困者中的最弱小群体——贫困儿童更是政府责无旁贷的职责。

政府主要通过政策支持和经济援助的方式，向贫困儿童输送福利，同时由于贫困儿童的家庭受到贫困的蚕食，家庭作为最重要的福利提供者无法完成经济支持和情感满足的全部功能，政府有义务承接家庭的责任，满足儿童的需求。因此，政府需要关注并满足贫困儿童在经济支持、医疗健康、住房、教育、营养、居住环境等方面的需求。所以，本章首先梳理中国政府在宏观方面的儿童福利政策，分析政府对贫困儿童的福利责任，其次通过微观的材料整理，呈现政府作为福利责任人对贫困儿童需求的满足状况。如此，从宏观及微观两个层面探讨中国政府对城市贫困儿童的福利供给作用。

第一节 中国儿童福利政策体系分析

现代政府的责任是为社会成员提供平等和保障，尤其是当遭遇市场风险和家庭功能破坏时，政府必须提供基本需求的满足。尽管《儿童权利公约》声明，“家庭是儿童成长和幸福的自然环境”，家庭承担着抚养、照顾儿童的天然责任，但是随着现代国家体系的建立，尤其是“二战”之后，社会发展进入到一个新纪元，根据儿童发展的规律和需求，西方发达国家通过国家立法，在政治、经济、文化多个方面发展儿童福利，使儿童福利理念进入一个全新的阶段，特别是英美的儿童福利理念和以“儿童为中心”的社会政策更是成为世界儿童政策的楷模。与英美政府步伐相比，中国政府主动介入儿童福利事业历程短，而且还处于制度建设的初级阶段。

一 儿童福利的政府责任

每一个人都有多种不同的需求层次，当某些需求得到满足，那么人们就获得福利。所以，简言之，福利就是需求的满足。当然，不同的需求需要从不同的对象那里获得满足。由于个体差异，每个人的能力不一样，因此，有些群体就会陷入困顿状态。随着现代文明的建设，政府的合理性是建立在为大多数人争取最大的幸福的基础之上，因此，政府开始设计各种福利政策法律，规划多种福利服务措施方案，目的就是满足社会弱势群体一些基本的生活需求，开启了福利制度建设。今天，福利制度从最初解决贫困问题已经发展到现在为全社会提供超越物质的精神层面的满足的制度，让每一个人都能够享有享受社会发展成果的权利。这不仅是对个人的需求满足，也是社会进步不可忽略的环节。

每个人从婴儿到少年、青年、壮年再到老年，在每一个生命周期的需求是不同的，而且每一个阶段的发展过程、结果都会对下一阶段产生重大的影响。儿童处于特殊的生理、心理时期，他们的需求，既有成长过程中必需的各种物质需求，也有各种感情和心理需求，可以说是人生中需求多元而且影响重大的阶段。自古以来，无论是中国还是外国，在人们的传统意识中，满足儿童的一切需求都是父母家人天经地义的责任，父母不仅要提供儿童成长必需的一切物质资料，而且在精神和情感上儿童完全依赖父母。儿童被视为父母的私有财产，养育儿童被认为是家庭不可推卸的责任，儿童的各种需求似乎与社会无关，与政府无关。因此，儿童成长中的各种福利需求满足程度完全取决于父母的经济能力和精神状况，一旦父母遭遇不幸，儿童的需求满足就会出现短缺，影响儿童的成长。一直以来，家庭是儿童成长过程中各种福利的唯一提供者，即使家庭功能受到破坏，父母对儿童的需求感到力不从心，政府也少有对此进行干预。

由于认识上的偏差和经济力量等因素，有的国家建立了较为完备的儿童社会福利保障体系，而有的国家对儿童福利的重要性还没有充分认识，儿童福利的建设尚未全面展开。

二 中国儿童福利发展历程

中国一直有“尊老爱幼”的传统美德，孟子的“幼吾幼，以及人之幼”，体现推己及人的“爱幼”传统，《礼记》中有“幼有所长”的福利思想，在《周礼》中就记载了一些早期的儿童福利政策“慈幼”，在宋代已有了儿童福利机构雏形，民国时期引入西方儿童福利机构模式，收养和教育孤贫儿童（陈鲁南，2012）。虽然先秦时期中国就有了极其丰富的福利思想和儿童社会福利体系，但是却没有明确的儿童福利政策，更多的是体现当政王朝的德政和君王的贤明，现代意义的儿童福利体系在中国历史上出现得较晚。

1949 年以来，中国的福利制度主要以工作福利为主，几乎采取的是单位福利，包括子女的教育、生活、就业等都是城镇职工可以享受到的福利，儿童福利的具体提供者仍然是以家庭为单位。由于当时整个经济不发达，家庭生活同质性较强，多数家庭生活可以基本维持在一个平均水平，因此社会相对稳定，儿童的个性化需求不明显，经济社会发展水平也未达到关注该弱势群体需求的水平。家庭仍然是儿童福利的最大提供者，儿童福利成为依附在父母身上、隐蔽在家庭生活当中的一种需求。

儿童法律保护地位首次在 1954 年《中华人民共和国宪法》中提及，第九十六条规定“婚姻、家庭、母亲和儿童受国家的保护”。自此，对儿童实施保护成为国家儿童福利的基本方针（刘继同，2010：94），儿童福利开始进入国家视野，新中国经济建设为儿童福利服务的提供奠定了基础，儿童福利建设的领域从法律保护拓展到教育、卫生保健和特殊儿童教育及照顾等方面。1958 年开始的“大跃进”运动也给儿童福利事业的推进打上了时代的烙印，革命大生产运动使全民参与到如火如荼的政治经济运动中，儿童照顾问题成为当时事关革命接班人的头等大事，公共卫生与儿童健康、托幼服务和学校教育成为这一时期儿童福利服务的重点工作，卫生部、教育部、共青团中央、全国妇联、民政部等成为推行儿童福利工作的重要的行政管理部门，儿童福利行政管理“部门化”模式开始形成（刘继同，2010：96）。后来“文化大革命”掀起的政治运动波及全社会的各个方面、各个阶层，正常的社会秩序被扰乱，儿童福利及儿童服务工作被逐出国家及公众关注视线，儿童福利事业处于瘫痪状态。

改革开放后，随着经济的发展步伐，社会转型中儿童问题凸现，儿童的福利建设又被提到议事日程，并逐渐展开，儿童福利服务领域得到扩大，内容不断丰富，增加了思想教育、福利服务、生活保护和司法保护等，而且福利服务的提供者不仅限于官方机构，同时出现民间机构，开始提供多样化和专业化服务，并随着国际交往的开展，对儿童福利的重视也具有了国际视野，儿童福利建设进入一个全面发展时期，儿童福利的政策体系开始形成框架和体系。

三　中国儿童福利政策法律体系

目前，我国儿童福利已经形成了相对比较完备的政策法律体系，即包含我国签署的相关国际公约、全国人大通过的法律、国务院和相关部门颁发的行政法规及规章政策、地方政府制定的规章制度与政策规定等多个层次形成的立体框架（见图 6—1），内容涉及儿童的抚养、教育、医疗、保护等生活的各个方面，充分体现了儿童生存权、发展权、被保护权和参与权等基本权利。这些政策对推动我国儿童福利事业的发展产生了积极的影响作用。

第一，我国签署的儿童福利相关的国际公约及其制定的规划纲要（见表 6—1）。在儿童福利领域，我国签署的最重要的国际公约是中国政府在 1990 年 8 月 29 日签字的《儿童权利公约》，承诺遵守并实施保护儿童权利的基本原则。1992 年，我国参照世界儿童问题首脑会议提出的全球目标和《儿童权利公约》，从中国国情出发，发布了《九十年代中国儿

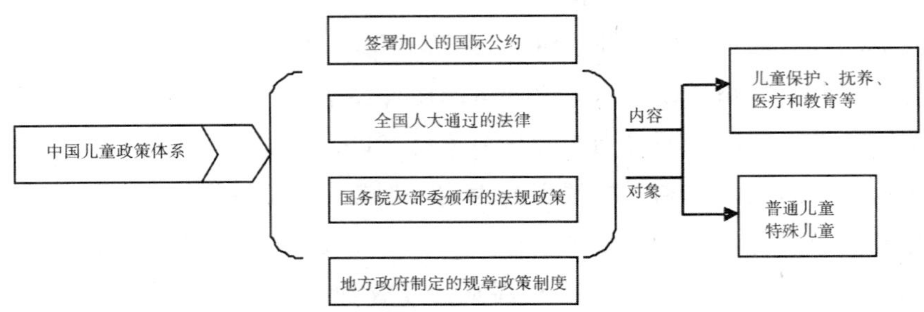

图 6—1 我国儿童福利政策框架

童发展规划纲要》，这是我国第一部以儿童为主体、促进儿童发展的国家行动计划。2001 年和 2011 年国务院又分别颁布了《中国儿童发展纲要(2001—2010 年)》《中国儿童发展纲要（2011—2020 年)》。

表 6—1 中国政府签署的部分有关儿童福利的国际公约、宣言

国际公约、宣言	适用领域	签署时间
《儿童权利公约》	儿童权利	1990. 08. 29
《儿童生存、保护和发展世界宣言》	儿童福利	1991. 03
《执行九十年代儿童生存、保护和发展世界宣言》	儿童福利	1991. 03
《准予就业最低年龄公约》	童工问题	1998. 12. 29
《禁止和立即行动消除最有害的童工形式公约》	童工问题	2002. 08. 08
《跨国收养方面保护儿童及合作公约》	儿童收养	2005. 04. 27

（资料来源：刘继同：《国家责任与儿童福利》，中国社会出版社 2010 年版，第 103 页。）

第二，全国人大通过的儿童福利相关法律。在福利立法方面，我国制定了以《宪法》为核心，相关规定主要包括《义务教育法》《未成年人保护法》《母婴保健法》《预防未成年人犯罪法》《收养法》《婚姻法》《残疾人保障法》等在内的一系列有关儿童生存、保护和发展的法律，以及大量相应的法规和政策措施。其中既有以儿童为对象的专项法律，也有以全体公民为对象的法律，但其中含有儿童福利相关规定。以下是宪法和儿童福利的专门法律的相关规定：

(1) 宪法。宪法是国家的根本大法，规定的是国家的根本政治制度、经济制度、公民的基本权利和义务，具有最高的法律效力，是我国法律体系的核心和统帅。其他法律关于未成年人各项权利的规定，都必须以宪法为根据。根据中国宪法，中国的有关法律对儿童的生命权、生存和发展、基本健康和保护、教育、休闲和文化活动以及残疾儿童的特殊保护等均做出全面系统的规定。关于儿童福利，2004 年修订的《宪法》第 49 条关于“婚姻、家庭、母亲和儿童受国家的保护”，“父母有抚养教育未成年子女的义务”的规定，是未成年人在家庭中享有的各项合法权利的根据；宪法第四十六条关于“中华人民共和国的公民有受教育的权利和义务”的规定，是未成年人享有的受教育权利的根据。

（2）未成年人保护法。《未成年人保护法》是 1991 年 9 月 4 日通过，2006 年修正并于 2007 年 6 月 1 日实施的《未成年人保护法》，是一部保护未成年人合法权利的基本法。《未成年人保护法》具体规定了保护未成年人的指导思想、保护内容、保护工作的原则，明确执法主体和保护未成年人的全社会性，规定了未成年人权利的家庭保护、学校保护、社会保护和司法保护等方面的方法与内容，细化了各种侵害未成年人合法权益行为的法律责任，这是一部对未成年人的各项合法权利进行专门保护的法律。

（3）预防未成年人犯罪法。1999 年 6 月 28 日通过的《预防未成年人犯罪法》，该法律具体规定了如何通过各种教育措施预防未成年人犯罪，对未成年人不良行为的预防，对未成年人严重不良行为的矫治，未成年人如何对犯罪自我防范，对已经犯罪的未成年人重新犯罪的预防等内容。可见，这部法律为保护儿童权益、促进儿童发展提供了保障。

（4）义务教育法。1986 年 4 月 12 日通过并于 2006 年 6 月 29 日修订的《义务教育法》，自 2006 年 9 月 1 日起施行。具体规定国家、社会、学校和家庭依法保障适龄儿童、少年接受义务教育的权利。凡年满六周岁的儿童，部分性别、民族、种族，应当入学接受规定年限的义务教育，条件不具备的地区，可以推迟到七周岁入学。

此外，还有《婚姻法》《收养法》《继承法》《刑法》等许多法律，以及包括有若干规定保护未成年人合法权益的具体条款的行政法规、地方法规在内，形成我国一整套保护儿童权益的法律体系。在开展保护未成年人合法权益的工作中，必须依照上述宪法和各种法律的规定进行，以便切实保护未成年人的各项合法权益。

第三，国务院和相关部门颁发的行政法规及规章政策（见表6—2）。该类政策主要涉及儿童养育、救济和教育等各个方面。其中属于国务院制定的有：《中共中央国务院关于加强未成年人思想道德建设的若干意见》《学校卫生工作条例》和《残疾人教育条例》等；公安部、最高法院颁布的有《最高人民法院关于办理少年刑事案件的若干规定（试行）》《公安部关于对犯人使用戒具的规定》《公安机关办理未成年人犯罪案件的规定》等；教育部颁布的有《幼儿园管理条例》《中小学勤工俭学暂行工作条例》等；相对而言，民政部颁布了较多的儿童福利相关的规章和规范性文件，其中包括《中国公民收养子女登记办法》《外国人在中华人民共和国收养子女登记办法》《家庭寄养管理暂行办法》《关于加强孤儿救助工作的意见》《关于进一步发展孤残儿童福利事业的通知》《关于加强流浪未成年人工作的意见》《社会福利机构管理暂行办法》《中华人民共和国行业标准儿童社会福利机构基本规范》等。

表6—2　我国部分关于儿童保护和儿童福利的法律及政策法规

法律法规名称	颁布时间	修订时间	适用领域
《中华人民共和国义务教育法》	1986.04	2006.06	义务教育
《中华人民共和国未成年人保护法》	1991.09	2006.12	儿童保护
《全国人民代表大会常务委员会关于严惩拐卖、绑架妇女儿童的犯罪分子的决定》	1991.09.04		儿童保护
《中华人民共和国收养法》	1991.12	1998.11	儿童收养
《九十年代中国儿童发展规划纲要》	1992.02		儿童发展
《中华人民共和国母婴保健法》	1994.10		母婴保健
《中华人民共和国教育法》	1995.03		义务教育
《中华人民共和国预防未成年人犯罪法》	1996.06		社会预防
《中国儿童发展纲要（2001—2010年）》	2001		儿童权利与儿童发展
《禁止使用童工的规定》	2002.10		童工问题

续表

法律法规名称	颁布时间	修订时间	适用领域
《关于开展提高农村儿童重大疾病医疗保障水平试点工作的意见》	2010. 06		儿童医疗
《国务院办公厅关于加强孤儿保障工作的意见》	2010. 11		孤儿保障
《中国儿童发展纲要（2011—2020年）》	2011		儿童权利与儿童发展
《校车安全管理条例》	2012. 03. 28		儿童安全

第四，地方政府的规章制度与政策规定。地方政府是儿童社会福利的主要实施者和提供者，因此儿童福利的水平实际依赖于地方财政力量。由于我国尚未出台统一的《儿童福利法》，各省市缺乏系统的儿童福利政策指导，只有一些碎片性的儿童福利待遇，各个地区根据自己的经济实力和面临的不同问题，会制定出台一些与儿童福利相关的规定，结果造成地区差异不一，儿童福利水平参差不齐的状态。

可见，我国现有的儿童法律体系是以宪法为核心、专门性与非专门性法律法规相结合而形成，关于儿童福利却没有一部专门的综合性法律，反映出我国现有儿童福利法律体系的缺陷：立法理念非常落后、立法内容出现空白、立法形式过于分散、立法技术相对低下等方面，说明儿童福利的法律位阶较低。我们必须更新儿童立法理念，以儿童研究为基础来制定新的儿童法律，真正履行联合国《儿童权利公约》缔约国的义务，切实承担起义不容辞的保护儿童权利的政府责任。

四　中国儿童福利保障制度建设凸显政府责任意识不到位

随着社会的进步，儿童是社会可持续发展重要资源的理念得到全社会的认同。我国儿童福利终于走出家庭，国家开始承担起儿童福利责任，政府增强了对儿童各方面福利的关注，建立起较为全面的儿童福利法律政策立体框架。然而，在这些众多的关于儿童福利的法律条款中，没有形成“儿童权利至上”的价值观念，可见“儿童利益最大原则”尚未得到认同，政府关于儿童福利的法律政策更多的是一种抽象应对，儿童福利体系缺乏深层思考和具体设计。因而，从我国庞大的关于儿童的政策框架中找不到一部统一的儿童福利法，各个法律政策条块分明，未能形成整合效应，这对提高我国儿童福利水平形成巨大阻力。这一切皆源于政府在承担儿童福利国家责任过程中存在明显的不足和角色缺位。

首先，政府的公共决策中缺乏儿童福利的基本法律，而且已有的儿童法律政策原则性过强，操作性差。虽然我国儿童的福利政策形成了不同层次的立体框架，但是却没有统一规范，福利制度处于“嵌入型”状态，且法律政策更多的是停留在文本层面，缺乏实践的可操作性，这样即使政府拥有上乘的福利政策体系，对儿童的福利实现也不过是一纸空文，毫无意义。例如，在《未成年人保护法》中，在保护儿童问题上没有一套明确的系统和相关法律规定，从规定义务举报人、举报途径和程度认定，到调查事实与儿童安置，都没有明确的提及，根本无法做到有法可依，而且各种儿童保护机构没有明确分工，没有责罚分明。2012 年轰动一时的浙江温岭虐童案件就是因为缺乏法理依据，当事人被无罪释放，虽然引起社会公愤，公众情感上也难以接受，这充分暴露儿童权利保障的严重缺失，说明我国儿童保护体系脆弱不堪。作为法律没有可操作性，《未成年人保护法》也只能被视为一套空话和大话，显得单薄。另外，在所有的法律中，对儿童福利有所提及却只有《儿童发展纲要》，虽然纲要宣布了对儿童的生存、发展、受保护和参与的权利进行保护的立场和原则，但是却没有具体可操作的措施和细则，从而使整个纲要显得空洞、华而不实，使得具体落实儿童福利法律政策的地方政府无所适从、难以履行其职责。要真正履行政府的儿童福利责任，首先要做好制度的顶层设计，制定可行的保障儿童权利的法律和福利政策，建立稳定的制度安排，并且规定福利一元化的具体措施，或者实施福利的行动指南，使其具有现实性和操作性。唯有如此，才能使政府的福利责任落到实处。

其次，政府尚未建立起真正的儿童福利行政体系。在中国，中央政府没有最高儿童独立行政的机关，没有负责儿童保护和儿童福利的专门机构，儿童福利的规划、辅导或监督因此成为空缺，在省市政府一级也没有关于儿童福利工作的具体分工，没有设置相关机构负责具体落实儿童服务和儿童福利的各个项目，所有与儿童福利相关的事宜主要依附在国务院妇女儿童工作委员会、共青团系统、妇联系统和民政系统，形成儿童福利执行的行政体制不顺，多头管理，因为各个系统之间互不隶属，政出多门，缺乏协调、合作机制和问责机制，不能形成合力，难以达成工作目标。较多涉及儿童事务的共青团系统和妇联系统又都带有行政色彩，它们的主要职责还是在于协助政府行政管理层面，在兼顾的儿童福利行政方面力度不大，而且儿童福利的有关内容还依赖于教育、卫生、司法等其他职能部门落实贯彻，如此形成多头管理却又无人管理的局面。政府在儿童福利事业发展中没有建立独立的福利行政体系，而在“多头嵌入式”的行政体系中又没有理顺关系、合理分工，阻碍了儿童福利的发展。另外在儿童福利事业建设中，政府对民间力量动员不够，中国妇女儿童事业发展中心、中国人民保卫儿童全国委员会、中国儿童少年基金会和儿童福利院等成为关注儿童福利和儿童发展的主要机构，它们都带有半官方的性质，真正的民间力量尚未充分调动起来。

最后，政府未能有效筹集儿童福利资源和培养专业福利人员。成熟的儿童福利方式是在政府的宏观管理下，动员相关的民间组织和民间团体，比如慈善组织、社会服务机构、学校及社区等，在各自领域内开展儿童福利服务，全社会形成多层次、立体式、全方位的儿童福利服务网络（庞媛媛，2009）。儿童福利实际上是更需要对社会资源进行重新整合，使其更加有效地用于保护儿童和提高儿童的生活质量，尤其是在儿童社会救助系统上的支持，以及对困境儿童的帮助，更需要在儿童福利资源上的有序有效筹集，但是由于我国尚未建立起合理的儿童福利机制，没有健全的儿童福利行政体制，忽略专业福利人员的培养，这些因素或不足可能使政府无法筹集到足够的资金并有效利用，使有限的儿童福利资源无法物尽其用，导致处于困境或需要救助的儿童不能及时得到帮助。从事儿童福利工作的人员必须具有相关理论知识和实务训练，取得相应的专业人员资格，才能上岗参与儿童福利和儿童服务的工作，然而在我国儿童福利的专业性还有待确立，对儿童福利专业人员还没有建立起资格认定标准，人才队伍的建设和培养远远落后于国际社会。

目前，我国儿童福利政策、机制、社会意识等方面的保障需求多元化，不同儿童群体的需求呈现出异质性，而且早已超过单纯的物质需求，更多的是服务需求和精神需求，儿童福利和服务项目繁多，这就给儿童福利事业提出了更高要求，涉及儿童福利的法律政策建设、严谨的儿童福利行政管理体制、儿童福利资源的有效筹集和福利专业人才的培养等方面。

只有这样，才能保证福利行政人员提供专业服务，有效利用儿童福利资源，真正做到高效率地制定和实施儿童福利政策。

第二节　贫困儿童的生活供给及医疗和教育保障

贫困儿童的困境主要就是家庭的经济短缺造成的，家庭无力承担给予子女经济支持的全部责任，因此政府不仅要从政策导向上为贫困儿童提供扶持，还需要对贫困儿童提供经济援助的福利。根据国际惯例，地方政府在儿童福利中担当着重要的福利提供者的作用。

深圳作为中国第一个经济特区，经过 30 多年的建设，成为世界上发展速度最快、中国经济最发达的城市之一，但是儿童福利体系建设却严重滞后。由于我国儿童福利缺乏科学的顶层设计，儿童福利行政体制不健全，深圳作为地方政府也未能在儿童福利领域率先迈出步子。正如从中央到地方没有一个专门为儿童服务的独立机构，在深圳涉及儿童事务则分散在市妇联（儿童权益）、市民政局（低保儿童救助）、市卫人委（孕前管理）和国资委（幼儿园管理）等几个部门。这些部门只涉及儿童成长过程的一小部分问题，而这些机构对儿童的管理都是被动管理，而非常态化。尽管如此，深圳政府一直关注民生，把建立完善的社会保障体系作为重要的工作，社会保险覆盖面不断扩大，儿童福利建设也在逐步加大和加强，深圳贫困儿童群体可以从以下几个方面享受到政府提供的福利保障。

一　深圳贫困儿童获得的生活保障水平

由于中国政府没有独立的贫困儿童福利制度和救助体系，城市贫困儿童的福利是“嵌入”在城市居民最低生活的制度安排当中，他们与家人一样享受同等的“低保”福利。城市居民最低生活保障是我国社会保障体系的重要组成部分，1999 年国务院第 21 次常务会议通过《城市居民最低生活保障条例》并于 1999 年 10 月 1 日实施，各个城市制定了相应的实施细则，将城市居民最低生活保障制度纳入了法制化的发展轨道，有效保障了贫困居民的生活。这是目前中国政府普遍采取的转移支付方式，具体执行是地方政府根据当地生活水平和地方财政实力制定标准，并列入财政预算，提供专项资金，专款专用。因此，各地的城市低保标准是不同的，有地方差别。

（一）政府为贫困儿童提供的生活补贴福利

2011年8月，深圳市根据城市居民生活所需的衣、食、住费用及水、电、气还有未成年人的教育费用，确定了510元的“低保”水平，属于当时全国的最高水平，也符合深圳的经济地位。那么，深圳贫困儿童每个月会得到510元的生活保障费。另外，深圳市政府虽然没有专项关于贫困儿童的福利政策，但在规范和完善低收入居民救助制度的同时，设立了与贫困儿童相关的救助政策，贫困儿童的福利“附着”在家庭的低保制度中：（1）养育扶助金：这是“低收入居民项目救助”的一个项目，其中低收入家庭的学龄前婴幼儿和在全日制学校就读的学生可享受收入养育扶助金。养育扶助金按月发放，为低保人员发放标准为最低生活保障标准（510元）的30%，即153元，低保边缘人员发放标准为最低生活保障标准的20%。（2）教育救助：在本市就读义务教育阶段的低收入居民可以申请学前教育费用资助，标准为每人每年3500元；在本市就读义务教育阶段的低收入居民可以申请免学生校服费；在本市就读高中阶段有正式学籍的低收入居民可以申请免学杂费、学生校服费。

根据深圳地方政府的救助政策和2011年救助标准，贫困儿童每个月可以获得政府的现金补贴663元用于生活和学习支出。那么，实际生活中，政府的现金援助能否满足他们的需求呢？

访谈个案13（父亲）：孩子一个月有政府给的510块钱，按照现在的物价，就是吃饭都肯定是不够的，我们做父母的有责任养育孩子，所以大人苦点都要尽量满足孩子，比如有好一点的菜一定是多给孩子吃，现在又在长身体，我儿子又喜欢吃肉，对他来说，巴不得每餐都有肉，可是这个要求对我们来说还是有点难，每个月的补助和其他收入几乎都用在伙食上，其他能不买的就不买。后来增加了150多块的抚养金，除了买少量的学习用品，也都用在生活上。

访谈个案5：每天早餐妈妈给我3块，我也不知道自己每个月用多少钱，但是可以很明确感受到家里经济很紧张，我家的餐桌上很难见到肉或鱼，而且我早餐没有喝过牛奶。

访谈个案10（父亲）：要说低保够不够生活，那就要看生活水平如何。一周偶尔吃点好的，还是可以应付，但是天天要求肉啊鱼之类的，恐怕就不可能。我们的生活对大人还将就，对孩子就有点可怜啦，营养不够。我这女儿看起来好像身体还不错，其实内体比较虚弱，经常生病，主要原因是营养没跟上，小的时候牛奶都喝得少，现在根本就没有这个能力，只能偶尔买给她。这是我这个父亲没能力造成的。也希望政府可以从孩子的健康角度考虑多给些补助，深圳市政府是有钱的，关键是没有人为我们呼吁。

访谈个案 11（母亲）：我一直为女儿的身体担忧，可能是小时候疏于照顾，现在又没有好的经济条件给她营养，初中的学生看起来还像个小学生，瘦瘦小小，还好不怎么生病。生活费用一家三口无论怎样节俭，也要 1500 元到 2000 元，在孩子身上肯定是要用得多点，毕竟只有一个孩子，不能让她在学校感觉到和同学之间的差距，这对她成长不利。

访谈个案 15（母亲）：孩子的救济金肯定是不够的，单单一日三餐都不够，过去我没有上班，他的抚养费也拿不到，就只有吃低保，日子很难。去年我在社区就业之后情况好些，也改善了孩子的生活。所以不能单纯依靠政府，还得自己工作挣点钱才能真正养活自己。

访谈个案 8（母亲）：我虽然现在是靠领取低保过日子，但是女儿的生活不能有太大的落差，没有新衣服和不能逛街买东西、看电影已经让她很难过了，但起码她的早餐和学校的午餐我会尽力保证和原来没有太大差别，这样每个月就要拿过去的老底来补贴，但是底子不厚，还是觉得吃紧。

焦点小组的 6 位学生在谈及一日三餐时，都有一些共同点：每天至少一盒牛奶，有的是两盒，早餐一般是七八元的消费；家禽肉、鱼或海鲜是家常便饭，餐餐可见。对他们来说，想吃什么都会得到满足，他们的问题是可能会营养过剩。在他们看来，在生活方面的要求，包括吃、穿、用，家长考虑更多的是适宜问题而不是费用，一般来说都可以获得父母经济上的支持。

在深圳，政府对贫困儿童提供了高于成人的现金补贴，他们基本的生活可以得到保障，但是由于孩子处于身体发育的重要阶段，需要摄取更多的营养物质，尽管家长尽其所能，但是相对而言还是不能为孩子提供足够的营养，尤其是完全依赖政府救助的四个家庭，孩子都显得清瘦，可能跟营养不足有关。政府的现金补贴实际上是承担了贫困家庭的部分责任，为儿童提供生活保障，这也是责任政府的必然选择。由于儿童是完全的福利依赖者，又处于人生阶段的成长期，基本生活保障只是维持温饱，对儿童还必须保障他们的健康成长，也就是说要对儿童提供足够的营养，在这方面，深圳地方政府为贫困儿童提供的“养育扶助金”可以起一定的作用，但是在贫困家庭的现实生活中难以做到“专款专用——专门用于孩子的营养供应”，另外补助的金额满足不了实际需求。

而美国为了保证贫困家庭的儿童能够健康成长的营养需求，推出众多的食品和营养计划，其中三个营养计划是针对学龄儿童的，即“全国午餐计划”（NSLP）、“全国学校早餐计划”（NSBP）和“暑期食品服务计划”（SFSP），可以使儿童免受饥饿的痛苦以及在成长过程中获得足够的营养。

（二）政府为贫困家庭提供的住房福利

保障每一个人的居住权是现代文明社会的一个基本标志，政府是住房福利的主体，担负着实施住房福利的主要职责，但是居住权的安排、分配及保障主要由经济制度类型和水平决定。发达国家主要是满足福利群体的住房需求，而发展中国家则是要满足中低收入群体的居住需求。我国虽然从20世纪末开始改革以福利分房为主的公有体系，实行住房公积金、住房货币补贴、经济适用房以及廉租房等多种居住保障形式，但是迄今尚未建立统一的住房福利制度，缺乏统一的法律指导和约束。然而考虑中低收入者的住房需求，保证最贫困群体的基本住房需求是政府不可推卸的福利责任。

为了保障城镇最低收入家庭的住房水平，保障城镇最低收入家庭的基本住房需要，建设部与民政部等部于2003年12月31日发布《城镇最低收入家庭廉租住房管理办法》，自2004年3月1日起施行。中国政府在要求地方政府无论是货币贴租形式还是实物贴租形式，必须保障最贫困群体的基本住房需求，当然，地方的经济发展水平决定政府的福利住房政策。

按照国家政策规定，深圳为低保家庭提供的住房福利有两种形式——廉租房形式和现金补贴形式，低保家庭可以根据自己的实际情况申请廉租房或住房补贴。2011年为低保家庭无房户的给予货币配租救助，人均住房最高补贴391元。

在15个研究对象中，其中3个家庭选择了廉租房的住房形式，他们象征性地交付租金（约100元），不再享受现金补贴；4个家庭选择自己租房的形式，在城中村解决住房问题，政府按照家庭成员每人 391 元的标准发放；5 个家庭均没有享受住房福利，因为他们在陷入贫困之前购买了单位集资房或自购房，因此他们也不能享受货币补贴；1 个家庭住在家长服务的物业管理公司提供的废弃公厕，1 个家庭住在朋友提供的住房，2 个家庭借住在外祖母家，这 3 个家庭同样享受每人 391 元的现金补贴。贫困儿童的住房福利及生活环境完全取决于家庭的经济能力和国家的责任承担，即使是低保群体，他们的经济条件也各有差异，在住房条件和居住环境方面呈现出不同的面貌。

访谈个案 14：我家的房子买了很久，当时爸爸没有花多少钱，所以房子也不大，但是我还是有自己的房间。现在虽然生活比较紧张，但是居住的条件还是和从前一样。看来房子真的很重要！

其实，在有房子的几个家庭，因为他们之前享受单位住房福利或自己购房，即使后来因为种种原因成为最贫困的低保家庭，影响着生活方方面面的质量，但是他们的居住条件和环境依旧，贫困造成的环境影响和社会排斥相对而言非常微弱，甚至可以忽略不计。

访谈个案 7：其实我们邻居并不知道我家是低保户，因为我们还和从前一样住在这里，而且我们对自己的这套房子还是挺满意的，起码有自己的空间，小区也还可以。

但是对于无房的家庭，住房形式的选择无疑是令他们感到纠结或者无所适从，因为选择廉租房和选择住房补贴都各有利弊。

访谈个案 3（母亲）：我这房间就是政府的廉租房，比较小，这里既是客厅、餐厅也是卧室，上面有个小阁楼，就是睡觉的地方，是地铺，身子都直不起来，而且不通风，不用电扇根本不行，我身体不行，所以儿子就在楼上住，很委屈他。不过好歹我娘儿俩有个窝，而且像这样的上下加起来 30 多平方米，几乎不用租金，也知足啦，我就尽量把它布置温馨一点。

其实住在廉租房的 3 个家庭虽然不在同一个小区，但是住房条件差不多，要么是 20 多平方米的公寓带一个小阁楼，要不就是 30 平方米左右的单身公寓，前者几乎不用缴纳租金，后者需要缴纳 100 元左右的租金。他们选择廉租房的主要原因是价格便宜，而且一般是在小区中，整体环境还可以，相对还是比较安全。但是这样的住房条件就没有家庭生活功能区的划分，狭小的空间充当了各种生活区域。

访谈个案1：家里的环境比较拥挤，让人觉得憋得慌，叔叔家住得近，所以我一放学都去叔叔家，睡觉的时候才回家。自己的梦想就是希望自己快点长大，可以通过自己的努力住进大一点的房子。

几个住在廉租房的孩子几乎都有一个相同的强烈愿望：快点长大，靠自己的努力让家里住进宽敞的房子。毫无经济基础和经济能力的贫困家庭没有任何能力解决栖身之地，政府提供的廉租房保障了他们在这个城市的生活居所，体现了政府职责，但是廉租住房相对面积小，空间感狭窄，对于成长期的儿童带来紧张、压抑的环境，正因为如此，有的家庭选择放弃廉租住房的住房福利，选择在外租房的形式。

访谈个案2（父亲）：我们一直就在（城中村）这里租房，过去经济条件好点，就独立租住一套这样的两房，后来变得困难起来，但是在这里生活惯了，觉得生活方便，成本也比其他地方低。所以就和别人合租，降低房租。虽然大环境不好，但是起码小环境还可以，在这里可以有转身的余地。我也去看过一些廉租房，太逼仄，一家三口吃住都挤在一个房间，所以我觉得还不如我这里。

访谈个案10（父亲）：提起住房保障，我对政府其实有点不同看法，虽然我也知道这已经是政府尽力在为贫困人口办实事，解决了我们最重要也是最困难的问题，这一点我是心存感激的。但是我觉得像深圳这样的城市，财力雄厚，应该拿多一点财政补贴给低保户，把廉租住房建设得和这个城市的生活水平要相当，毕竟在深圳像我们这种贫困程度的人并不多，应该是很少，负担也不重，这就要看政府的决策取向是否更多关注我们这些弱势群体。我选择居住在这个城中村，其实也是迫不得已，尤其是带个女儿，是一个很不安全的环境。但是这里租金便宜，可以拥有一个独立的空间，一房一厅是比较挤了点，但是起码给人一种家的感觉，有客厅、厨房、卧室，而不是都混为一体的临时栖身之地，我想为孩子提供一个好一点的小家环境比仅仅考虑周边环境更重要。虽然自己租房会增加负担，除了街道办发放的住房补贴外，自己一定会要再补贴一些，我家三口补贴不到1000块，我这个房租要1500元，所以还要拿出500元，就要在生活费上节俭了。还有一点，申请廉租房手续还比较麻烦，时间也长，这也是很多人不愿租廉租房的一个原因。这些政府可能都需要改进。不过怎么说，我还是有感激之情的。

访谈个案4：我家住在城中村，周围的环境很嘈杂，在家里还没有什么不好的感觉，一出门就是令人窒息的握手楼，狭窄的小巷又脏又乱，我每天最讨厌进出的这段路。我小姨家就住在对面不远的政府住宅小区，我喜欢那里，不仅干净，还到处是草地，夏天绿树成荫，旁边还有公园，我一般周末都会去走走，享受那里的优美环境。走在那样的小区，很羡慕住在那里的人家，梦想着自己未来也可以有机会住在那样的小区。

虽然有的家庭自主选择在城中村的出租屋为家庭的居处，主要动因是可以拥有一个稍微宽敞一点的空间，但是居住在这样的地方没有安全保障，周围环境可以用“脏、乱、差”概括。这些贫困家庭不愿享受政府提供的廉租住房福利，他们的选择从侧面提出了两点启示，一是政府廉租住房建设的步伐需要加快，满足更多低保家庭的需求；二是政府需要不断提高保障住房的福利水平。

根据《城镇最低收入家庭廉租住房管理办法》，低保家庭廉租住房保障水平以满足基本住房需求为原则，面积标准不得超过当地人均住房面积的60%，而且住房福利取决于当地经济社会发展情况和地方政府的财政承受能力。正如前面分析，深圳是一个经济实力强大的城市，是一个相对丰裕的社会，政府对最贫困群体的住房福利责任承担虽然只有短短的十年，还在不断探索、改进，提供的住房货币补贴在全国是最高的，但是实物配租的廉租住房水平还是较低，不能满足低保家庭的住房需求。

二 深圳地方政府的少儿医疗保险政策及对贫困儿童医疗健康需求的满足程度

20世纪80年代以来，我国的医疗保险制度就很不完善，少年儿童这一年龄段基本上处于无医疗保障状态，除了少数地区享受公费医疗的机关事业单位职工子女可以享有“儿童统筹”以外，儿童的保健医疗基本需要家庭负担，国家对此不承担任何责任。直到2007年7月20日，国务院发布《关于开展城镇居民基本医疗保险试点的指导意见》（国发〔2007〕20号），建立居民基本医疗保险制度，各地方政府才开始逐步出台并实施少儿医保政策，儿童成为最后纳入医保范畴的群体。

在2007年深圳少儿医保政策出台之前，深圳市统筹医疗依旧沿袭计划经济时期职工家属享受劳保福利的“半公费医疗”制度而建立的，少儿医保仅仅是干部子女们才能享受到的国家福利，全民儿童的医疗保障问题迫切需要尽早解决。随着社会医疗制度改革的深化，少儿医疗保险的推出惠及所有深圳的未成年人，真正实现让这座城市的儿童群体分享经济建设成果的福利精神。

（一）深圳市少儿医疗保险政策及贫困儿童优惠政策

深圳最早实施少儿医疗保险政策，于2007年推出《深圳市少年儿童医疗保险试行办法》，使得儿童看病可以享受政府补贴，标志着深圳少儿医保制度的正式建立。少儿保险制度这一办法的推出对于解决部分家庭少年儿童因病致贫、因贫废医的情况，提高少年儿童的健康水平、保障少年儿童的健康成长具有重要的意义和作用。

深圳市地方政府通过财政补贴方式推动少儿医疗保险，确定由财政补贴总费用150元（每年会随着平均工资的不同有所变化）的一半，每年每人补贴75元，少儿家庭每年每人只需缴75元就可以享受医疗卫生保障，这就有效减轻了少儿家庭的负担，同时对低保家庭、特困家庭的少年儿童采取更加优惠的政策，即他们个人需要负担75元的费用由民政局负责缴纳，以此体现公共财政对社会救助的支持，确保所有应保少年儿童全部纳入少儿医保制度。另外，少儿医保办法还将广大劳务工子女纳入了参保范围。少儿医疗保险制度实行全覆盖，全市中小学托幼机构在册的学生（包括深圳户籍、非深圳户籍学生）以及未入学入园的或在市外定居的未满18周岁的户籍少年儿童，且符合计划生育政策，均可参加少儿医疗保险，这一儿童福利制度具有普惠型特点。深圳少儿医保的福利水平，在全国当时已经建立的少儿医保城市中，相对处于最高水平（年度最高支付限额为20万元）。但是根据已推行的少儿医疗保险政策，国家提供给儿童的医疗保障，只能解决最基本的、部分的儿童医疗费用。因此，深圳于2010年9月起将少儿医保并入住院医疗保险，在参保家庭缴费小幅增加的前提下，增加普通门诊待遇、提高基金支付的封顶线与住院医疗费用的记账比例、降低200元住院起付线，易于与现行的医疗保险制度衔接。之前深圳市除少儿及大学生以外的居民均已纳入医疗保险参保范围，可享受住院、大病门诊和普通门诊待遇，而少儿医保待遇相比其他居民的医保待遇要低。所以将少儿医保统一并入住院医疗保险代替原有的少儿医保，可在参保家庭稍许增加缴费的前提下大幅度提高参保少儿和大学生的医保待遇，这是深圳市政府提高少儿及大学生福利的一项重要举措。深圳市少儿医保可以说在很大程度上保障了参保儿童看病住院享受的待遇，同时，深圳市少儿医保政策的制定更是保证了少儿医疗真正为儿童的健康着想。这是深圳市作为地方一级政府在儿童基本医疗方面不断探索取得的惠及儿童的重大福利政策。

在少儿医保政策的执行和实施过程中，所涉部门合理分工，职责分明：教育局负责办理在册学生的参保手续，财政局着力落实福利资金到位并发挥财政监督作用，卫生局要做到准确理解和把握好儿童医疗保险实施细则的相关规定，承担好医疗工作，还有民政局要为低保户办理相关的手续，而审计局要审计监督儿童医疗保险基金的筹资、管理和使用，并定期公告。这样，少儿医保制度虽然没有独立的行政管理体系，但是相关的职能部门分工明确，责任明晰，可以有效地实现儿童的医保福利。

个访谈案 1：我们学校统一办理了少儿医保，记得小的时候总是生病，每次去医院要花好多钱，后来只要不严重就到药店买药，或者有时候就拖着。现在好了，可以不用钱了。

访谈个案 10（父亲）：现在政府推出少儿医保，对我们低保又免收费用，真是大好事一桩。我这女儿每年都要生一两次病，一点小病到医院怎么都要花上百块，她身体底子不好，有病不敢让她扛着，每次去医院心里既心痛孩子又心痛钱。有了医保卡免去了我的心头之患，而且感觉孩子的健康都有保障了，真是感谢政府。

访谈个案 12：我把学校办理医保的通知给爸爸时，他好像放下了心头的一块石头，我想可能是妈妈的病把我们一家拖入这种困境让爸爸对疾病有一种恐惧，虽然他没有表露过，但经常会叮嘱我锻炼身体，不要生病，说现在生不起病了。有了少儿医保，即使生病，心里也没有那么恐慌了。

访谈个案 3（母亲）：我身体一直不好，家里经济又拮据，总是胡思乱想，担心孩子万一生病拿不出钱，要是落下个后遗症什么的，我真不知道这日子怎么过。可能别人会笑话我没事找事，但处于这种条件，就得把好多事情往坏处想。现在学校办了医保，感觉有了保障。

个案访谈 5（母亲）：我两个孩子，最怕孩子生病，但是发烧感冒又是少不了的，这已经算是幸运的，也要花不小的一笔钱。他们有了医疗卡后，看病便宜很多，就不会像原来小病拖着不去看，结果到后来严重，孩子受罪，钱还得多出。政府真是办了件好事！

访谈个案10（父亲）：深圳实行少儿医保的确是给孩子们带来了福利，希望政府今后可以不断提高医疗保障水平，毕竟现在的医保只能是针对小病，真的得了大病，一般的家庭还是会被搞得倾家荡产，更不用说我们这种家庭啦。

少儿医保政策的实施是民心所向，对贫困家庭来说更像是吃了一颗"定心丸"，不再有"无钱给孩子看病"的担忧。访谈对象都是从没有任何医疗保险的童年时代走过来的，在没有任何医疗保障的情况下，每进一次医院，即使是治疗感冒发烧这样的小病，对于贫困家庭都是一个沉重的负担，所以很多家庭的权宜之计要么是自己到药店买药，要么就是让孩子拖着，不敢轻易到医院。因此，没有医疗健康的保障必定会给儿童的健康成长带来隐患。

（二）深圳针对贫困儿童建立少儿大病慈善救助基金

由于医疗卫生保障制度尚未完善，因病致贫的案例比比皆是，可见疾病是造成贫困的一大元凶，或者治病看医生对于普通家庭也是一笔不小的经济负担，所以尽管在访谈对象中没有罹患重病的儿童，但是其家长无不感到忧心忡忡，因为如果贫困儿童患上重大疾病，不菲的医疗费用对于本就贫困的家庭无疑是雪上加霜，儿童的医疗肯定得不到保障，健康权利无从谈起。深圳政府为了给这样的家庭排忧解难，体现政府的保障责任，经过多方的努力，推出了少儿大病救助基金，让贫困儿童享受到相对较高的医疗保障水平。

深圳市为切实提高患重大疾病儿童的医疗保障水平，于2010年发动社会各界捐款，筹集资金，建立少儿大病救助基金，并调研制定少儿大病救助办法，深圳市民政局、市慈善会起草并于2009年6月9日出台了《少儿大病慈善救助基金管理使用办法》，对基金来源、救助对象、救助病种、救助标准、申请材料、审批程序、资助金发放、管理和监督等方面做出详细规定。基金一部分来源于2009年社会慈善捐赠的捐赠资金；另一部分为汶川地震儿童救助专项基金。该基金具有两大特点：一是政府动员，全员参与，基金通过民间渠道关注大病儿救助，共同关注深圳的大病儿童是对少儿医保的重要补充，尤其是贫困患儿；二是该基金救助对象为深户低收入以及汶川地震重灾区来深建设者家庭的子女，即本市户籍社会救助对象（低收入居民）的子女，或具有汶川地震重灾区户籍且父母在深圳合法居住且连续工作满一年以上的劳务工子女，年龄在18周岁以下。一共七大类重大疾病纳入救助范畴，包括先天性心脏病、白血病、血友病、再生障碍性贫血、恶性肿瘤、器官移植（包括肾脏、心脏瓣膜、角膜、皮肤、血管、骨和骨髓移植）以及其他经区级以上医疗机构认定的危重症患儿，七类重疾最高资助2万。在这一大病儿童福利项目建设中，一方面，政府积极引导，动员民众、市场和社会积极参与到慈善事业中，获得广泛的社会支持；另一方面，通过健全的制度设计吸引各种资金参与，有效筹集各种福利资源。由于管理办法具体可行，深圳大病儿童救助基金于2010年9月底就开始组织实施接受儿童大病救助的申请，并于12月实现儿童大病慈善救助的常态化和制度化，随时接受和审批对儿童大病医疗的慈善救助申请。深圳儿童大病救助基金是针对特殊儿童的一项社会救助项目，它虽然不是一个覆盖全市有需要的儿童的大病救助系统，但却是地方政府引导、社会参与共同提供儿童福利的一种成功尝试，为引导市民和企业加入到常态捐赠行列，逐步建立全市大病儿童救助基金制度打下了良好基础。

尽管少儿医保待遇相比其他居民的医保待遇一般要低，无论如何，政府对儿童医疗保健的完全缺位开始走向责任认可和责任担当，尽管对儿童医保的水平还没有达到应保尽保的水平，政府都在根据经济的发展水平逐年提高。

三 国家义务教育福利制度及深圳学前幼儿教育福利

（一）义务教育福利制度的实现

受教育权利是儿童的基本权利，这是国际社会公认的准则，也是各个国家在国内立法中必须遵循的基本原则。这一准则明确了政府有责任保障每一位儿童的受教育权利，使每一位儿童都有过上幸福而有尊严的生活的机会，而且国民素质关系到国家综合实力和国际竞争力。因此，根据本国的现实条件确立自己的教育福利制度，普及和提高义务教育，实现教育公平和社会公平，这是当今各国政府的关注焦点和努力要达成的目标。中国的义务教育福利制度始于 1986 年的《中华人民共和国义务教育法》，在教育福利制度起步较晚，最早的英国始于 1870 年，和我国一样是人口大国的印度也早在 20 世纪 40 年代就开始了义务教育。虽然中国的义务教育福利制度起步晚但是力度大，随着 2006 年新《义务教育法》的颁布实施，全面实现了义务教育的普及。儿童义务教育基本权利所对应的正是国家和政府的基本义务。

深圳从 2008 年秋季入学开始全面实施义务教育阶段免费政策，根据深圳《关于切实做好我市免费义务教育工作的意见》中规定，深圳义务教育阶段“双免”（即免课本费和杂费）政策的免费涵盖在深圳接受义务教育并取得学籍的所有学生，其中非深圳户籍学生超过深圳户籍学生（34 万非深户学生，26 万深户学生）。实施义务教育，要免除义务教育阶段的杂费，不收学费、杂费，就涉及很大的财政问题。国家的统一政策是在免缴公办学校学生学费的基础上免交杂费，深圳义务教育不仅免交学杂费，义务教育阶段还免课本费。按照当年免收书杂费财政补贴标准是：小学生每学年 728 元（含杂费 388 元，课本教材费和练习本费 340 元）；初中生每学年 1042 元（含杂费 538 元，课本教材费和练习本费 504 元）。按照以享受义务教育福利的在校学生数约 60 万人来统计，那么省、市、区三级政府将为此支出财政补助经费就高达 4.83 亿元。由此可见，深圳地方政府承担了更多的义务教育责任，为市民提供了更多义务教育的福利。

新《义务教育法》对贫困儿童的受教育权利格外关注，第四十四条规定“各级人民政府对家庭贫困的适龄儿童、少年免费提供教科书并补助寄宿生活费”。教育能决定和改变一个国家未来的发展前景，教育也能够决定和改变一个人未来的命运。因此，政府必须肩负保障家庭经济困难儿童接受义务教育的责任。为此，深圳在城市最低收入居民生活保障制度为贫困儿童提供了“养育扶助金”。

访谈个案 11：义务教育制度的推行是功在当代，利在千秋的好事。深圳的政策更惠及大家，特别是对我们这些贫困家庭，又分担了我们的一份负担，不用交一分一毫，孩子就可以完成初中的教育。

访谈个案 5：上小学的时候，我最怕学校喊缴费，但是每学期总是有那么几次，特别是开学的各种费用挺多的，很难向妈妈开口，还有买练习本，现在好了，一个学期下来，好像都可以不要一分钱了。

访谈个案 2（父亲）：现在的义务教育是落到了实处，过去虽然也说是义务教育，但是学杂费、书本费等都要自己掏，虽然那时深圳对低保也有优惠政策，但是还是要办理手续，要到街道办和学校，我女儿的报名每一学期都是我去的，一是不想让她感到难为情；二是她也搞不清楚程序。现在好了，大家都不用花钱读书，也不用证明什么的，多好！

访谈个案 10（父亲）：对现行的教育制度我们还是感到满意的，也是看到各种惠民政策在一步步推进，可能以后我孩子的孩子就不会像现在有些遗憾，这是必经的过程。但是毕竟只有一个孩子，有些问题可能会考虑得个人一点，就说就近入学的规定，我看过《义务教育法》，提倡教育均等化，不搞重点学校，但是实际上都是有的，即便规定就近入学，可对我们这样经济条件的家庭，肯定不可能住在重点小学、中学附近，所以永远都不可能让我们的孩子享受到好的教育资源，当然，就是平常人家也不一定有这个能力。我可能是原来在政府待过的原因，有时可能有点儿“挑刺儿”。

深圳的教育福利制度切实保障了贫困儿童的受教育权利，政府为贫困儿童提供了较为完善的教育福利，“嵌入”在低保制度中保障贫困儿童教育权利还有诸多优惠条件，比如对中小学生可以减免校服费用、减免学生军训和各种学校活动的费用，对中等教育或高等教育的低保学生提供学费补贴。所有这些政府提供的教育福利可以让贫困儿童在不需要家庭任何负担的情况下完成学业。

（二）深圳地方政府实行的幼儿教育补贴政策

由于我国的学前教育存在过度市场化和私有化的问题，在很多城市尤其是大中城市造成了普遍入托难、学前教育昂贵的局面。与其他地区相比，深圳学前教育改革更为彻底，大部分学前教育都有社会资本介入，社会资本参与学前教育的积极性高，提供学前教育资源占据绝大部分的份额，全市 95% 的幼儿园为社会力量所办，幼儿教育学费昂贵成为幼儿家长不得不面对的问题。为此，深圳市政府为了解决幼儿“入园贵”的难题，选择了以普惠性幼儿园为主体，促进学前教育公益、普惠发展的新模式，努力破解这个普遍性的全国难题。

2012 年 9 月深圳启动普惠性幼儿园试点创建计划，使得面向大众、收费较低、保教质量有保障的普惠性幼儿园达到 70 间，受益儿童 2.2 万人，基本覆盖全市所有街道，市、区财政对于普惠性幼儿园以班级数为单位给予每班每年4万元的补助，2012年试点园补助经费投入合计约5000万元。

深圳在2013年实施“深圳儿童健康成长计划”，对深圳户籍和符合《深圳市关于加强和完善人口管理工作的若干意见及五个配套文件的通知》规定的非本市户籍的3岁至6岁在园儿童，按照每生每年1500元的标准提供健康成长补贴。其中补贴经费中1300元用于抵减在园儿童家长缴纳的部分保教费，200元由幼儿园统一组织在园儿童免费体检及购买儿童读物等。据统计，全市约有20万幼儿符合相关补贴条件，合计约需3亿元的补贴经费。

同时，针对深圳市民办幼儿园教师待遇低、流动性大等情况，为了确保民办幼儿园的学前教育质量，从2013年开始，凡在深圳市幼儿园连续工作3年以上，已取得从业资格的保教人员，包括教师、保育员、保健人员，从第4年开始发放从教津贴，发放标准为每人每月300元，以后每满一年增加100元，最高不超过每人每月1000元。预计全市有近两万名幼儿园保教人员可享受从教津贴，从而可以保证幼教师资的相对稳定。

此外，为了提高全市幼儿园的师资水平，从2013年起，深圳市将对全市所有幼儿园园长、教师实行全员培训，要求一年内师资培训率要达到70%以上，从而保证学前教育质量。

学前教育在世界范围内受到普遍关注，许多发达国家积极出台福利政策和采取各种福利措施，优先发展学前教育，使“儿童发展”观得以落实。深圳市政府作为地方政府，通过财政补贴方式，降低幼儿教育成本，提高学前教育质量，无疑是为幼儿提供的一项教育成长福利。深圳市政府制定的这一新的早期教育政策，关注和重视儿童早期教育，对儿童福利进行战略性投入，真正体现了“儿童是国家未来”的发展理念。

深圳地方政府没有出台关于贫困儿童的专门保护政策和福利制度，而是更多的“捆绑”在《深圳市低收入居民社会救助暂行办法》中，在儿童福利领域中缺乏大胆尝试，只是随着国家对福利责任的回归，在制定地方社会福利政策选择中，开始关注贫困儿童群体的需求和权益，并在养育、教育和医疗三方面制定了有效的救助政策，提供了相对较高的福利保障。可是，在贫困儿童的各项福利政策中，深圳的财政支出水平和力度还是远远低于经济发展水平。因此，政府对于贫困儿童的福利保障力度还有待加强，福利水平有待提高，这样才能使贫困儿童得到生活质量的全面提高，让他们也有权利分享地方经济发展的丰硕成果。

第三节 政府对贫困儿童的责任意识

根据我国第六次人口普查，我国13多亿人口中18岁以下儿童就有3.09亿，而关于我国贫困儿童的数量却还没有完整的统计数字。如果按照城乡低保标准划分，目前生活在最低保障线的儿童大约是700多万；如果按照2010年亚行对选定省份贫困儿童所做调查以及按照1%人口抽样调查推测，中国至少有贫困儿童900多万。无论是700多万还是900多万，中国的贫困儿童都是一个庞大的弱势群体。然而，我国政府并未充分意识到贫困儿童特殊的福利需求，在福利制度和服务供给方面均未承担国家责任，造成贫困儿童福利不足或福利缺失。

一 政府未将贫困儿童严格纳入特殊需求的儿童群体之内

《中国儿童福利政策报告2011》指出，中国有特殊需求的儿童群体包括孤儿、残疾儿童、流浪乞讨儿童、留守儿童、单亲家庭子女、受暴力侵害和虐待儿童，以及受艾滋病影响儿童等弱势群体，而贫困儿童并没有包括在这一群体当中。我们可以这样来解读，根据《儿童权利公约》的规定，弱势儿童分为两类，第一类为暂时或永久性“脱离家庭环境的儿童”；第二类为“残疾儿童”，因此孤残儿童被各国公认为是弱势儿童群体；而流浪乞讨儿童、留守儿童、单亲家庭儿童则是我国在社会转型时期出现的社会问题，引起社会广泛关注和政府高度重视，他们的特殊需求更多体现在情感需求、心理需求和教育需求上；由于我国儿童保护法律的漏洞和缺失，儿童生存权和保护权存在遭到侵害的隐患和越来越多的现实案例，因此对受到侵害和虐待的儿童群体，为他们提供相关有效的法律保护成为社会强大的呼声和该群体的迫切需求；“受艾滋病影响儿童”是极其特殊的群体，他们被社会所排斥，在被拒绝的环境中孤独成长，是极其严峻的国际社会问题，政府和社会都应尽其所能满足他们的情感需求和卫生医疗需求。毋庸置疑，这些弱势儿童群体的特殊需求都具有社会性，政府责无旁贷成为满足这些需求的责任人。

而贫困是每个国家在不同的发展阶段都存在的社会问题，只是程度不同而已。中国政府承担城镇贫困群体的责任经历了三个迥异的认识阶段：一是在计划经济时期，社会保障制度实行的是典型的“国家保险型福利模式”，政府对所有国民负责，特别是城镇职工承担所有的福利责任，但是由于当时整体经济落后，福利层次单一，福利水平不高，因此全社会的生活水平普遍低下，所谓的城镇“贫困问题”并不突出，而且这种全社会的贫困还不被理性认识和承认。二是在改革开放后，政府开始片面追求经济效率，将国家的社会保障责任完全推卸给市场，“贫困群体”也被移出政府的视线之外，贫困等社会问题被经济建设成就淹没，城镇贫困问题更是无人谈及。三是在20世纪末，经济改革大潮中的下岗职工多数沦为“无业者”或“失业者”，一夜之间成为贫困人口主体，“城镇贫困”现象凸显，而且影响社会治安，成为社会稳定隐患，开始引起越来越多的关注和重视，政府不得重新不回归社会保障责任，建立了全国统一的城市居民最低生活保障制度。至此，产生了一个弱势群体的衍生品——城市贫困儿童群体，即城市低保家庭的未成年子女。正如前文提及，这是一个不可忽视的庞大群体。

经济困难必然会给儿童的成长带来生理、心理、情感、精神和社会等方面的缺失。儿童福利制度指向儿童及儿童抚养人，为他们提供服务。然而，我国政府仅仅认可了对贫困家庭的福利责任，对家庭贫困对其子女造成的侵害尚未认识，对贫困儿童的需求更是置若罔闻。而在美国，贫困被确定为是虐待儿童，尤其是忽略儿童的危险因素；贫穷是儿童缺乏照顾及儿童福利服务需求的主要报警器（韩克庆，2012：3－4）。美国的全国贫困儿童中心（National Center for Children in Poverty，NCCP）指出，2008年美国生活在低收入家庭的儿童比例估计为42%。因此，美国政府对贫困儿童设计了一套全面的救助制度，涵盖家庭收入、食品补贴、教育及医疗救助等方面，并且体现以儿童为中心的社会政策发展理念，避免对贫困儿童进行任何形式的福利忽视。

贫困儿童由于家庭各种因素而陷入贫困，他们的生活需求、学习需求、社交需求以及其他需求无法从父母那里得到正常满足，但他们本身没有话语能力，又缺乏利益代言人，如果政府继续漠视他们的弱势现实以及特殊需求，推卸对该群体的国家责任，那么，这么一个特殊的弱势群体势必遭到政府责任的排斥，国家的福利制度和保护制度的庇荫会把贫困儿童排斥在外，任凭他们遭受贫困的折磨和福利的缺失。

随着社会的快速发展和变迁，贫富差距日渐扩大，贫困儿童的数目有增无减，如果政府不能正视和满足该弱势儿童群体的需求，将会造成更多社会问题的隐患，其中最严重的是贫困儿童可能导致社会较低水平人力资本，并产生巨大的社会损失的问题。政府应该抓住减少贫困、不幸经历及创伤等可能对儿童产生影响的机会，正视他们的特殊需求，积极主动承担起政府的福利责任。

二　政府尚未设立贫困儿童的专项福利政策和服务供给

我国政府的儿童保护制度具有明显的“残补”特征，没有全覆盖的弱势儿童福利制度，需要保护的贫困儿童没有被福利制度覆盖。

“中国的儿童福利安排主要是指政府和社会为残疾儿童、孤儿、弃婴和其他处于特殊困境下的儿童提供的福利项目、设施和服务。”（陆士桢等，2005：293）根据《中国儿童福利政策报告 2012》，儿童福利政策的对象通常只包括了孤残的儿童，而贫困儿童，包括城市和农村家庭经济困难的儿童，都未完全纳入到福利保障范围内。贫困儿童群体大都因为父母原因陷入贫困，可是城乡最低生活保障制度的设计都是以家庭为单位确定基线和标准的，对困难家庭的困难儿童没有能够区别对待，提供贫困儿童的福利补助。在与贫困儿童相关的福利政策中，例如中国残联 2009 年出台的《中国残联贫困智力残疾儿童抢救性康复救助项目实施办法》，受惠者还必须是智障的贫困儿童。可见，中国对弱势儿童群体补缺型的儿童福利制度还不能惠及贫困儿童。

改革开放后市场经济的“自由放任”主义严重影响着政府在福利提供方面的责任，在对待弱势儿童保护方面，中国政府只有在极端情况下，即儿童成为失依儿童或残疾儿童，才会承担保护责任。从中反映出我国现阶段的“让儿童优先成为国家战略”的理念还难以落到实处，传统的价值观念依然影响着决策理念，即儿童是父母和家庭的私有财产，父母是儿童保护的当然责任人，国家只有在家庭作用失效时才会介入，起到保护儿童的作用（尚晓媛，2008：42）。对贫困家庭儿童的整个社会机制和理念依然是家庭照料第一和唯一，政府和社会还没有责任涉猎，这只能说明如此的儿童福利观念还很原始和落后，违背了各国对儿童问题达成的共识：忽视儿童就是忽视成人和社会（贺颖清，2005：5）。

与国际社会比较，中国的儿童立法远远落在后面。中国至今没有一部统一的《儿童福利法》和专门的“儿童福利政策”，而在其他许多国家和地区早就把儿童福利作为“制度化的政府责任”，为儿童提供全面的保障。英国 1918 年通过《妇女儿童福利法》，1946 年通过《家庭补助法》，为多子女家庭提供津贴，1948 年就出台了专门的《儿童法案》，并不断修订；日本 1947 年就通过了《儿童福利法》；瑞典 1960 年通过了《儿童及少年福利法》；挪威 1953 年通过《儿童福利法》，1992 年进行修改，一直沿用至今；美国 1935 年通过“抚养未成年子女补助计划”（AFDC），而最重要的是 1974 年通过的《儿童虐待预防法案》。“我国香港地区则于 1951 年开始实行《保护儿童及少年条例》；台湾地区 1973 年即通过了专门的《儿童及少年福利法》。相应地，没有单独的儿童福利立法，也不会有专门的儿童福利财政预算体系”（《中国儿童福利政策报告 2011》）。因此，长期以来儿童福利与儿童权利保障受到国际社会的重视，我国政府却疏于儿童福利责任，“贫困儿童”作为儿童的福利和权利因此也没有得到国家的保护及保障。

中国的儿童福利制度以救助型为主，而且呈现出明显的“残补”型特点，即各项儿童福利政策采取弥补式模式，有漏洞出问题的地方就打上一块政策“补丁”，因此中国的儿童福利事业主要是为残疾儿童、孤儿、弃婴和其他处于特殊困境下的儿童提供的福利项目、设施和服务，而贫困儿童因为还有家庭作为最后的支持，尽管这个家庭已经脆弱不堪，国家就可以“袖手旁观”。所以纵观中国整个儿童福利及儿童保护的法律政策体系，无论是专门的儿童福利政策还是“嵌入式”的儿童保护政策，都难以找到一条是关于贫困儿童群体的任何福利保障条款。从表 6—3 比较可以看出，德国和英国实行制度化的家庭补贴，覆盖全体儿童，美国的家庭补贴则是典型的“残补”型，只提供给贫困儿童。而我国《城市居民最低生活保障条例》是为贫困群体提供的最后一张生活“安全网”，没有任何关于贫困家庭子女的保障项目。可见，贫困儿童的特殊需求在国家的福利救助体制中没有得到格外关注，政府对贫困儿童的责任意识缺乏或者不到位。

表 6—3　　**德国、英国和美国的家庭补助项目**

国别	项目	覆盖面	资金来源	首次立法时间	行政机构
德国	家庭补贴	一名以上子女且在 16 岁以下的家庭	政府	1954 年	保险机构（劳工与社会事务部监督）
英国	家庭补贴	一名以上子女且在 16 岁以下的家庭	政府	1945 年	健康与社会保障部全民健康服务部
美国	家庭补贴	有幼年子女的贫困家庭	政府	1977 年	社会保障署

可以借用美国哈佛大学教授达奇·李奥纳多的“三圈理论”，即“价值、能力和支持——分析框架”（见图 6—2）来探讨政府对贫困儿童的社会保障能力不足的理论模型。

这一理论认为，制定一项公共政策必须是三个因素的结合，第一个考虑因素是价值问题，即政策方案的目标能否体现公共价值，是不是以公共利益作为政策方案的最重要诉求；第二个因素是能力问题，即政策方案的实施与执行中的约束条件，也就是说是否具备政策目标的人、财、物条件；第三个因素是支持问题，即政策方案所涉及的利益关系者的态度与意见，他们的价值取向能否与政策目标一致。所谓三圈，即公共选择中的价值、能力和支持各用一个圈表示，成功的决策和政策制定是决策者在这三方面寻求某种平衡的结果。三圈重叠部分表示公共选择具有以上三者最大化的表现，是最佳决策方案。

在对中国政府贫困儿童保障责任的讨论中，三圈可以分别具体表示为“价值问题”，指公共价值理念，在此即为政府针对贫困儿童群体福利的价值理念；“支持问题”是政府动员并获取社会力量支持贫困儿童福利；“能力问题”则是政府在贫困儿童福利制度或政策实施中的人、财、物条件配备状况。由于政府社会保障的公共选择排斥了贫困儿童群体，侵害了该群体的福利利益，暴露出值得怀疑的公共价值，更不必说社会支持和执行能力。因此，三圈处于孤立状态，如图 6—3 所示，没有重合，说明政府职能失灵，在顶层设计中忽略了对7000万或9000万的贫困儿童的政府社会保障责任。

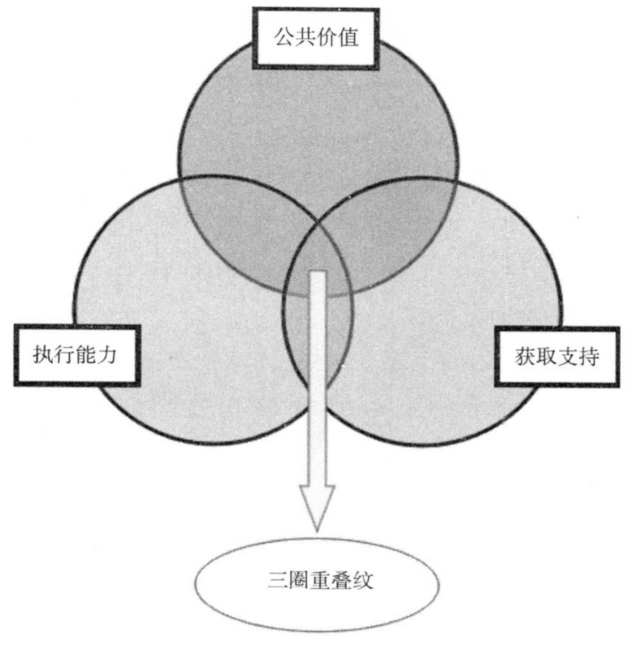

图6—2　“三圈理论”

《儿童权利公约》要求所有签约国尽最大可能为儿童投入经费，如果某国的儿童福利状况比处在同一经济发展阶段的其他国家差很多，那就不能说这个国家尽了最大可能。

贫困儿童福利制度面临破冰时刻，最大的挑战既不是资金短缺，也不缺少社会关注和儿童代言人，而是来自我们的理念，来自制度创新和政策设计能力。

三　政府提供的福利对贫困儿童需求满足程度

儿童的需求是多层次的，既有生理需求、心理需求，还有情感需求和尊重需求，而在每一种需求下又包含丰富的内容，而满足这些需求的主体主要是政府、家庭和社会。由于各自的特点，政府承担着重要的责任，因为贫困家庭要健全其功能和民间组织对儿童福利的参与都需要政府相应的政策，因此在儿童的多项需求中，除了亲情、友情等，几乎都需要政府的

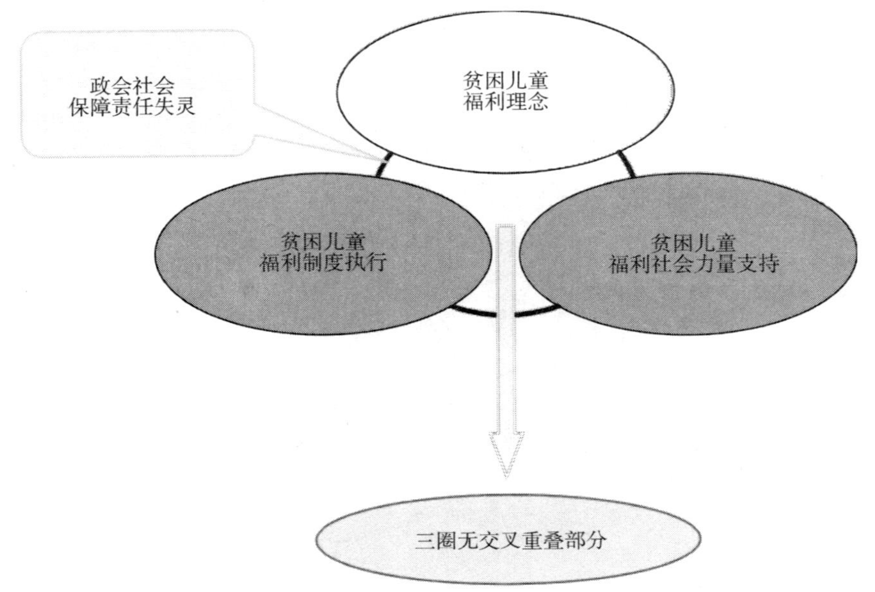

图 6—3 我国政府贫困儿童政策选择模式

政策支持和经济援助。

尽管政府没有针对贫困儿童的专项政策和统一补贴，但是贫困儿童可以享受政府提供的城市最低生活保障，标准与成人一样。因此，政府为贫困儿童提供了基本生活的保障，当然，由于儿童处于身体生长期，需要丰富的食物和一定的营养，政府还没有设计不同年龄段儿童的津贴和补助，政府保障的程度相对较低，可能达不到儿童的需求。政府对贫困家庭大力推行廉租房政策，理论上也为贫困儿童提供了住房保障，由于国家整体经济水平还不高，廉租房还不可能全面实行，所以，大部分贫困儿童家庭的居住条件和环境都处于较低水平。

儿童时期是人生中最重要的受教育阶段，而且教育可以培养人力资源，儿童受教育程度决定着未来的家庭脱贫和国家减贫。而且受教育权是儿童的权利，必然受到国家保护和保障，教育公平对于促进社会公平、构建和谐社会十分重要，1986 年《中华人民共和国教育法》规定：公民享有平等的受教育机会，不应受财产状况的限制。并且把义务教育用法律形式固定下来，适龄儿童必须接受九年义务教育。这是国家的责任，也是儿童的权利，是为现代生产发展和现代生活所必需的，是现代文明的一个标志，但这只是停留在文字上的法律。2006 年 9 月 1 日，颁布的《义务教育法》明确规定：实施义务教育，不收学费、杂费。并且明确规定了义务教育经费的保障机制，到 2007 年全国城市和农村真正实现了义务教育，无论是否贫困，儿童都享受到了国家提供的九年制义务教育。

因此，从国家层面来看，政府对贫困儿童的需求满足在不断扩大（如表 6—4 所示），在全国范围来看，政府通过"嵌入"在不同福利政策为贫困儿童提供福利，城市最低生活保障制度为贫困儿童提供了食物、住房等福利，义务教育的福利制度可以有效实现贫困儿童的教育需求，少儿医保政策为贫困儿童提供了医疗健康福利，由于多种原因，这些福利还处于较低水平，不能完全满足贫困儿童需求，保障水平需要不断提高。而对于贫困儿童的营养需求，到目前为止还没有任何政策措施问津，政府对贫困儿童的健康成长所需的营养福利是完全的缺位。无论如何，中国政府已经关注并开始承担对贫困儿童群体的福利责任，由于责任的认识还处于起步阶段，对贫困儿童的救助层面和力度都需要慢慢展开、扩大，而且中央政府将更多的责任下放到地方政府，由地方政府对贫困儿童承担更多的福利责任。

表 6—4　　政府对贫困儿童需求满足状况

需求项	食物	住房	教育	营养	医疗
满足程度	√	√	√	×	√
	—	—	—	—	—

（说明：√——有，×——没有，——不足）

贫困儿童作为困境中的弱势群体，家庭贫困已经对他们造成多方面的侵害，父母本身又无力给予他们应该得到的正常的家庭支持，如果政府和社会继续忽视他们，发展和受保护的权利得不到维护，那就是政府的失职。可是，我国从中央到地方的儿童保护制度几乎没有涉及贫困儿童这个群体，他们的群体利益没有得到政府相关部门的认可和关注。因此，相对而言，深圳地方政府可以说在关注贫困儿童福利保障这一方面是走在了全国前列，但是由于缺乏国家层面的制度指引，深圳作为地方政府提供的贫困儿童福利保障还未成体系，提供的福利水平尚未达到深圳的经济发展水平，思想认识及制度建设都尚须时日。深圳地方政府相对财政实力雄厚，贫困家庭和贫困儿童还是一个很小的数字，在如何建设比较健全的脱贫政策和为贫困儿童提供全面和高水平的保障，深圳是可以有所尝试和有所作为的。

第七章　贫困儿童获取的社会服务

从国际社会的发展来看，贫困儿童的福利发展经历了最初完全依仗父母的家庭福利制度，到进入现代社会以后由政府提供福利的国家保障阶段，而宗教组织、慈善机构等社会团体作为重要力量一直都在以各种形式的帮助为贫困儿童谋取福利。因此，贫困儿童的各种福利制度在不断得到改进和完善，参与的社会力量更加多元，提供的福利服务则更加全面，可以说，贫困儿童的福利在走出家庭之后，在国家相对完善的救助体系和民间组织充分参与的合力之下，享受到了较高水平的福利，群体权益得到有力保障。

本章通过分析贫困儿童对社会服务的需求，考察深圳民间组织提供的贫困儿童服务现状，明晰民间组织在该领域承担的责任和发挥的作用，论证民间组织在贫困儿童福利的参与程度低下，贫困儿童的社会福利满足有赖于政府对民间福利组织发展的推动和支持。

第一节　民间组织与贫困儿童的社会服务需求

社会服务是民间组织为了改善和发展社会成员生活福利而提供的服务，为有福利需求的弱势群体提供专业化、职业化和社会化的服务，使他们融入社会，提高生存状态和生活质量。民间组织不仅能及时发现社会问题，而且能够针对性地开发有效的工作方法，与政府、市场相互补充，在社会救助、扶贫救济中日益演变为公共事务中不可缺少的社会力量。福利多元主义理论强调民间组织对福利供给的参与作用，填补政府在福利领域角色转变之后的遗留真空，同时抵御市场机制带来的风险，以满足福利需求的变化。民间组织以协调社会问题、推行社会服务和促进社会稳定为目的，其活动领域以社会福利为主，致力于各种社会问题的解决，由于其灵活多样的组织形式，在社会服务中发挥着重要作用。

一 民间组织在社会服务供给中的独特作用

民间组织是中国官方使用的概念，英文翻译为 Non - Government Organization，即非政府组织（NGO）。在西方，民间组织是从热心慈善救助活动的民间组织发展而来，帮扶济贫的社会救助成为民间组织一直以来最为重要的活动内容，虽然政府在社会救助责任中的角色几经变化，民间组织始终是社会服务的主力军，以社会弱势群体或边缘性社会群体为服务对象，成为家庭以外为这些群体带来福利的救助者，在很大程度上有效减少了市场机制所带来的负面效果，在市场失灵和政府失灵领域具有替代和弥补作用（王绍光，1999）。民间组织在提供社会服务的过程中，发挥着重要的福利责任者作用。

民间组织搭建起政府、市场、公民以及家庭之间的桥梁。由于政府、市场以及家庭各自都有相互冲突的目标、原则和行为方式，在福利多元的时代不同的机构之间需要并存和合作，民间组织起着中介、协调和沟通的作用，缓解各种矛盾，加强合作，优化组合，可以提高效率，争取最大社会效益。

民间组织是一种雄厚的社会资本和强有力的生产力。无论是福利的起源还是发展，从最初的慈善机构到现在的民间组织，都是社会福利主要的启动者和推动者，尤其是在政府失灵和市场失灵的问题领域发挥着自己独特的作用，解决了社会运行中的许多问题和弊端。现实证明没有万能的市场，也没有全能的政府，当“有形之手”和“无形之手”出现问题的时候，会给经济生活和社会生活造成巨大的混乱，给社会带来更大灾难。民间组织充分发挥它的优长之处，解决“两只手”无法应对的社会问题，维持社会的正常运转，显示出强有力的生命力。

民间组织关注弱势群体，在救助弱势群体中扮演了重要角色。长期以来，由于物质文明没有到极大丰富程度，少部分人受不完善分配制度、信息不对称以及个人先天不足等因素的影响，成为社会弱势群体，其经济收入低下，难以维持自己的基本生活，成为社会发展的隐患。民间组织通过其组织网络有效地征集丰富的人力、财力，可以在资金和物质上满足社会特别是弱势群体的需要。而且民间组织把开展社会服务、从事慈善活动作为自己的天职，在消除贫困、社区发展与改造、预防犯罪、保护妇女与儿童权益、老年人服务等方面，都发挥着十分重要的作用。由于民间组织积极投身社会公共事务，极大改善了由于市场经济巨大冲击陷入贫困的弱势群体社会生存环境，使弱势群体的基本生活得到保障。正是民间组织的灵活性可以为广大民众提供不同的保障服务，满足各种不同人群的需要，尤其是为在保障体系调整中处于劣势的群体提供弥补性的服务，起到维持社会稳定的作用。

民间组织在社会福利服务的供给中保证效率与服务质量，降低社会成本。政府由于自身的弊端——机构臃肿和官僚主义，在履行社会保障职责过程中不可避免会导致服务效率、质量低下；由于科层制体制，对社会需求反应迟钝，行为趋于保守；由于官僚作风导致缺乏保障服务意识等等。民间组织具有非政府性、民间性与公益性，具有自愿精神，具有较强的使命感，而且灵活、精干、专业、高效是它突出的优势，正是民间组织的这些特性，在公共事务领域中被政府组织所遗漏的“服务盲区”和“福利盲点”由这些民间组织重新激活。正是民间组织的这些特点，使民间组织可以提供比政府更低成本、更高效率的社会保障服务，能够提高服务质量，完善服务项目，规范服务行为。民间组织具备的各种优势，能够让它灵活地调整自己以适应千变万化的世界，应对各种挑战。

正是因为民间组织在社会福利供给中表现出来的较好的协调性、较好的服务意识和高效率高质量的服务能力、福利多元主义的“社会福利供给主体多元化”主张不仅顺应了历史潮流，更是顺应了民意和民心，可见民间组织发挥着不可替代的作用，成为社会福利和社会服务的主力军。

二　贫困儿童对参与社会的服务需求迫切

“参与社会生产相关的活动的机会十分重要”，“被排除在各种形式的社会参与以外对于各种自我认知危害极大。”（多亚尔、高夫，2008）可见，社会参与对于每个人的自我认知非常重要。在该研究中，社会参与的需求，是指贫困儿童对社会生活的现状与活动的关心、了解与行为投入，还包括他们获取各种信息的需求和使用信息的权利，最终获得归属感。

深圳的贫困儿童被一个物质非常丰富的大环境包围着，但是他们对这种“丰裕的社会”处于可望而不可即的状态。在多亚尔和高夫的需求理论中，“生活条件（即饮食、生活设施、标准和服务）使人们能够发挥自己的作用，参与到各种关系当中，遵循那些社会成员所理应遵循的、习惯的行为规范。如果他们根本没有或者没有足够的条件，就可以被视为受到了剥夺”（汤森，1987）。贫困儿童脱离了他们生活的环境，无法融入这个城市的各种关系当中。贫困儿童的社会服务需求多种多样，对于本研究的贫困儿童，提高社会参与能力是他们最为迫切的需求。

访谈个案 1：我是小学四年级的时候才被接到深圳的，对深圳一直都很向往。可是来到这里，除了走在街上看到漂亮的各种建筑，好像感受不到这里的生活，没有原来想象当中大都市的东西。由于家里的条件，也没去过那些著名的景点和游乐场。所以，我经常说自己还没习惯做深圳人。

访谈个案 10：我还是喜欢深圳，觉得到处都是宽宽的马路和高楼大厦，街边上一年四季绿树成荫，很有生气，我和妈妈一有时间就爱在外面，去公园、莲花山，或者到图书馆。我原来喜欢逛街，一到商场好兴奋，东西太多了，看得我眼睛发亮，可是那些都不是我们家能够买得起的，久而久之，对逛商场也没了兴趣。我经常在想，什么时候我也可以过上真正深圳人的日子。

访谈对象 3：在学校我有几个要好的同学，他们家境都特别好，从同学家回到自己这个家，感觉像走进两个完全不同的世界。之前虽然知道家里条件差，但是不知道有那么大的差别，我也说不清楚我同学的生活是不是就是深圳的普遍生活水平，因为原来很少接触其他家庭。不过对我震动很大，我就想快点长大，可以挣钱，给我妈妈过上好日子。

访谈对象 15：都说深圳有很多的免费公益活动，但是具体是哪些，如何参加，我不知道从哪里获取这些信息，也不知道该问谁。我心里老早就想参加一些讲座，观看演出呀，因为觉得这样可以拉近自己和社会的距离。但是到现在也没能做到。

正是不充分的生活条件“剥夺”了他们接触当地生活、参与社会的权利，在这一过程中，贫困儿童蜷缩在自己狭小的生活圈中，对自己的身份认同和价值认可产生怀疑，不知不觉地被排斥在社会生活的主流之外。而且贫困儿童越来越容易受到父辈贫困的影响，因为父母自身受到由于经济贫困导致的社会、家庭、人际交往圈、社会活动等问题的影响，自信心会不足，甚至有些自卑，又感到愧对孩子，在长期的低迷情绪中内心非常脆弱，看问题的视角相对褊狭。贫困儿童可能在这种微弱“贫困文化”的影响下，延续着父辈思考问题的方式，他们有强烈的愿望改变现状，但同时也会觉得自己弱小，很多努力浅尝辄止，而且缺乏权利保护和权利争取意识，不敢确定自己的话语权，对现实有很强烈的无力感，很多东西在他们看来都是“不可能”的。因此，增强贫困儿童脱贫能力的途径就是提高他们的社会参与度，参与其社会是人们摆脱贫困的一个必要条件，也会增强他们的身份认同和归属感，让他们更好地融入身边的社会。

深圳的贫困儿童的社会参与严重缺失，同时对这种需求又有强烈的满足欲望，渴望可以走近和走进这个经济发达城市的真实生活。

三　民间组织提供贫困儿童的社会参与服务

贫困儿童在深圳这个经济富裕的城市，缺乏应有的经济、社会、文化和政治生活的参与权利，处在社会主流生活的边缘，不同程度地被社会所排斥，他们对社会参与有着强烈的需求。提高贫困儿童的社会参与，实际上是一个与贫困儿童长期互动的过程，必须引入社会工作的专业工作方法和技巧，深入理解服务对象的困境，正确评估他们的需求，设计个性化的工作方案，为服务对象提供心理辅导，还需要调配各种资金和资源，而这些资源主要来源于社会捐赠和其他公益性资源，而非源于市场。民间组织的社会服务特点正好可以满足贫困儿童社会参与的这种需求。

贫困儿童的家庭支持功能遭到破坏，而政府对贫困儿童的需求满足更多是依靠行政强制的外部支持，二者的特点都无法满足贫困儿童社会参与的需求，而民间组织有着得天独厚的优势，他们不仅是公共服务的主要提供者，还善于营造公众参与志愿活动、培养公民意识、积累社会资本的社会氛围和实践机会。因此，民间组织是贫困儿童福利除家庭和政府以外的第三个责任主体，民间组织可以通过专业的工作方法，达到满足贫困儿童社会参与需求的目的。

物质保障虽然可以为贫困儿童解决基本需求，但是提高贫困儿童社会参与和选择的能力更能够满足他们融入社会的需求。因此，民间组织的社会服务是一种开发性反贫困手段，对提高贫困儿童的反贫能力起着重要的作用。

第二节 深圳民间组织儿童服务现状

一直以来，民间组织在社会事务领域发挥着比政府部门更大的作用，推动着现代社会福利事业发展。但是不同国家的历史传统影响着民间组织的发展，也影响着社会救助活动及制度的建立。中国小农经济的特色和中央高度集权政治限制着民间力量的发展，民间济贫活动远远落后于西方，缺乏民间组织发展、生存的环境。在中国长期的文化传统中，家庭几乎是唯一的福利承担者，中央政权的赈灾济贫机制虽然早于西方，但是福利提供机制始终没有发展起来，而且我国纯民间公益活动也很不发达。总之，与西方早期的慈善机构的民间组织相比，我国在国家组织早熟、控制严密的同时，民间公共生活并不活跃，民间力量几乎很难参与到社会生活中。新中国成立后，我国长期以来是政府主导型社会。历史上从养老到慈幼，从医疗到送终，从赈灾到救济等所有慈善政策、救助体系、慈善活动均由政府决定和国家承担，政府始终居于慈善事业的领导者、组织者、管理者以及慈善组织控制者的地位（黄家瑶，2009），计划经济时代这一特点尤其突出，根本没有任何社团的生存空间。20 世纪 90 年代开始，随着世界潮流的推动，国外各种非政府组织、非营利组织等民间组织在社会生活中的作用和影响越来越大，在社会发展中占据着重要的地位。随着我国新型社会福利体系建立的呼声越来越大，我国政府积极推动社会管理民主化进程，鼓励民间组织的发展，支持民间力量参与到以社会福利为主的公共活动中来，以填补福利服务领域的巨大空缺。民间组织得到空前发展，民间组织数量急剧增长，而且在不同的领域开展大量形式多样、内容丰富的活动，民间组织的社会福利作用得到广泛认可。

一 深圳社会服务民间组织的发展及其存在的问题

深圳的民间组织是随着深圳经济特区的建立，从无到有并发展壮大起来的，从 2000 年的全市民间组织登记数量 968 个发展到 2012 年 6 月的 4676 个，其间 2008 年 9 月深圳市出台的《关于进一步发展和规范我市民间组织的意见》，开启了民间组织整体改革的大门，将民间组织引向健康规范的发展之路，2011 年 5 月出台的《深圳市 2011 年改革计划》，“民间组织改革，完善社会建设体制机制”成为首要的改革项目。深圳从经济社会发展全局出发，努力把民间组织打造成为公共服务的主要提供者，以及社会建设的重要主体，积极探索政府向民间组织购买公共服务的有效途径，并且把这种向社会购买服务的方式和政府职能转变、培育民间组织结合在一起，建立新型的政社关系，创新社会治理方式，构建公共产品多元供给体系，以此推进社会建设的发展。深圳明确民间组织“十二五”的目标是力争数量翻番，实现每万人拥有8个民间组织，为此深圳把“每万人民间组织数量”写入政府考核指标体系。可见，深圳地方政府大力推动民间组织参与公共服务，力图建构民间参与公共服务供给新体制的决心，以期跟上世界民间组织前进步伐的雄心壮志。正如中国社会科学院发布的《2012年民间组织蓝皮书》指出，深圳市在民间组织管理探索方面一直走在全国前列，深圳市的民间组织改革在中国民间组织改革发展史上具有独特的地位和重要作用。

深圳的民间组织活动范围涉及经济、教育、科技、文化、体育、社会福利等多个领域（见图7—1），基本建立起门类齐全、覆盖广泛的民间组织体系。各类民间组织，社会服务类仅占10%，如深圳市慈善会、深圳市红十字会、深圳市义工联、狮子会、社工机构等，积极开展形式多样的社会救助、福利服务的公益活动，取得一定的社会效果。

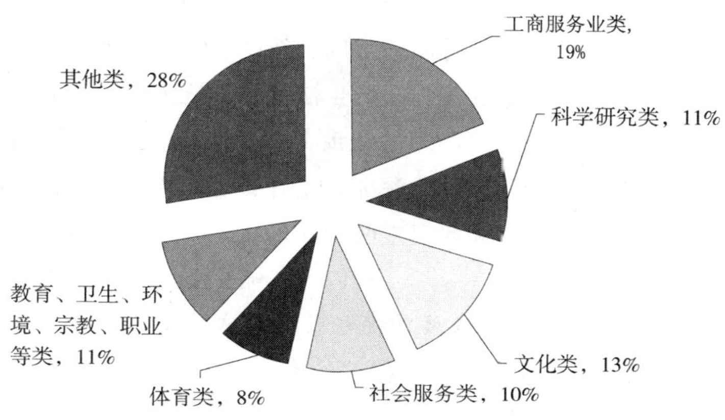

图7—1　深圳市各类社会团体比重

（资料来源：深圳市民间组织报告：葛洪、马宏、阮蔚、罗思）

随着民间组织的发展，对于保护弱势群体的权益发挥了很大的作用，其“减压阀”的社会功能日益明显。在深圳民间组织中，活跃在社会救助领域，提供儿童福利服务有两个不得不提及的重要主体：一个是深圳市义工联；另一个是深圳市的社工机构。

二 深圳义工特色的儿童福利服务

1. 深圳志愿精神推动公益意识传播

深圳的志愿文化闻名全国，深圳的义工联就是这一文化的孵化器。1990 年 4 月 23 日，由 46 名义工组成的义工联在民政局注册成立，成为中国内地第一个义工团体，深圳义工联以“服务社会，传递文明”为宗旨，秉承“参与、互助、奉献、进步”的核心价值，超越中国传统助人只是单方面“施予”的观念，强调“助人自助”，不断开拓工作领域，加强项目建设，为社会提供越来越多的服务，通过项目服务，为政府公共职能作补充，成为参与政府公共服务职能的重要民间力量。作为全国志愿服务发源地之一，志愿精神在深圳蔚然成风，截至 2012 年 6 月深圳市注册义工已经突破 35 万人，深圳市共有 8 支专业志愿者队伍，其中 10% 的志愿者具有专业资质。志愿者和义工活跃在深圳的各个领域，提供温暖人心的爱心服务。

义工对孤老寡残、失学、失业、疾病等弱势人群提供专业服务和人道帮助，其中包括：行为、行动的帮助，帮助弱势群体改善生活环境，保持社会的沟通、交往，享受正常人的生活权利；资金、资源的帮助，协助弱势群体渡过难关；精神、心理的帮助，通过交流，疏导不良心理和情绪，加强他们与社会的相互理解。深圳志愿者通过弘扬义工精神，深入实施关爱行动，成为弱势群体和政府之间的联系纽带，以义工服务的形式协助履行社会管理职能。

2. 深圳义工推动儿童救助福利服务领域的发展

在义工联中，与儿童服务相关的有三个直属组（见表 7—1）：（1）学生组，成立于 1994 年，主要是向有特定需要的家庭提供上门义务辅导，有义工 100 余人，提供家庭服务、校园服务和社区服务。家庭服务的对象是城市低保、家境经济相对困难的或特殊困难的初中校学生，针对特殊家庭成立小组，先立案，家访，确定辅导计划、人员，定期辅导

（十天一次），周期性评估，服务持续时间半年以上；校园服务则是面向校园学生，和学校建立联系，组织学生参与公益活动，进行校外活动辅导，对学生、教师和家长开展校园教育问卷，参与青少年成长的辅导和引导，建立沟通的网络平台，增加学生、家长和教师之间的沟通和互动；社区服务主要针对青少年心理、课程、活动的参与等。（2）快乐成长组，成立于1994年，最初主旨是为深圳市社会福利中心的孤残儿童提供护理、教育、康复等方面的服务。历经几年的发展，服务范围由儿童福利院扩展至深圳市儿童医院和各社区，主要沿上述三个方向为社会上14岁以下有需要的儿童提供援助。随着各种儿童意外伤害事件的屡屡发生，随着儿童心理健康问题的日益突出，快乐成长组将目光投向更多需要帮助的儿童，联合专业医师，走进社区，普及“儿童防意外伤害”等基本知识，为儿童和家长提供相关咨询服务。（3）慈善公益组。慈善公益组主要针对贫困家庭的儿童开展各种爱心活动。

表7—1　　深圳市义工联与儿童福利相关的服务组别

服务名称	服务内容	服务时间	服务区域
快乐成长组	在深圳市儿童医院为各种患病儿童提供服务；在青少年宫组织各种儿童活动；组织各种儿童和青少年参加的室内、室外活动。	周一至周六 9:30—17：00	深圳市少年宫、深圳市儿童医院
学生服务组	对家境经济相对困难或特殊家庭的学生上门义务家教辅导；组织学生参加公益活动，针对社区青少年开展心理、课程、活动的参与等。	周六、周日及节假日	全市学校或社区
慈善公益组	举办各种爱心活动，广泛募集爱心善款用于希望工程、帮困助弱和义工发展。	筹划的各种爱心活动期间	全市
关爱探访组	针对贫困患者的服务；为深圳市特殊需要儿童提供干预中心障碍儿童服务等。	周一至周日 14:30—17:30	深圳市人民医院、第二人民医院

（资料来源：深圳市义工联网站）

深圳义工以独特的形式提供儿童服务，并且在服务过程中传播志愿精神，体现的是公民责任感，义工联作为一个民间组织为此搭建了一个平台。然而，志愿精神和公益意识只是为公益服务奠定了道义基础，在各种资源并不丰富的现阶段，义工联在开展儿童服务和儿童救助时也会陷入困境，比如，义工可供服务的时间数量和时间段可能为长期、定时的学习辅导带来困难。

三 深圳社会工作机构成为开展儿童服务主要的民间组织

社会工作与儿童救助可谓有着渊源的历史，社会工作起源于贫民及贫困儿童救济，伴随工业化带来的社会问题而形成的一种新型的社会救助方式，继而发展成为专业化的职业，在社会救助、福利提供和社会服务中成为举足轻重的民间组织。随着现代社会保障和社会福利制度的建立，社会工作在西方已经成为继政府、市场之后维护社会稳定的重要角色。经过百年的发展，社会工作不仅被认为是一种工作方法，一种职业，它也是一门科学，更是一项有效的社会制度安排，从最初服务于单一的贫困群体，到现在为普通群体的发展提供福利服务，成为提升个人、家庭和全体公民生活质量，促进全社会和谐进步的民间力量。社会工作在西方的发展已经走向成熟，积累了丰富的经验，并且用实践证明了它在社会福利推进中的不可替代性。

中国在21世纪才开始对社会工作有了一定的认识，2007年深圳的社会工作全面启动，初步建成了以“政府推动民间运作”为主要特征的现代社会工作体系。截至2012年12月，深圳社工机构近70家，全市专职社工达到2700人，社工机构奉行“为政府分忧、为行业服务、为民解困、助人自助、关爱生命、奉献社会”的宗旨，社工服务遍及全市各区、街道和十几个领域，服务质量获得社会认同。随着经济社会的发展和居民需求的增长，社工服务的地位和作用日益突出，同时对社工机构的行业能力提出了高要求和严标准，社工机构作为推动公共服务的新兴民间力量，也在积极探索提供专业化服务的有效途径。

深圳社工为居民提供综合性专业服务，各社工机构提供的服务内容主要包括：老年人、妇女、青少年、儿童服务，社区日间照料、再就业培训、家庭问题协调、婚姻问题咨询、亲子活动、学生午托、家庭生活教育、文化体育和康乐等，而涉足儿童福利尤其是贫困儿童相关福利的社工机构有20多家（见表7—2），服务对象主要是儿童学校生活和家庭生活，包括残障儿童、流动儿童、贫困儿童等。

表 7—2　深圳市社工机构儿童服务一览表

机构名称	服务领域	开展的相关社工项目	成立时间
深圳市慈善会	公益慈善	雏鹰展翅计划、青少年慈善教育计划	2004 年
深圳市龙岗区彩虹社会工作服务中心	学校教育、社区、老年人、低保	“晴朗的天空”低保项目	2007 年
深圳慈善公益网	残疾人、医务、教育、青少年、民政	天使行动——为长期患病服务计划、晴娃娃——白血病病患儿援助计划	2003 年
深圳市芳草地社工服务中心	计生、青少年、妇女儿童、学校、社区	“关注青春期女性”少女计划、食物银行、幼儿托幼中心	2009 年
深圳市红树林社工服务社	社区发展、老年、青少年、企业及环保	“蒲公英家园”——社区未成年人综合服务项目	2008 年
深圳市龙祥社工服务中心	青少年、信访、残障、民政、工会、教育、社区服务中心	青少年综合服务、和谐家园、第二届“关爱来深建设者子女暑假公益活动”	2007 年
深圳市铭晨社会工作服务社	妇女、儿童、司法、老年人、社区、青少年服务	单亲妈妈新生活项目、保安法院非深户籍未成年人社工帮教项目	2008 年
深圳市慈卫公益事业发展中心	社区综合服务、流动儿童	流动儿童公益学习中心、流动儿童公益合唱团——流动儿童特长教育帮助计划、流动儿童“抗逆力”训练支持项目	2007 年
深圳市鹏晨社会工作服务社	妇女儿童、家庭及社区、老年人、企业及劳务工、残疾人康复、司法社会工作、医疗卫生服务	爱心家庭项目、彩虹计划——关爱留守儿童家庭劳务工项目、青苹果呵护中心项目	2009 年

续表

机构名称	服务领域	开展的相关社工项目	成立时间
深圳市鹏星社会工作服务社	民政、社区、老年人、家庭、残疾人、学校、劳务工服务等	家庭暴力防护中心、爱心图书室	2007年
深圳市日月社会工作服务社	医务、社区、青少年、民政、妇女儿童	为国难家庭及其子女提供心理咨询与辅导	2009年
深圳市升阳升社会工作服务社	禁毒、社区、青少年、劳务工、家庭	“e路春风——预防青少年网络成瘾社工服务项目”	2008年
深圳市希望社会工作服务中心	教育	希望驿站——“社工+义工”联合打造社区青少年之家	2007年
深圳市温馨社工服务中心	禁毒、信访、民政、老年人、儿童、劳务工、社区	牵手跨境儿童	2009年
深圳市社联社工服务中心	社区、司法、青少年、卫生、民政	阳光家庭服务、家庭暴力保护	2007年
深圳市新现代社工服务中心	民政社区、老年人、妇女、儿童、青少年、劳务工、信访、企业、医院等	“青春家园”社区青少年社工服务项目、关爱新罗湖青少年管理服务	2008年
深圳市南山绿野社工服务中心	社区、青少年	430学校管家、青少年成长管家、绿野童行	2010年
深圳市宝安区阳光社区工作服务中心	社区、残障	“星儿之家”	2009年

续表

机构名称	服务领域	开展的相关社工项目	成立时间
深圳市希望社会工作服务中心	残障、老年人	脑瘫儿童家属支持网络、馨悦家园	2009 年
深圳市光明新区壹家社工服务中心	社区、司法、侨胞	侨胞子女成长教育项目	2011 年

（资料来源：深圳市社工协会网站）

社会工作是一种即传统又现代的公共服务手段，在国外已经走过一个多世纪的历程，在中国也就是以深圳的社工发展为起点，不过才短短 5 年时间，但作为新兴的民间力量全面推动深圳儿童福利服务，建立学校与家长的联系，丰富学生的课外生活，对青春期儿童进行早期干预，对于病残患儿及其家长给予心理支持……社工的专业服务可以帮助我们正视长期以来忽略的儿童成长问题，促进儿童福利的完善。

综上所述，社工和志愿者是深圳活跃在公共事务中两支重要的力量，它们提供的服务符合市民需求，开展了大量形式多样、内容丰富的福利活动，取得了明显的社会认可和社会效益。这些服务具体包括两类，一是社区公共服务，包括对特定人群，如老年人、儿童、妇女的服务；二是社区居民的互助服务，包括文体娱乐服务等。义工和社工本着志愿精神和专业理念，在公共服务领域不断拓展空间，发挥着民间组织参与社会管理和社会服务的功能，这两种力量的叠加，无疑会给市民提供更加快捷、专业的志愿服务，尤其是在儿童的福利服务方面，正因如此，深圳在公共服务领域正在积极探索“社工 + 义工”的服务供给模式。

四　深圳民间组织对贫困儿童的救助及服务明显缺失

1. 贫困儿童服务短缺

深圳义工和社工在儿童福利供给和服务提供中不断拓展，丰富内容，成为该领域的主力军，但是综观义工与社工各机构所提供的项目及服务对象，对贫困儿童的专项服务中虽有涉足，却非常单一而且参与的力量少之又少。

比如，提供儿童服务相关项目的社工机构占了约1/3，可以说是社工服务的主流对象，但是在20多家社工机构中，仅有彩虹社工中心一家提供了低保服务项目，主要是针对低保家庭，服务内容有二：一是面向低保及贫困家庭，帮助处理紧张、焦虑等心理困扰并协助处理医疗、子女学费等特殊困难；二是针对有就业能力的服务对象从政府政策、本人意愿等方面开展工作并协助其调整就业态度发挥自身潜力实现自立。贫困家庭是该项目的主要对象，体现了儿童福利服务中一个重要的趋势，即更多地服务于增强父母的能力，使他们可以更好地处理日常生活，这是积极支持贫困儿童及其家庭的有效方法。当然，针对贫困儿童的各种心理辅导、精神需求、社交机会和社区参与等成长需求并未成为服务的内容，贫困儿童服务方案还有待更好地切合服务对象的需求。义工联与贫困儿童相关的直属组是学生服务组，提供的服务是对家庭经济相对困难或特殊家庭的学生上门义务家教辅导，组织学生参加公益活动，有针对性地开展心理、课程、活动的参与等。可见，就贫困儿童的需求来看，义工学生服务组的服务内容安排更切合实际。但是在实际操作中，由于更多的义工是利用业余时间提供志愿服务，很难给出规律的时间和系统的辅导。因此，学生服务组的服务区域虽然是全市学校或社区，但是真正开展起来的服务并不多。

无论是中国还是国外，城市贫困儿童都属于困境儿童，也是政府和社会需要提供各种保障及服务的对象，对该群体均承担一定的责任。然而，与其他困境儿童相比，就儿童本身没有任何残疾，主要还有父母或者单亲，因此，政府把责任完全推给家庭，而民间组织本身的发展还处在萌芽阶段，虽然被赋予担负对家庭和政府职能缺失的“补缺”角色，对服务模式和服务内容还在不断进行探索，还没有来得及更多顾及这一弱势的儿童群体，对这个弱势群体的关注远远不够，扶持力度比较薄弱，尤其是在现实的服务工作中更是如此。多种因素综合作用，使得深圳的民间组织在贫困儿童的福利服务供给中存在严重短缺的现象。

2. 访谈对象与民间组织服务没有交集

本课题15个访谈对象都是贫困儿童，虽然户籍都在福田区，但是有3户居住在南山，1户住在罗湖，而且15个家庭分布在不同的14社区。

在他们的访谈中，无论是早在六年前陷入贫困还是最近一两年前陷入贫困的家庭，孩子从小学到初中的过程都没有接触到社工或者志愿者的服务。

访谈个案7：我们家相当于是住在单位的家属院，所以原来爸爸单位的工会还会到家里走走，了解情况。街道办也来过，我妈妈的工作就是街道办给的。其他好像就没有什么人到家里来走访过。义工在街上就看到过，社工就不清楚了。

访谈个案4：这次暑假的时候街道办有人到过我家里，还带了点油之类的生活用品，过年还有公安局的来慰问，心里觉得挺温暖的，感觉好像有一个组织在关心着这个家。但是没有社工来过，学校也没有社工。

访谈个案9：我听说过社工，收到过他们发的传单，但一直以为就是社区的工作人员。他们没有联系过我。

访谈个案12：听爸爸说街道办的有来过家里，但我都在上学不在家里。社区一般都没有人到家里，你说的社工我不了解，反正我没接触过。

访谈个案1：街道办以前过年过节都会到家里来看看，上次好像是团委的也来过，其他就没有什么机构的人来过，社工也没有。

访谈个案3：街道办的一般来了解情况的多些，团委原来的书记挺关心我们的，妇联的主席也到家里看望过我们，逢年过节还给我们红包，感觉特别真实，很感动。我家是他们一对一的帮扶对象，所以他们来慰问多一些。但是你说的社工或义工就没有接触过，社工是干什么的我都不清楚。

访谈个案5：街道和区团委的一般中秋节什么的会来一下。其他就好像没有什么人到家里来过，也没有你说的社工服务。

访谈个案14：我家平时来人很少，对义工也听说过，但不知道可以帮助到我们，以为他们都是在公共场合服务的。

在访谈中了解到，街道办在重大节假日一般要访问贫困家庭，区团委会到家里了解孩子的成长状况，特别是单亲妈妈的家庭。但是，这15户贫困家庭从来没有与社工和义工有正式的任何接触，更不用说接受任何服务了，而且15个孩子在学校也没有听说过社工，看来这13个中学都未购买学校社工服务，所以孩子的家长都是自己到学校办理低保相关的各种手续，大多数班主任也配合家长不在班级给贫困儿童“贴标签”，让他们可以和其他孩子有平等的尊严。

所以，从访谈个案的情况来看，对贫困家庭的关心和慰问主要还是依靠基层政府——街道办在履行政府社会救助的福利保障功能，而团委则是代表青少年的民间组织体现出对贫困儿童的关注和关心，单亲母亲是妇联关注的对象，团委、妇联都是具有政府背景的民间组织。贫困儿童内心渴望得到任何组织或团体对家庭的关注，对自己成长的关怀，哪怕是简单的上门慰问。民间组织在社会服务中，正是由于有“补缺”功能，可以帮助恢复正常的家庭功能，再通过其他部门的努力，让儿童远离各种物质和情感上的困扰，维护儿童完整人格，并给予儿童发展自我能力和潜力的机会，这也是儿童福利服务的价值所在，也是民间组织成为重要的儿童福利部门的原因所在。

可是，深圳民间力量在扶贫帮困的能力还未作用到贫困儿童群体，民间组织还未担负起为贫困儿童提供福利和服务的社会责任，也就是说，深圳的民间组织在公共服务的供给方面对贫困儿童是排斥的，贫困儿童在民间组织的服务范围之外。虽然贫困儿童作为社会弱势群体应该享受到社工和志愿者提供的专业服务，比如对贫困学生上门义务家教辅导，贫困儿童由于学习资源匮乏，这类服务既符合贫困儿童的需求又利于贫困儿童未来的发展，还有针对社区青少年开展心理、课程、活动的参与等，这类服务功能是其他福利部门无法胜任的。民间组织在贫困儿童福利供给中的不足，一方面的原因是深圳的民间组织还不够发达，需要大力发展；另一方面的原因是深圳的贫困儿童相对是一个数量极少的弱势群体，吸引社会关注的力量还比较弱小。

在英国，以帮助世界贫困家庭而知名的“救助儿童”（Save the Children）慈善组织 2012 年 9 月 5 日向全社会发起呼吁救助英国贫困儿童，同时该慈善组织详细描述了英国贫困儿童的生活状况：“一些儿童甚至不能保吃饱穿暖，穿不起新鞋。近 1/5 的孩子说，因家长没钱，他们无法参加学校的外出活动。”“救助儿童”慈善组织呼吁政府关注低收入家庭的福利，并吁请雇主支付能够让人维持生计的工资。深圳的贫困儿童同样存在着上述问题，甚至情况更为恶劣和艰难，但是他们的生活状况没有得到真实的告知和展现，民间组织少有介入到贫困儿童的生活环境中，所以难以向公众作出详细可信的现状描述，社会关注号召就难以发出声音，其结果就是贫困儿童得不到应该受到的全社会关注和关心。

第三节　贫困儿童社会服务严重短缺

民间组织在社会救助中具有举足轻重的地位，贫困儿童既是贫困弱势群体又是儿童弱势群体，可以说是双重弱势，宗教组织、非政府机构等作为福利供给的社会力量长期以来成为贫困儿童救助责任的重要分担者，民间组织是贫困儿童福利事业的启动者和重要力量，发挥着不可或缺的作用。20 世纪 80 年代后，随着各种民间组织的层出不穷和发展壮大，民间组织为贫困儿童提供的福利内容更加丰富，服务手段更加多元化，民间组织成为贫困儿童福利事业的重要推动者，是贫困儿童社会服务的主要提供者和责任者。可是在中国，民间组织进入贫困儿童的福利领域步伐缓慢，对福利的促进作用微乎其微。

一　城市贫困儿童的民间服务组织严重缺乏

西方比较成熟的民间组织在儿童救助中提供了体系完备、项目丰富的福利服务，早在 20 世纪 80 年代就开始进入中国开展困境儿童救助服务。在此带动下，中国国内的民间力量也积极参与到困境儿童救助工作中。经过近 30 年代发展，中国民间组织的儿童救助工作虽然取得一定的进展，但和西方相比，仍处在起跑线上，民间儿童福利救助与现实需求有很大的距离。

了解儿童特殊的需求，是民间组织在制定福利服务目标和实施福利服务方案的主要依据。儿童处于生长发育期，需求是多方面的，其福利需求也是包括生理、心理、情感、精神和社会几个方面。在社会福利体制范围内，儿童的需求主要有八类：获得基本生活照顾的需求；获得健康照顾的需求；获得良好家庭生活的需求；满足学习的需求；满足休闲娱乐的需求；拥有社会生活能力的需求；获得良好心理发展的需求；免于被剥削伤害的需求（李芬，2009）。儿童的需求除了包括最基本的衣食住行的生存需要外，还有其他多种精神和发展需求。儿童时期是一个对个人未来人生和社会发展奠定基础的重要时期，关系到国家未来的发展力量，但同时儿童时期是整个人生的弱势阶段，他们满足需求的一切资源主要来源于家庭，父母是儿童福利最大的提供者，这一点和成人的需求有很大的不同，即不能通过自身的努力获得资源来满足自己的需求，儿童是福利最大的依赖者。因此，儿童作为一个弱势群体，儿童福利在整个福利体系中是最基本也是最重要的部分，同时儿童又最容易成为福利短缺的受害者。儿童福利主要是为提供衣食住行的基本生活条件的保障，以及为儿童提供参与社会、全面健康发展和实现自我的保障，前者主要是家庭承担的福利责任，后者除了一定的政府福利责任，更多的是要依靠民间组织作为主体来提供多种形式福利服务，满足儿童的需求。

中国民间组织的儿童救助虽然全面展开，主要类别有孤儿救助、特殊儿童救助、困境儿童救助；主要对象是弱势儿童，包括流浪儿童、残疾儿童、被拐儿童、少数民族儿童、违法儿童及流动儿童等，以及罪犯子女、有生理缺陷的儿童、艾滋儿童、被害儿童；主要的方式是组织收养，提供专业的治疗服务，提供法律服务等。在一项专门针对民间儿童救助的调查报告显示，在检索到的126个NGO中，没有一个是专门为城市贫困儿童提供服务的组织。我国正处于社会转型期特殊时期，社会变迁、制度改革带来的一系列变化造成大批困境儿童，城市贫困家庭儿童是其中一个弱势群体，但是由于该群体还可以有父母的庇荫，尽管他们的父母保障儿童福利的能力非常有限。因此，刚刚起步的民间组织还难以顾及该群体。

实际上，对于贫困儿童，家庭匮乏经济影响他们福利需求。城市贫困家庭儿童的基本营养可以得到保证，生理需求基本可以得到满足，但是教育支出水平普遍偏低，兴趣爱好得不到发展，社会活动参与率低，社会交往机会受限，社会需求难以得到满足，脆弱的家庭对于儿童的这些需求根本没有满足的能力，这一部分责任不得不交由民间组织承担。政府在救助困境儿童中由于多种原因存在程度不一的“失灵”现象，而且“小政府，大社会”的改革趋势意在将更多公益性事务交由民间组织。

那么民间组织在儿童的权利保障和福利满足事务中扮演着越来越重要的角色，同时承担着越来越多的责任，但是民间组织的发展却异常艰难。

二　民间组织的发展困难重重

尽管深圳地方政府大力推动民间组织发展，特别是社会工作民间机构更是被民政部作为试点在2007年全面展开工作。然而，深圳的民间组织在公共福利和公共服务领域的发展并不是一帆风顺，参与社会福利服务提供的民间力量还比较薄弱，而且也出现一些发展的问题。

首先，政府的公共管理职能向民间组织释放力度不够。深圳的社会管理和公共服务大部分仍由政府承担，尽管政府投入了大量的人力和财力，但提供的管理和服务数量、质量都不能满足市民日益增长的需求。政府对社会管理和公共服务大包大揽的方式，使得民间组织发挥作用的空间不足，其公共管理功能发挥受到直接影响，而且民间组织的福利特色服务也没有机会充分展现。

其次，政府扶持力度不够，民间组织发展明显滞后于经济社会发展，民间组织总量不足。民间组织不仅需要良好的法律成长环境，而且更需要得到政府多方面的扶持和帮助。就深圳目前的状况而言，政府对民间组织的资金不足，也不到位，政策上还存在许多盲点，对民间组织的许多优惠政策难以落到实处，造成对民间组织发展的制约。深圳市截至 2012 年 6 月注册的民间组织共有 4676 家，其中社会团体 1841 家，民办非企业单位 2807 家，基金会 28 家。按 2011 年底常住人口 1046 万计算，每万人拥有民间组织，深圳仅 4.4 个，而德国最高，达到 120 个，印度也有 10 个以上，不仅落后于非发达国家和地区，而且在国内也落后于上海、青岛等地区（见图 7—2）。

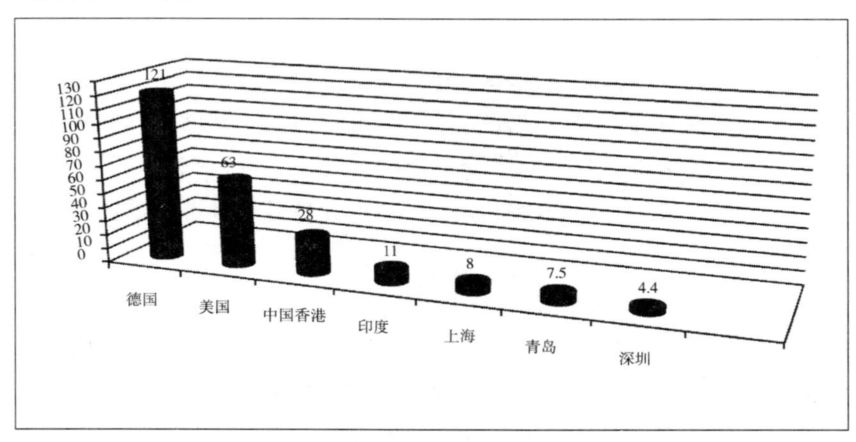

图 7—2　2011 年民间组织数比较（万人）

最后，部分民间组织素质偏低，管理不规范。深圳民间组织的发展如同这个城市一样是拔地而起，没有根基，没有历史，造成有些民间组织本身缺乏定位，服务意识弱，志愿性不强，服务质量差，而且组织本身没有健全的运作机制，职业化专业人才不足甚至匮乏，管理层缺乏科学的决策能力，筹资困难，资金短缺，出现营利化倾向，造成极坏的社会影响。

根据《深圳市民间组织报告》，深圳民间组织中提供行业公共服务的最多，超过半数以上的民间组织承担社会监督和行业监督管理的相关工作事项。承接从政府部门中剥离出来的部分社会职能，参与到公益活动中民间组织大约只有 60%，又仅有其中 30% 的民间组织参与扶贫帮困活动。总体来看，民办非企业单位、专业性社团和联合性社团参与公益事业的比率较高。基金会、民办非企业单位等各类民间组织积极开展工作来消除贫困、提供老人服务、帮助下岗职工再就业、保护环境、提供教育培训和卫生保健服务，满足社会成员多样性和多层次的需求，推进社会公益事业的发展。

实际上，参与到公共服务中的民间组织在提供社会福利和社会服务的过程中，需要得到政府的大力扶持，即便是民间组织较为发达的美国，政府也为培育民间组织采取了一系列支持措施，其中包括通过税收优惠对民间组织进行间接支持，政府通过公共服务外包形式，加大资助扶持民间组织力度，政府实施有效管理和监督，通过制度建设和机制完善，既鼓励了民间组织的良性发展，又规范其运作方式，使民间组织能够真正承担起公共服务职能和公共责任。因此，中国民间组织的发展有赖于政府的大力扶持，既要有资金方面的支持，还须有政策支持，只有这样，在进行一系列的社会政策的改革的同时，才能凸显民间组织的社会功能，民间组织才能为公众提供十分丰富且又贴近大众需求的公益性服务，在微观的公共服务项目中发挥巨大作用，与政府彼此扬长避短，满足各种群体的需求，共同承担社会责任。

世界银行 1999 年对世界 23 个国家的穷人关于公共机构综合评分进行系统定量分析的调查结果显示："总体上来讲，尽管一系列的国家、民间团体及私人部门在穷人生活中非常重要，但民间团体机构，尤其是穷人自己的正规和非正规的以社区为基础的组织以及各类非政府组织、宗教慈善机构、地方领导人、亲戚与家庭比政府公共机构更有效。"国内外实践证明，贫困者常常被排斥，而排斥往往来自于多数正规机构、社团以及市场。中国政府在社会服务中已经不堪重负，面对中国如此庞大的贫困儿童群体，倍感无力，正好为民间组织提供救助服务提供了空间。但是民间组织如何发挥优势参与到儿童福利和社会服务中来，尤其是为贫困儿童参与社会提供渠道、机会，需要政府的扶持和政策的支持。因此，民间组织对贫困儿童的福利责任实际上很大程度依赖于政府，换言之，贫困儿童的社会福利需求取决于政府的政策支持。

生活在这个经济发达城市“丰裕社会”中的贫困儿童，他们对社会服务的需求更加强烈，因为民间组织的福利供给可以帮助他们提高社会参与能力，让他们获得更多的社会资讯，增强他们的社会认同，获得社会归属感。然而由于民间组织发展缓慢，社会服务功能尚未健全，在福利供给领域还没有真正发挥其独特的作用。所以，贫困儿童的社会服务需求还处于严重的缺失状态，民间组织的发展以及福利功能的健全仍有赖于政府的大力支持。

第八章　讨论总结与政策建议

前面四章以访谈资料为主，问卷资料和文献资料等为辅，从福利视角讨论了政府、家庭以及社会对城市贫困儿童实现的保障责任，并通过对比分析，讨论了对城市贫困儿童形成的各种排斥状况。这是本研究的最后一章，将对以上讨论和分析得出研究结论，提出相应的政策建议。

第一节　研究发现

本节从贫困儿童福利主体责任和主体形成的社会排斥现象两方面总结本研究的发现。

儿童权利关乎其生存、发展和健康成长，儿童福利需要社会各方关注和保护，家庭、政府、社会成为儿童福利提供的主要责任者。本研究通过访谈，了解城市贫困儿童生活状况以及现实需求；通过对比分析，了解我国城市贫困儿童福利政策现状与差距；通过追踪深圳相关 NGO 的发展路径，了解社会力量对城市贫困儿童介入与服务的不足。关于城市贫困儿童的福利状况主要发现总结如下：

1. 城市贫困儿童的生存权和受教育权得到较为全面的保障，能够达到有饭吃、有衣穿、有学上、有房住的程度，他们不会有饥寒之虞，也能够坐在明窗净几的教室，这一点与普通儿童没有差别。

2. 家庭对儿童提供了最大限度的物质需求和精神需求的满足。无论是父母还是祖辈家长，都将孩子视为家庭未来的希望，都竭尽全力为孩子提供尽量与同伴少差别的各种待遇，哪怕自己省吃俭用、节衣缩食。他们真正做到“一切为了孩子”，尽管这种权利的保护和实现对于低保家庭极其困难。

3. 城市贫困儿童的福利观依然遵循着传统“家本位”观念，满足儿童各种需求是家庭的责任，家庭应该为孩子提供一切，为孩子提供保障是家庭的全权职责，在核心家庭无能为力之时，大家庭的亲戚也肩负起义不容辞的责任。几乎没有家长或儿童认为，政府对儿童的成长负同样的职责。

4. 城市贫困儿童的发展权受到限制。家庭支持尽管不遗余力，但不可避免存在缺陷、漏洞，因为贫困的经济条件及匮乏的社会资源使儿童在教育、健康和营养、认知和情感、生活水平以及其他发展方面低于最起码的水平，并且损害其后续发展。

5. 政府对城市贫困儿童群体没有整体关注，对城市贫困儿童福利的缺乏责任意识。中国长期的传统文化以及福利现实表明，家庭是儿童一切福利的提供者，与政府无关，政府也从未对贫困儿童有过相关的保护政策，即使加入联合国《儿童权利公约》，在儿童权益保护方面政府表现出被动与缺失。

6. 政府责任不足导致儿童福利受到严重威胁。在现代社会中，儿童需求是多方面的，贫困家长根本不可能依靠一己之力独自承担，政府在福利制度设计中必须以贫困儿童需求为导向，制定专门的多层次的保护贫困儿童的福利政策，然而由于政府在诸多方面未能承担其足够的责任，使城市贫困儿童的需求得不到满足，权利得不到实现。

7. 低保标准取决于地方财政实力。由于中国地域宽广，地区差异较大，城市最低生活保障标准是各个省市根据当地的生活水平、政府的财政情况等因素设置的，因此“贫困线”的计算就存在差别，最低生活保障标准相应体现地方政府的经济实力。为了彰显“责任政府”，各地相继出台对于贫困家庭的各种优惠政策。

8. 民间力量（NGO）对于城市贫困儿童的福利推动作用微弱。城市贫困儿童在家长综合能力较弱、政府责任严重缺位的情况下，需要社会力量介入，为他们提供各种各样的服务，提高他们参与社会的积极性和学习能力，帮助他们培养健康的心态，然而我们的 NGO 服务尚处于探索阶段，本身还不成熟，不能提供满足需求的福利服务，这与国外 NGO 在福利服务中的主力军作用，尤其是提高和完善弱势群体的福利方面，有相当大的差距。因此，城市贫困儿童的福利推进缺少了一个巨大的推动力。

第二节 结论与讨论

本研究的主要问题是，城市贫困儿童福利的状况如何？具体研究问题是：谁是贫困儿童的福利责任者，对贫困儿童的福利需求是如何满足的？在访谈资料基础上展开对贫困儿童家庭责任进行详细分析，在对比探究中国对贫困儿童的政府责任及社会福利责任的现实状况基础上，阐述深圳推动贫困儿童福利的具体政策和服务模式的局限，以此论证深圳贫困儿童存在多方面的福利不足或缺失。

一 城市贫困儿童福利责任主体必须从一元到多元

福利多元主义是20世纪80年代之后国家福利制度选择的理论支持范式。它主张，在福利供给中，市场或者政府都有可能出现失灵，因此福利保障既不能完全依靠政府，也不能完全依靠市场，而应该是多元福利主体共同提供，因为福利资源呈现多元分布状态，国家和市场之外，家庭、社区以及以非营利组织为代表的各种民间组织都可以参与到福利供给的活动和服务中。从国外经验和访谈分析中可以发现，贫困家庭救助、贫困儿童福利具有特殊的保障要求和特性，因此政府成为责任主体，负责宏观制度设计，各种社会力量参与福利服务供给，力求形式多样以满足多元需求。中国城市救助体系全面推行仅有10多年的时间，制度本身极不完善，贫困儿童的福利设计更是被忽略，致使城市贫困儿童遭受多方面的福利排斥。

1. 城市贫困儿童救助主体认知落后且救助内容单一

第一，家庭依然被视为贫困儿童福利的唯一责任主体。在中西方传统文化中，儿童均被认为属于父母的私有财产，抚养子女是父母的天职，家庭是满足儿童生活需求和情感需求的唯一责任者。随着现代社会发展和现代福利制度的建立，在国际社会，儿童的福利理念开始得到认可，人们对儿童权利的认识开始改变并得到提高：儿童不再仅仅是家庭的责任，儿童属于社会，代表国家未来，儿童权利必须得到国家的保障和法律的保护，贫困儿童成为需要政府特别保护的对象，贫困儿童应该在政府的福利庇荫下和其他孩子一样生活幸福，健康成长，以此消除因为家庭贫困带来的任何排斥。然而，中国虽然迈进了现代化的大门，但是关于儿童福利的意识还没有走出家庭的藩篱，在中国的现实中，儿童福利主要供给者仍然是家庭，是父母。即便是贫困儿童的保障也没能走出家庭，其特殊的困境尚未得到社会的普遍认识和政府的认可，政府还没有成为贫困儿童的责任主体。

第二，社会救助是源远流长的一项社会福利，而中国城市最低生活保障制度只是一项最低层次的社会保障手段，功能是维持贫困城市居民最基本的生存权。20 世纪 90 年代末，面对日益严重的城市贫困问题，中国政府虽然走到幕前，但选择的立场是重新强调市场或家庭的作用，让市场机制或家庭承担更多的责任，尽量弱化政府保障职能，通过出台“简单”的《城市居民最低生活保障条例》，将政府社会救助职责局限在最低生活保障上。然而，从国外经验来看，社会救助制度正是在市场失灵的情况下由政府建立和发展起来的，用以解决市场无法解决的社会公平问题。贫困家庭由于本身失去了市场竞争力，没有任何经济实力，对于该群体市场机制十分微弱，发挥不了任何调节作用，城市最低生活保障制度实际上是政府将更多的责任推卸给了家庭。

2. 儿童“贫困”有了更多更深的内容，不仅包含物质贫困，更多的是人文贫困和发展贫困

贫困已经走出“物质匮乏”的含义，涉及政治、经济、社会、文化、心理、生理等各个方面，其中世界银行对贫困的界定最有代表性，《1981 年世界发展报告》指出，“贫困是当某些人、某些家庭或某些群体没有足够的资源去获取他们在那个社会公认的、一般都能享受到的饮食、生活条件、舒适和参加某些社会活动的机会，就是处于贫因状态”。《1990 年世界发展报告》又补充道：衡量“贫困”不仅要考虑家庭的收入和人均支出，还要考虑那些属于社会福利的内容。因此，贫困是人处于这样一种生活状态，即由于不能合法地获得基本的物质条件和参与基本的社会活动的机会，导致不能维持一个人生理的和社会文化可以接受的生活水准。物质生活条件除了衣食住行外，还包括教育、医疗卫生和生活环境，社会活动不仅指社交活动，而且包括宗教和政治活动，对处于成长过程中的儿童更是如此。

那么，对贫困儿童的救助就不能再局限在单一的最低生活保障，即传

统救助，还必须包括医疗救助、教育救助、住房救助、社交援助、法律援助等，也就是要建立现代救助体系（见图8—1）。

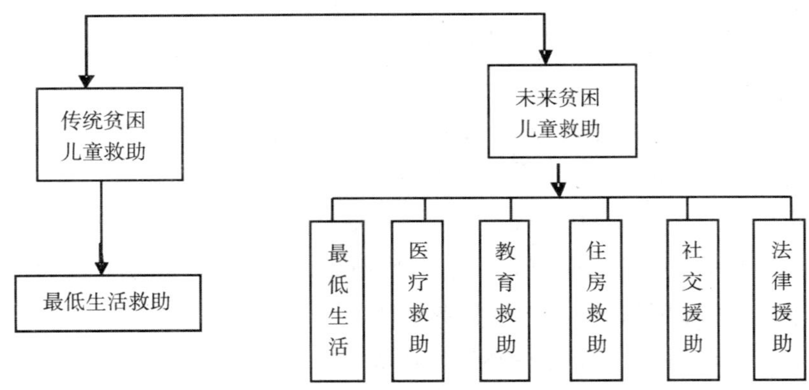

图8—1 传统贫困儿童救助体系与现代贫困儿童救助体系比较

3. 责任主体多元化成为救助福利的历史趋势

社会救助在经历了宗教民间慈善机构作为济贫主体的初级阶段，到资本主义早期政府强制立法，担任惩戒性济贫责任，明确国家成为社会救助的责任主体，社会救助的国家责任是政府作为一个政治实体存在的合法性前提，再到社会志愿组织和团体参与、补充到现代政府救助福利的服务中来。从自由主义、凯恩斯主义、新自由主义到福利多元主义等各种范式，成为支持每个阶段国家社会政策制度选择的理论基础，社会救助主体也相应登场，如图8—2所示。

正是由于贫困内容在不断更新，它随着社会生产力水平的提高，外延在不断变化，经历了一个由绝对贫困到相对贫困、由狭义贫困到广义贫困、由生存贫困到发展贫困的过程，政府肩负的救助责任越来越重，早期的救助形式——现金补助和实物发放，已经远远不能解决贫困家庭需求。在现代救助福利体系中，既要求发挥政府的宏观调控作用，市场的自然调节功能，又要充分利用社区、各种民间力量和非营利组织服务灵活、高效以及内容多样的优势，当然还有必不可少的家庭保障，只有在这种多个福利提供者共同作用下才能使福利来源多元化，唯有如此才可以真正满足贫困家庭的生活需求和贫困儿童的发展需求。

在我国城市社会救助的主体结构中，政府未承担起责任主体的重担，

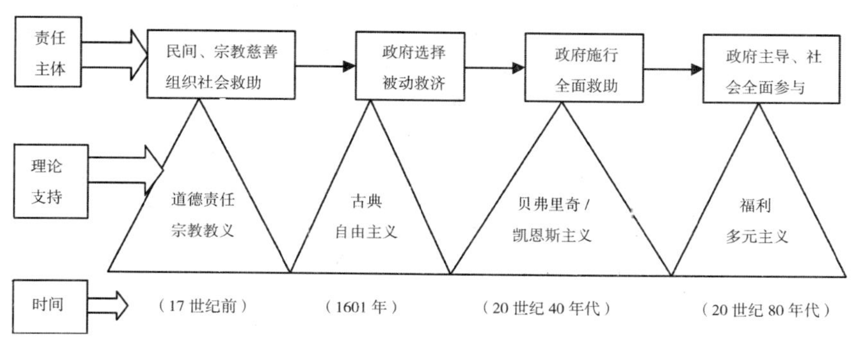

图8—2　社会救助的历史演变

而且由于认识不到位和政府财力所限，贫困儿童成为政府救助的一大盲点，贫困儿童的福利需求被政府忽视，儿童福利只能搭在家庭最低生活救助的“便车”上，其他更多更迫切的福利需求无可奈何只能游离在政府救助的保障网之外。因此，从国际社会的社会政策发展趋势以及我国政府的救助体系来看，在选择贫困儿童救助福利制度过程中，必须在明确政府的主导责任的同时，建构以家庭和非政府力量为补充的多元主体结构，并且促进多元主体良性互动，是建立和完善我国贫困儿童社会救助体系的必然选择。

二　福利责任不足或缺失必然造成贫困儿童的社会排斥

“贫困”“福利”及“社会排斥”这三者放在一起有着必然的逻辑联系：贫困者由于没有享受到政府及社会应该提供的福利，各种权利受到剥夺，势必遭遇社会排斥。所以，当西方各国在20世纪50年代纷纷宣布建成“福利国家”时，曾一度宣称“贫困”已经消灭。但是到70年代中期，当政府失灵，“福利国家”陷入危机，曾经消失的“贫困”又卷土重来，而且来势汹汹，后果更为严重，简单的“贫困”二字已经不能涵盖当时的社会问题，“社会排斥”这个概念被更为恰当地引用代替。因此，对贫困儿童提供福利的主体没有到位，或者没有履行其福利责任，必然导致该群体遭到社会排斥的境遇。

1. 政府责任的不足导致对贫困儿童的制度缺失

政府肩负着对贫困儿童的两重责任，一是儿童福利首先体现为政府责任，因为儿童是国家的未来，政府应该对每一个孩子的成长负责。这是世界公认的法治理念，也是政府天然职责所在；二是贫困儿童作为贫困群体，必须得到国家的救济救助，以保障其基本生活需求。所以，贫困儿童和其他特殊儿童一样，如孤残儿童、流浪儿童，需要得到政府全面的保障，才能健康成长。

贫困儿童的福利需求不同于普通儿童，也不同于孤残儿童和流浪儿童，他们的需求更多的是和经济供给相关，因此政府应该根据贫困儿童的特殊需求，在制度建设上为他们提供适宜的福利项目。

例如，在英国，对贫困儿童的福利供给除了依附在家庭救助中以外，还特别设定了一些专项福利内容：低收入家庭除了救济金，还有子女的可获取学校的免费牛奶、免费膳食以及免交国民保险，还可以享受房租补贴等。对失业救助者的社会救助金额按被抚养成年人和儿童的多少来确定。英国的保障标准考虑因素包括救助对象情况：未成年人数量和年龄，因此保障水平会因为家庭中儿童的数量和不同的年龄段而有所不同。在美国，"未成年子女家庭援助计划"对贫困儿童各方面的需求都做了相应安排，而且还有"低收入家庭子女享受医疗援助计划和医疗服务"的福利制度。

相比之下，可以说我国几乎没有贫困儿童的特殊福利制度安排，贫困儿童没有能够享受到政府提供的福利。政府没有能够正视贫困儿童的特殊需求，忽略对贫困儿童的责任。我国现阶段的儿童福利制度还处于最原始阶段——社会救助范式，儿童福利局限在各种不幸儿童、困境儿童、边缘儿童（刘继同，2010：47），那么贫困儿童无论怎样都属于困境儿童，是应该得到政府关注和承担责任的群体。但是由于传统儿童福利观的影响根深蒂固，家庭是儿童福利最重要的或唯一的责任主体，政府因此将对贫困儿童的福利责任完全推卸给家庭，没有任何福利供给，也没有任何贫困儿童的专项制度安排，结果形成制度缺失。可以说，中国政府在制度的顶层设计中缺乏对贫困儿童群体利益关注。

由于贫困儿童的福利在国家层面没有相关的制度选择和制度建设，就无法享受到现代福利体系中应该提供的教育福利、医疗福利和住房福利，也不能保证成长过程中足够的食品和所需的营养。因此，由于政府没有认识到贫困儿童群体的特殊性，也没有遵守《儿童权利公约》中明确规定的“儿童最大利益原则”，不履行对贫困儿童的政府责任，导致该群体无法在制度上享受现代救助和福利。这种由于不作为逃避责任的行为造成的排斥势必损害贫困儿童利益。但是，一般而言，地方政府大都扮演福利提供者的角色，深圳开始尝试对贫困儿童的政府责任，将医疗保险有条件地提供给当地贫困儿童，并且将学前教育部分福利普及化。

2. 家庭责任的不足导致贫困儿童遭遇多重社会排斥

无论中外，家庭都是儿童成长最主要和最重要的环境，家长承担着照顾儿童，为儿童提供一切需要的责任。随着国家角色的转变和政府责任的确立，福利制度在不断完善过程中，家庭在儿童福利中的角色和责任也发生了重大变化，政府成为贫困者、儿童最重要的救助责任者，社会各种力量也在扶贫救助和儿童福利中发挥越来越重要的作月。尽管如此，由于我国政府回归保障责任历史短暂，政府对儿童福利的责任还处于完全消极被动状态，呈现迫不得已回应儿童问题的特点，具有明显的剩余特征，因此家庭仍然是儿童最主要的福利来源。

在所有的家庭，无论其社会地位和经济状况如何，家长的角色都是照顾儿童，家长承担着照顾家人的责任：为孩子提供必需的衣食住行，陪伴孩子健康成长。城市的家长每天还要面临教养孩子的多重任务，因此，城市贫困家庭远比普通家庭遇到的困难大得多。贫困家庭本身由于贫困的侵蚀，家庭功能不能正常发挥，成为弱势家庭。弱势家庭在为儿童提供经济保障和情感支持的家庭福利过程中，倍感力不从心，被动地给孩子在家庭和学校生活中造成多方面的社会排斥。

家庭经济支持力微弱，造成贫困儿童生活方面诸多的排斥，经济资源的匮乏使得贫困家庭所面临的境遇要复杂得多，困难得多。政府简单的家庭援助并不能涵盖抚养孩子的各种消费支出，而且父母的经济、社会资源相当有限，加上日益上涨的物价增加了生活成本。因此，由于有限的物质条件，贫困家庭不能提供孩子每日所需的物质，无法全面满足孩子的生活需求。尽管深圳政府提供的救助水平在全国位居第二，但是仍然无法保证儿童成长所必需的物质条件。虽然不存在吃不饱穿不暖的问题，可是贫困儿童普遍营养不良或不足，难以穿上新衣和新鞋，居住环境狭窄、恶劣，生病不会随便就医，等等。这是贫困家庭普遍面临的问题，贫困家庭由于各种资源匮乏，造成生活的诸多局限。所以，贫困使得贫困儿童的家长无力胜任和履行照顾子女健康成长的责任，这种被动式的责任缺失，导致孩子无法享受正常的家庭生活物质条件，形成物质条件的享用上受到排斥。

贫困家长的责任不足还造成贫困儿童在情感支持上的排斥。在家庭处于极度贫困的状况之下，家长无暇顾及子女的情感需求，不能给予孩子所需的情感支持。城市中大部分孩子都是独生子女，父母十分注重与孩子的情感交流，对待孩子的活动、生活一般都会十分关注，不仅通过让孩子报名参加各种活动来支持孩子的爱好，而且会陪伴、参与到这些活动中。因此，孩子的一切活动都会有权利得到父母的关注。贫困儿童家长由于整个家庭的巨大经济压力，没有太多的精力和心情关注到孩子的业余爱好、社交活动，以及与自己的情感交流。贫困家庭无力顾及孩子的业余生活，孩子的闲暇活动在父母眼里无足轻重，多数被与成人世界割裂开来，孩子在父母那里获得的情感支持相对较弱，父母对儿童在成长期的情感需求不能满足，使贫困儿童遭遇家庭情感支持的排斥。

3. 民间力量的责任缺失导致贫困儿童社会参与排斥

民间力量以高效大众化的服务介入社会保障领域，而且以弱势群体需求为导向，与政府、市场及其家庭共同作用，发挥各自优势，相互取长补短，为保障体系的完善提供推动力。

中国城市贫困儿童是城市生活中最为脆弱的群体，政府没有对该群体承担任何专项福利责任，已经对他们造成制度排斥。贫困家庭本身的福利功能不健全，对子女的福利供给能力更是力不从心，贫困儿童的很多社会需求更多只能依赖民间组织提供，而民间组织的公益特点和福利服务方式正好契合城市贫困儿童的这一需求。

民间组织在公共服务领域更多的是集中在弱势群体的需求上，从社会底层和社会弱势层面开展社会救助、福利服务等工作，致力于改善弱势群体的生存环境，促进弱势群体的社会参与度。民间组织通过对贫困儿童的关怀与帮助，通过入校、入户探访，动员、组织贫困儿童参与各种校外活动，进行上门学习辅导，在一定程度上可以实现社会资源的再分配，提供他们参与社会生活的机会，培育他们多方面的能力，这样在政府保障其最低的生活要求的同时，民间组织为他们提供可能的发展机会，遏制由于家庭贫困带给儿童的巨大冲击，减少或缓解城市贫困儿童在成长过程中可能被边缘化带来的损害，维护社会公平，对可能的贫困代际传递起到防微杜渐的作用。民间组织对贫困儿童福利责任正是通过特殊的服务方式，整合社会资源，创造机会，让贫困儿童加入各种课外组织和课外活动，让他们参与到由于家庭资源匮乏而缺少的社会生活中。倘若民间组织不能提供贫困儿童需要的公共服务，那么贫困儿童参与社会生活的渠道就没法建立，他们就难以依靠自己的力量进入到社会生活中。然而，中国的民间组织实际在贫困儿童的福利服务中，并没有真正做到如前所述，即便在民间组织发展较快的深圳依然存在很大的差距甚至服务缺失。

民间组织对贫困儿童责任缺失的原因主要有以下两点：

第一，中国的民间组织是社会福利领域的新生力量，在大部分城市民间组织还处于起步阶段，一方面，政府的支持力度和社会的资助力度都达不到期望，使得民间组织的资金获取难以实现，受资金资源的限制，民间组织的各种保障服务受到限制；另一方面，在福利服务中产生需求过度，供给却严重不足的现象。而且由于中国缺少本土的志愿文化，民间组织本身有时也会出现萨拉蒙提出的“志愿失灵”（voluntary failure）现象，这也是民间组织在发展过程中不得不面对的一个问题。况且对贫困儿童的福利提供本身就是一个各种物质与精神资源消耗的服务，有限的资源必然限制福利的提供。如果贫困儿童都能找到可以依附的社会公益服务机构，而且能够获取所需的最基本的、长期的援助，能够充分合理地使用手头资源和社会资源，都将会给贫困儿童的生活带来巨大改变。

第二，民间组织在公共服务领域一般具有特定性和专门性，其服务主要针对特定的社会群体，并且往往根据自身的特长、偏好来选定服务对象提供服务。由于在城市生活中，各种弱势群体如残疾人、儿童、老年人等都有不同的需求，随着公共领域地不断拓展和扩大，面对贫困儿童专业化福利服务供给的民间组织明显不足，而且出现失衡、重复现象，有的机构提供的服务甚至出现不成体系的状况。也就是说，民间组织由于本身处于发展时期，受到资金、专业性的限制，在对贫困儿童的福利服务中，一是服务供不应求，无法满足贫困儿童对公共服务的需求；二是专业服务水平还不能充分实现社会资源整合，不能让更多的贫困儿童参与到社会生活中来。

因此，现阶段民间组织由于多种原因无法较好地为城市贫困儿童提供福利服务。

需要说明的是，学校是儿童最重要的学习、交友场所。通过访谈发现，学校出于维护贫困儿童尊严、保护贫困儿童情感的原因，对贫困儿童没有提供任何有别于其他学生的差别待遇。学校作为责任主体在社会救助中的功能只是为贫困学生出具学籍证明，对贫困学生并没有承担其他任何被期望的责任。所以在该研究中，对贫困儿童福利影响的主体就没有考虑学校因素。

第三节　政策建议

本节在讨论结论的基础上，对城市贫困儿童的福利政策提出相关建议。克服贫困，消除社会排斥，是城市贫困儿童社会政策的一致目标。但是克服贫困并不能完全消除社会排斥。社会融合不是简单地依靠政策扶贫就可以达到的，而是必须建立一个多层面的立体的贫困儿童福利政策框架才能实现。

一　坚持政府、家庭、社会“三位一体”的政策原则

针对城市贫困儿童遭遇的各种排斥，只有建立科学的福利供给体系，才能实现福利的有效供给，真正消除社会排斥，走向社会融合。

由于贫困儿童的福利既包括儿童需求也包括贫困需求，无论是政府、家庭或者社会都无力单独满足，缺少任何一方都不能覆盖贫困儿童的全部福利需求。因此，为了给城市贫困儿童撑起一把“遮风避雨”的大伞（如图8—3所示），必须坚持政府、家庭和社会“三位一体”的原则，共同保护贫困儿童利益。其中政府承担救助制度设计的责任——保障贫困儿童最基本的生活；家庭提供家庭支持，包括经济支持和情感支持，这是儿童最重要的福利需要；社会各种力量不断拓展儿童参与社会活动的机会和渠道，是儿童发展必不可少的福利要求，在这三者的共同作用下，可以弥补贫困儿童的群体弱势，让他们和其他孩子站在同一起跑线上，健康生活，快乐成长，这也是福利提供者的初衷和愿望。

西方对贫困儿童提供了较为全面的福利保障，贫困儿童可以享受到切实的社会保护，正是多种力量加入到福利供给体系中来的结果。

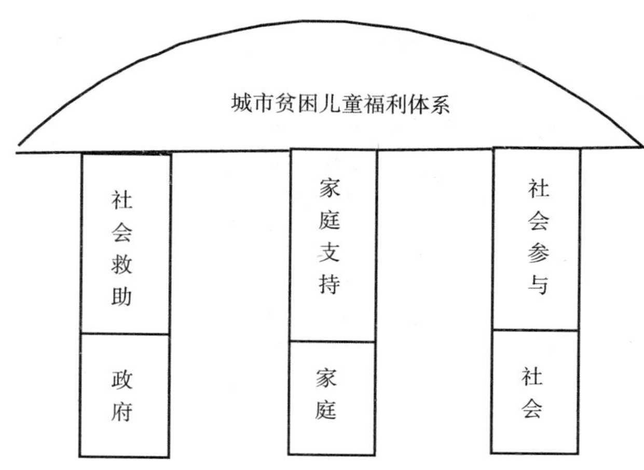

图 8—3 现代城市贫困儿童“社会保护伞”

从中国对贫困儿童的保障历史来看，政府的儿童福利模式一直以来都是采取“剩余价值取向”，认为照顾儿童是家庭的责任和父母的义务，国家是最后迫不得已的出场者，因此长期以来是政府责任空缺。社会力量参与贫困儿童福利供给也才刚刚开始，如何有效服务还是一个需要不断实践的课题，家庭是儿童始终的保护者，在这三者当中，政府和社会长期缺位，仅靠家庭一只手撑着这把残缺的大伞（如图 8—4 所示），势单力薄且摇摇欲坠地保护着贫困儿童的福利权利。中国城市贫困儿童的福利就是长期在这样一种家庭“一足鼎立”的模式下维持着，只能维护着儿童的生存权利，但是他们的受保护权、发展权、参与权得不到完全的维护，与普通儿童相比，城市贫困儿童遭遇的社会排斥越来越严重。而“三位一体”的福利原则，就是从“一足到三足”，使贫困儿童的福利救助从单一性供给到多元化救助，从生存型福利到发展性福利，从消极养育到主动保障，政府、家庭、社会三者共同携手，依照各自承担的责任，充分发挥各自优势，共同为贫困儿童提供全面的福利，形成合力。唯有如此，才能真正保护贫困儿童的各种权利，使儿童获得全面发展的空间，减少遭遇的排斥。

坚持“三位一体”原则，首先考虑在设计整个制度体系中确保政府、家庭和社会三者作用彼此渗透、相互补充；其次在政策运作实施过程，必须明确政策的责任主体和责任范围，确保责任主体在福利供给实践中，三

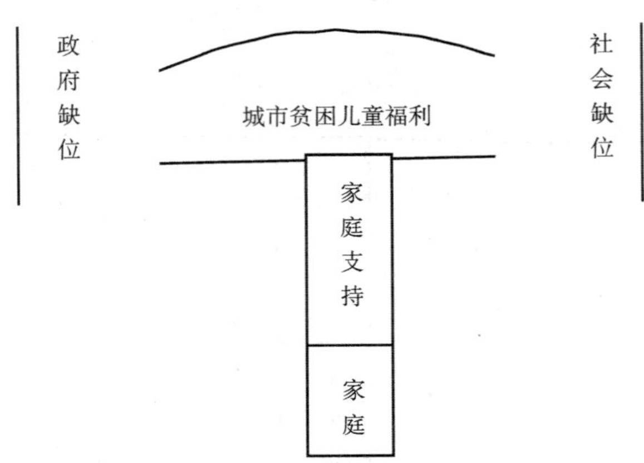

图 8—4 中国传统“一足鼎立”保障模式

者联袂合作，提供贫困儿童的福利。

二 完善主体责任，消除社会排斥

尽管中国已经签署了《儿童权利公约》，但是可以说，儿童福利、儿童权利、儿童参与、儿童优先原则和儿童发展理念目前尚未真正广泛接受，或者说这种接受只是思想上的而非行动的接受，对儿童需求的理解仍然局限在生存权利和生命安全的保护层面，并且依然秉承“儿童的照顾只是家庭的责任”的文化传统。因此，儿童福利政策导向应逐渐定位在有利于儿童的身心全面发展的层面上。在确定并坚持“三位一体”的福利供给原则的同时，必须明确各福利主体的责任，才能建立有效的贫困儿童福利体系，根本消除对贫困儿童的福利排斥，真正起到保护贫困儿童身心健康的作用。根据福利多元主义理论，以及访谈资料显示的贫困儿童遭遇的排斥状况，建议对政府、社会和家庭的责任从以下几方面进行落实以及强化。

1. 完善政府救助体系

现代社会救助体系是一个庞大体系，内容丰富，手段多样，但是政府对贫困儿童的责任不能再含混不清，将儿童福利捆绑在成年贫困者身上，没有区别对待，政府应该明晰并且承担对贫困儿童的保障责任，结合现阶段政府的财政实力和需求的现实性，提高贫困儿童的救助水平，扩大救助内容，主要集中在食品救助、教育救助和医疗健康救助等范畴。

（1）建立城市贫困儿童生活津贴制度：贫困儿童由于家庭贫困而被动地陷于生存困境，营养和健康维持在较低水平，家庭提供的生活条件达不到健康儿童所需的标准。因此，应该建立以儿童为目标人群的生活津贴制度，更好地保障贫困儿童的生存权。贫困儿童生活津贴必须保证现金补贴的专项性，用于补充儿童的食品内容，可以通过幼儿园和学校免费校园餐的形式进行补贴，切实保证贫困儿童不会因为家庭生活资源匮乏影响儿童生长过程中所需的必需的营养，可以和其他孩子一样健康成长。

（2）最低生活救助：最低生活救助是整个社会救助体系中最为重要的基础部分，是社会保障最后的“安全阀”，但是不够完善。随着经济实力的提高，政府应该提高贫困家庭的基本生活水平，尤其是贫困家庭子女。例如美国农业部对低收入者发放食物券和对低收入家庭妇婴儿童提供的免费食品等，其用意就是增加贫困者的食品购买力，尤其是满足儿童的健康需求。

（3）教育救助：由政府资助贫困儿童生完成学业的专项社会救助。教育救助是现代社会解决贫困家庭学子无力就学、避免贫困家庭陷入时代贫困陷阱的有效举措。教育救助的主要内容包括学杂费减免、奖助学金发放、学习用品提供、免费食宿以及就学交通费用等。教育救助既可以在义务教育阶段，还可以在非义务教育阶段提供，包括学前教育和高中及高等教育阶段。教育救助的目的是实现教育公平，同时也是现代救助体现的重要组成部分，是避免贫困在两代人之间递延最持续可行的救助，惠及国家，惠及未来。

（4）医疗健康救助：政府对贫困儿童患病特别是重大疾病给予一定的费用减免或现金补助，从资金和技术上为贫困儿童提供部分或全部的医疗健康服务。医疗救助制度建立的目的在于弥补“基本生活救助”制度和医疗保险制度的不足，尽量杜绝“因病致贫”的恶性循环，解决城市贫困儿童的基本医疗问题，改善他们的健康状况，保障贫困儿童可以健康地成长。

表 8—1　政府对城市贫困儿童的保障责任

项 目	形 式	功 能
生活津贴	食物供给	保障儿童健康营养
最低生活救助	现金支持	维持儿童生存
教育救助	实物/现金并行	保障儿童的教育权利
医疗健康救助	实物/现金并行	保障儿童的健康成长

从表 8—1 显示，政府提供的儿童保障影响着儿童生活的方方面面，对儿童生活起着重大的影响作用。由于贫困儿童的家庭养育功能遭到贫困重创，无法正常保护子女，政府既要承担国家的保障责任，又要介入家庭私人领域担负起部分家庭缺失的责任。政府提供的福利支持类型多样，待遇水平高低不一，体现政府的不同的政策意图和责任意识。

我国政府长期以来并未认识到对贫困儿童的福利责任，在现实中也未切实有效履行过政府的保护职责。因此，首先必须明确政府的保障责任，其次要平衡好政府对儿童的保护程度和政府介入家庭领域之间的关系。由于我国还未建立起覆盖全民儿童的健全的福利保障制度，政府对贫困儿童的责任，就是在现有条件的范围内提供较为全面的国家保护和支持，真正维护儿童的生存权、发展权、参与权和被保护权，这样才能走出政府过去仅仅维持儿童最低生活水平的“责任萎缩”阶段，实现社会公平，成为一个真正负责任的政府。

以上相对全面的政府保障是建立在一定经济基础之上的，以保守估算的 7000 万贫困儿童为保障对象，对当今政府的儿童理念和保障能力都是一个巨大的挑战，但是在深圳这样一个经济发达、财政力量相对雄厚的城市，可以走在全国前面，如同少儿医保政策一样，率先在贫困儿童福利的国家责任的制度设计上先行先试，为全国性的福利制度或其他地区的福利政策提供成功经验或应汲取的教训，作为城市贫困儿童福利制度的“试验场”。

2. 强化民间组织的福利服务功能

民间组织作为民间力量，一直活跃在社会救助领域，这种救助责任是自发的、志愿的，是一种社会责任的表现。尽管中国的民间组织发展较晚，相对独立性较差，本身的规模和力量非常有限，涉及的领域还相对狭窄，在社会救助方面的作用还没有完全被社会认同和认可，但是随着中国政府职能的转变，“小政府，大社会”的格局逐渐形成，民间组织的社会服务功能得到加强，特别是2007年社会工作得到政府的大力支持在全国展开，公共服务开始社会化，民间组织作为政府、市场之外的第三大力量开始登场社会福利供给领域。作为刚刚成长起来的服务社会福利的民间组织，逐步开展针对不同服务群体、家庭的需求，提供不同的社会福利项目，为弱功能家庭或失功能家庭，开展补充性服务。

为保障贫困儿童的权利和福利，应该充分发挥民间组织在福利服务方面的专长，弥补政府和家庭对贫困儿童以及贫困家庭责任的缺位与不足。

第一，积极开展家庭服务，增强父母的亲子能力，力求克服贫困压力而能够胜任亲子角色，这样可以补充父母职责和加强家庭功能。现代儿童的成长离不开各种亲子活动，特别是情感沟通和成长关注，但是贫困父母多数处于失业状态或者身患疾病，这样的状况已经给他们造成巨大的生活压力，还要肩负抚养、教育子女的重担，重重压力让他们有力不从心的感觉，无心或无力关注与子女的情感交流。通过民间组织的介入，可以让父母重视家庭的情感支持并学会与子女沟通技巧，增进家庭的融合度和凝聚力。

第二，建立以社区为依托的儿童福利服务网络，提供形式多样的儿童活动服务。各类民间组织，包括慈善组织、社会服务机构、各类学校以及社区等各种福利非营利组织和团体，都具有自身的特色，在各自擅长的领域积极开展儿童福利服务，充分发挥自己的优长之处，建立多层次、全方位的儿童福利服务网络，比如开办社区儿童之家，为儿童策划活动，组织实施，提供场所。

第三，丰富服务项目，尽量满足贫困儿童的物质和精神需要，在教育、食品和健康方面，提供不同于政府的服务和救济。例如，通过社工服务，为贫困儿童进行义务的课外辅导，组织贫困儿童参加业余爱好的免费培训；为丰富儿童的假期生活，资助儿童参加多种形式的游学活动、夏令营活动以及其他各种增长见识的活动；建立食物银行，提供儿童食品；开展儿童心理咨询；等等。

表 8—2 民间组织对贫困儿童福利服务功能一览表

项 目	形 式	功 能
家庭服务	家访	提高父母亲子能力
社区儿童福利网络	儿童之家等	提高儿童社区活动参与度
机构服务项目	课外辅导、培训、旅游、心理咨询等	满足儿童的精神需求

民间组织可以为儿童提供多角度的福利（见表8—2），因为民间组织可以考察贫困儿童的具体情况，结合机构的服务专长，设计服务项目，这样既满足贫困儿童的实际需求，又充分发挥民间组织在福利服务领域的作用，对儿童福利和民间组织的发展都具有积极推动的意义。中国民间组织作为福利保障领域的新生力量，历史短暂，经验不足，发展中会遇到很多障碍和困难，但是这种趋势是不可忽视的，而且承担的责任会越来越多，涉足的领域也会越来越广。虽然中国的民间组织起步晚且经验不足，可以肯定的一点是，许多国家的历史和经验可以让我们缩短学习过程，少走弯路。正如深圳在社会工作的推进过程中，充分发挥地缘优势，学习香港的社工机构，并且用“请进来”的方式得到香港督导对深圳新生社工手把手地辅导，大大缩短了社工成长过程，促进社工机构的社会服务效率。

3. 提高家庭抗贫能力，加强家庭福利功能

即使全面强化国家、社会的福利责任，完善市场的福利供给机制，家庭始终是儿童最重要的保护人和福利支持者。因此，如果家庭长期陷入贫困，家庭功能必然遭到破坏，难以实现对其子女的保障及支持责任。更何况目前政府对贫困儿童的保障责任还没有进入到制度化阶段，而民间组织也是福利服务领域的新来者，二者对贫困儿童的保障力度还很微弱，所以，家庭应该加强自身建设，提高抗贫能力。

第一，父母积极参与就业培训，提高就业能力。就业是摆脱贫困最为有效的办法，不仅可以增加家庭收入，还可以享受到工作福利，从而增强对子女的经济支持，提高子女的社会交往能力，减少贫困儿童的社会排斥；而且工作机会也是父母和家庭融入社会的平台，是减少对贫困家庭社会排斥最为有效的方式。

第二，父母主动加强与子女的沟通意愿，提高亲子能力。父母是子女最大的情感支持者，如果父母由于贫困而忽略对子女的交流，或者不擅长

任何亲子活动，可能会对子女造成父母情感排斥，导致成长伤害。因此，父母可以积极主动寻求民间组织的服务和帮助，提高对子女的关注度，让家庭成为子女成长过程中最重要的情感交流地，尤其是“零就业”的家庭可能是单亲或者病残家长，更是要主动寻求帮助，要有阳光的生活态度、健康的心态，向子女传递面对困难生活的正能量。

第三，父母应该尽可能多地学会了解政府提供的全民社会福利信息，在实际中充分利用和共享社会资源。随着政府向社会提供越来越多公共设施和公共福利，比如市、区甚至社区图书馆免费开放，博物馆、大讲堂、音乐厅、剧院等举办公益讲座和各种演出，少年宫、青少年活动中心组织各种儿童、学生活动，使市民的生活变得便利，特别是业余文化生活更加丰富多彩，这些都是政府和民间力量提供的一种精神福利。但是由于贫困家长素质相对低下等原因，获得这些普惠性的福利信息对于贫困家庭来说是一个缺口，因此绝大多数的访谈对象并没有享受到这些大众福利。贫困儿童家长如果能够积极主动打听并且多途径了解收集这些政府公众福利，可以带领孩子充分利用好这些普及的教育、文化资源，在没有任何经济负担的情况下，让孩子积极参与各种文娱活动，而且还可以提高孩子各方面的素养。

综合而言，该研究把中国城市贫困儿童作为研究对象，因为他们在社会转型和福利保障制度开始重新建设时期，面临着国家责任缺失，家庭保障不足，以及民间组织服务机能欠佳的严峻现实，使得这样一个弱势群体陷入福利保障不足或缺失的困境。这源于对“城市贫困儿童”群体弱势认识不足，传统的儿童家庭养育观念束缚，尚未树立现代福利制度思想。从现代福利视角，本着“发展儿童就是发展未来”的理念，坚持政府、家庭和社会“三位一体”的原则，研究者从三方面提出建议：完善政府的儿童救助体系，强化贫困家庭功能，推动民间组织的福利服务作用，从而可以切实保障贫困儿童的健康成长，使贫困不会递延。

附　录

1. 深圳低收入居民生活状况及需求调查问卷

样本编号（　　）

亲爱的朋友：

您好！

非常感谢您阅读这份调查问卷！我们是深圳市贫低收入民生活状况课题调查小组成员，目前正在向您进行一项问卷调查，您的意见可以帮助政府了解深圳普通百姓，尤其是困难群体及其子女的生活状况和需求状况，调查结果将对及时研究制定相应解决问题的政策起到重要的参考作用。本问卷采取无记名方式，对您所回答的内容严格保密。在此，我们对您及家人给予本调研工作的帮助表示衷心的感谢！

请在相应的选项下打√：

一、你的年龄段是

1. 30—39 岁　2. 40—49 岁　3. 50—59 岁　4. 60 岁以上

二、你的婚姻状况：

1. 未婚　2. 已婚　3. 离异

三、家中有几个子女？

_____男　_____女

四、孩子的年龄分别是：_____、_____、_____

五、你的文化程度：

1. 小学及其以下　2. 初中　3. 高中或中专　4. 大专　5. 本科及以上

六、你的健康状况是：

1. 良好　2. 一般　3. 有疾病或残疾

七、你的职业就业状况是：

1. 失业　2. 下岗　3. 在职人员　4. 灵活就业

八、你的住房所属情况：

1. 单位宿舍　2. 廉租房小区　3. 自购房屋

4. 城中村自租屋　5. 亲友家

九、根据你的具体情况，你家人均住房使用面积大约每人_____。

1. 10 平方米以下　2. 10—15 平方米　3. 16—20 平方米　4. 20 平方米以上

十、孩子是否有自己独立的房间？

1. 有　2. 没有

十一、平均一周你们家中有几天吃鱼或肉或蛋？

1. 2 天　2. 隔天　3. 每天

十二、孩子喝牛奶的时间是_____。

1. 每天　2. 经常　3. 偶尔　4. 没有

十三、家里水果购买的情况是_____。

1. 每天　2. 经常　3. 偶尔　4. 没有

十四、你购买食物的主要场所是_____。

1. 农产品批发市场　2. 附近菜市场或路边摊　3. 超市

十五、家长是否给孩子买新衣服？

1. 经常　2. 偶尔　3. 不买

十六、孩子是否经常穿亲友送的衣服？

1. 经常穿　2. 偶尔穿　3. 从不穿

十七、家中是否每年给孩子买新鞋穿？

1. 买　2. 不买

十八、给孩子购买衣物选择_____。

1. 经济实惠　2. 名牌

十九、家长是否每天都会抽出时间陪孩子？

1. 总是这样　2. 经常　3. 偶尔　4. 从不

二十、家长是否会辅导孩子功课？

1. 总是这样　2. 经常　3. 偶尔　4. 从不

二十一、家长是否主动与孩子谈心交流？

1. 总是这样　2. 经常　3. 偶尔　4. 从不

二十二、孩子是否主动告诉他身边发生的事情和内心感受？

1. 总是这样　2. 经常　3. 偶尔　4. 从不

二十三、家长打骂孩子吗？

1. 总是这样　2. 经常　3. 偶尔　4. 从不

二十四、家长是否给孩子过生日？

1. 每年　2. 经常　3. 偶尔　4. 从不

二十五、周末是否带孩子进行休闲娱乐活动？

1. 总是这样　2. 经常　3. 偶尔　4. 从不

二十六、节假日会带孩子外出旅游吗？

1. 总是这样　2. 经常　3. 偶尔　4. 从不

二十七、孩子是否参加课外兴趣班？

1. 有　2. 没有

二十八、孩子是否参加课外学习辅导班？

1. 有　2. 没有

二十九、孩子是否愿意和同学交往？

1. 是　2. 不愿意

三十、孩子去过同学家里吗？

1. 去过　2. 没去过

三十一、孩子邀请过同学到家里来吗？

1. 有　2. 没有

三十二、孩子和同学交往有压力吗？

1. 有　2. 没有

三十三、孩子和同学的交往是否不限于在学校？

1. 是　2. 不是

三十四、孩子和邻居的孩子经常在一起玩耍吗？

1. 是　2. 不是

三十五、孩子和家里的亲戚经常往来吗？

1. 是　2. 不是

三十六、是否觉得抚养孩子是自己家庭的责任？

1. 是　2. 不是

三十七、是否认为政府对于孩子的成长也负有一定的责任？

1. 是　2. 不是

三十八、接受过民间组织的任何捐赠吗？

1. 是　2. 不是

三十九、孩子是否参加过公益活动？

1. 是　2. 不是

四十、是否有义工或社工为家里或孩子提供服务？

1. 是　2. 不是

2. “城市贫困儿童生活状况”访谈指引

根据访谈对象的特点，本研究采用半结构式访谈。访谈对象及其父母都参与到访谈中，可以使对福利需求的表达可以更加准确和到位。

1. 请简单介绍一下自己，包括姓名、学校、年级、班级。（追问关于兴趣爱好、学校成绩等情况）

2. 父母的情况介绍或自我介绍。（大概的年龄、健康状况、就业状况、收入情况、文化程度）

3. 对家里居住环境和住房条件是否满意？（追问不满意之处、想法和期望）

4. 对家里的伙食是否满意？（追问大概的食物结构、家人外出就餐情况、喜欢的食物等情况）

5. 是否知道父母买菜购物常去的地方？是否了解其中的原因？

6. 是否会向父母提出购买衣物、鞋子等物品的要求？父母是否满足自己的要求？是否有零花钱？（追问金额、用法）

7. 每天和父母相处的情况怎样？（追问相处时间、沟通方式和内容、彼此的感受）

8. 家里的周末和节假日一般是怎么安排的？（追问是否外出娱乐、就餐、亲友聚会或旅游等）

9. 请问有没有感觉到家里经济拮据状况？如何感知的？

10. 请问愿意老师和同学了解你的家境吗？（如果愿意，你希望得到关心和帮助吗？如果不愿意，你如何办理申请低保的手续呢？）

11. 你在学校会感到自己在物质条件方面和其他同学有差距吗？（如果有，主要体现在哪些方面？）

12. 你在学校会因为家境贫困感到自卑吗？（如何表现？）你感觉到老师或同学偏见和歧视吗？（如果有，具体事例有哪些？）

13. 请谈谈你在学校的好朋友。（包括家庭背景、性格、学习状况……）

14. 你觉得同学交往和经济条件有关吗？（如果有，主要体现在哪些方面？）

15. 学校开展的各种活动（郊游、军训、第二课堂、兴趣班……）你积极参与吗？（如果参加，都有哪些活动？如果没有参加，请问原因。）

16. 请问和家里一般来往比较密切的是什么人？（亲戚、父母同事或朋友、邻居等）交往的情况怎样？（追问时间频率、交往方式）

17. 谈谈和邻居相处的情况。（邻里之间有来往吗？邻里了解你家里的情况吗？会在需要的时候帮忙吗？）

18. 社区或街道（或别的组织机构）会主动提供帮助吗？（如果有，主要有哪些帮助？是否需要？）是否觉得政府应该有责任帮助解决家里困难？孩子的健康成长是否仅仅是父母的责任？政府需要对自己承担责任吗？

19. 是否有接触社工服务或社工家访？是否参加社区组织的活动？（如参加，是些什么活动？有什么收获？是否希望继续参加？）对义工有什么样的印象？是否接触过义工？接受过义工服务吗？（怎样的帮助形式？是否乐意接受？）

20. 请问是否利用市区或社区的公共文化设施？（包括图书馆、博物馆、各种公益演出和讲坛等，追问了解的途径等。）

参考文献

阿玛蒂亚·森：《贫困与饥荒》，王宇、王文玉译，商务印书馆 2001 年版。

阿玛蒂亚·森：《以自由看待发展》，任赜，于真译，北京：中国人民大学出版社 2009 年版。

埃尔·巴比：《社会研究方法》，邱泽奇译，北京：华夏出版社 2005 年版。

艾伦·肯迪：《福利视角——思潮、意识形态及政策争论》，周薇等译，上海：上海人民出版社 2011 年版。

安东尼·吉登斯：《社会的构成》，上海：三联书店 1998 年版。

安东尼·吉登斯：《第三条道路——社会民主主义的复兴》，郑戈译，北京：北京大学出版社 2000 年版。

安妮特·拉鲁：《不平等的童年》，张旭译，北京：北京大学出版社 2010 年版。

庇古：《福利经济学》，金镝译，北京：华夏出版社 2007 年版。

陈红霞：《社会福利思想》，北京：社会科学文献出版社 2009 年版。

查尔斯·H. 扎斯特罗：《社会工作与社会福利导论》，北京：中国人民大学出版社 2005 年版。

陈向明：《质的研究方法与社会科学研究》，北京：教育科学出版社 2004 年版。

程胜利：《经济全球化与当代中国城市贫困》，北京：社会科学文献出版社 2007 年版。

蒂特马斯：《社会政策十讲》，江绍康译，长春：吉林出版社 2011 年版。

丁建定：《社会福利思想》，武汉：华中科技出版社 2009 年版。

丁开杰：《社会排斥与体面劳动问题研究》，北京：中国社会出版社 2012 年版。

风笑天：《社会学研究方法》，北京：中国人民大学出版社 2001 年版。

戈兰·坦纳菲尔德，佩尔·卢詹克：《发展城市　减少贫困——城市发展与管理导论》，刘超，何建清译，北京：科学出版社 2008 年版。

顾海良，张雷声：《世界主要国家社会保障制度概观》，北京：中国大百科全书出版社 1995 年版。

关信平：《中国城市贫困问题研究》，长沙：湖南人民出版社 1999 年版。

关信平：《现阶段中国城市的贫困问题及反贫困问题》，《江苏社会科学》2003 年第 2 期。

郭士征：《社会保障研究》，上海：上海财经大学出版社 2005 年版。

韩克庆，黄建忠，曾湘泉，Richard L. Edwards：《中美社会福利比较》，济南：山东人民出版社 2012 年版。

韩劲：《走出贫困循环，中国贫困山区可持续发展理论与对策》，北京：中国经济出版社 2006 年版。

和春雷：《社会保障制度的国际比较》，北京：法律出版社 2001 年版。

戈斯塔·埃斯平－安德森：《转型中的福利国家》，北京：商务印书馆 2010 年版。

贺颖清：《福利与权利——挪威儿童福利的法律保障》，北京：中国人民公安大学出版社 2005 年版。

洪大用：《改革以来的中国城市扶贫》，《中国人民大学学报》，2003 年第 1 期。

黄晨熙：《社会政策》，广州：华东理工大学 2008 年版。

吉尔伯特·特瑞：《社会福利政策导论》，黄晨熹译，上海：华东理工大学出版社 2003 年版。

简·米勒主编：《解析社会保障》，郑飞北，杨慧译，上海：格致出版社，上海人民出版社 2012 年版。

贾森·安奈兹等：《解析社会福利运动》，王星译，上海：格致出版社，上海人民出版社 2011 年版。

蒋妙屹：《城市儿童贫困现象研究》，北京：光明日报出版社 2013 年版。

金观涛，刘青峰：《开放中的变迁——再论中国社会超稳定结构》，法律出版社 2011 年版。

康晓光：《中国贫困及反贫困理论》，南宁：广西人民出版社 1995 年版。

拉法尔·卡普林斯基：《缝中的全球化：贫困和不平等中的生存与发展》，北京：知识产权出版社 2008 年版。

莱恩·多亚尔，伊恩·高夫：《人的需要理论》，北京：商务印书馆 2008 年版。

莱斯特·M. 萨拉蒙等：《全球公民社会——非营利部门视界》，贾西津，魏玉等译，北京：社会科学文献出版社 2007 年版。

劳埃德·雷诺兹：《微观经济学》，北京：商务印书馆 1986 年版。

李春玲：《比较视野下的中产阶级形成》，北京：社会科学文献出版社 2009 年版。

林闽钢主编：《社会保障国际比较》，北京：科学出版社 2007 年版。

刘继同：《国家责任与儿童福利》，北京：中国社会出版社 2010 年版。

刘易斯：《贫困文化论》，北京：经济科学出版社 2003 年版。

刘祖云：《香港社会的弱势群体及其社会支持》，北京：北京大学出版社 2009 年版。

陆士祯，任伟，常晶晶：《儿童社会工作》，北京：社会科学文献出版社 2003 年版。

陆士桢，魏兆鹏，胡伟：《中国儿童政策概论》，北京：社会科学文献出版社 2005 年版。

罗伯特·E. 古丁：《保护弱势——社会责任的再分析》，李茂森译，北京：中国人民大学出版社 2008 年版。

马丁·登斯库姆：《怎样做好一项研究——小规模社会研究指南》，陶保平等译，上海：上海教育出版社 2011 年版。

马尔萨斯：《人口论》，郭大力译，北京：北京大学出版社 2008 年版。

迈克尔·哈林顿：《另一个美国》，郑飞北译，北京：中国青年出版社 2012 年版。

迈克尔·希尔：《理解社会政策》，刘升华译，北京：商务印书馆 2003 年版。

迈克尔·谢若登：《资产与穷人：一项新的美国福利政策》，高鉴国译，北京：商务印书馆 2005 年版。

缪尔达尔：《世界贫困的挑战：世界反贫困大纲》，北京：北京经济学院出版社 1994 年版。

穆怀中：《社会保障国际比较》，北京：中国劳动社会保障出版社 2007 年版。

诺曼·巴里：《福利》，储建国译，长春：吉林人民出版社 2005 年版。

诺曼·K、邓津，伊冯娜·S. 林肯：《定性研究：策略与艺术》，风笑天等译，重庆：重庆大学出版社 2007 年版。

莫诺卡·佩莱蒂编：《福利国家与接近正义》，刘俊祥等译，北京：法律出版社 2000 年版。

彭华民：《福利三角：一个社会政策分析的范式》，《社会学研究》2006 年第 4 期。

彭华民：《福利三角中的社会排斥：对中国城市新贫困社群的一个实证研究》，上海：上海人民出版社 2007 年版。

彭华民：《社会福利与需要满足》，北京：社会科学文献出版社 2008 年版。

彭华民：《西方社会福利理论前沿论国家、社会、体制与政策》，北京：中国社会出版社 2009 年版。

保罗·艾伦·米尔斯：《儿童青少年社会工作》，李建英，范志海译，上海：华东理工大学出版社 2006 年版。

钱宁：《社会正义、公民权利和集体主义——论社会福利的政治与道德基础》，北京：社会科学文献出版社 2007 年版。

秋风：《政府的本分》，北京：凤凰出版传媒集团，江苏文艺出版社

2010 年版。

R. 米什拉：《资本主义社会的福利国家》，郑秉文译，北京：法律出版社 2003 年版。

尚重生：《当代中国社会问题透视》，武汉：武汉大学出版社 2007 年版。

尚晓媛：《中国弱视儿童群体保护制度》，北京：社会科学文献出版社 2008 年版。

尚晓媛，王小林，陶传进：《中国儿童福利前沿问题》，北京：社会科学文献出版社 2010 年版。

石彤：《社会排斥：一个研究女性劣势群体的新的理论视角和分析框架》，北京：社会科学文献出版社 2002 年版。

石彤：《中国社会转型时期的社会排挤》，北京：北京大学出版社 2004 年版。

孙立平：《失衡——断裂社会的运作逻辑》，北京：社会科学文献出版社2004 年版。

孙莹：《贫困的传递与遏制——城市低保家庭第二代问题研究》，北京：社会科学文献出版社 2005 年版。

唐钧：《中国城市居民贫困线研究》，上海：上海社会科学出版社 1998 年版。

唐钧，朱耀垠，任振兴：《城市贫困儿童的生活状况和需求——上海个案研究》，http：//www. docin. com/p－712774507. html。

唐莉：《中国贫富分化的价值阐释》，北京：中国社会科学出版社 2007 年版。

托马斯·黛伊：《理解公共政策》，彭勃译，北京：华夏出版社 2004 年版。

威廉姆·H. 怀特科，罗纳德·C. 费德里科：《当今世界的社会福利》，解俊杰译，北京：法律出版社 2003 年版。

王梦奎：《反贫困与中国儿童发展》，北京：中国发展出版社 2013 年版。

王毅杰，高燕：《流动儿童与城市社会融合》，北京：社会科学文献出版社 2010 年版。

王卓祺，艾伦·沃克：《西方社会政策理念与21世纪中国福利事业的发展》，《社会学研究》1998年第5期。

魏津生：《中国大城市贫困人口问题研究》，http：//www. dibao. org/llyj/info - 5167. shtml。

吴忠民：《社会公正论》，济南：山东人民出版社2004年版。

夏英：《贫困与发展》，北京：人民出版社1995年版。

徐贲：《通往尊严的公共生活》，北京：新星出版社2009年版。

杨团，岳经纶编：《当代社会政策研究Ⅶ：第七届社会政策国际论坛文集》，北京：中国劳动社会保障出版社2012年版。

杨方方：《从缺位到归位——中国转型期社会保险中的政府责任》，北京：商务印书馆2006年版。

杨伟民：《社会政策导论》，北京：中国人民大学出版社2004年版。

杨燕绥，阎中兴等：《政府与保障——关于政府社会保障责任的思考》，北京：中国劳动保障出版社2007年版。

杨云彦，黄瑞芹，胡静，石智雷：《社会变迁、介入型贫困与能力再造》，北京：中国社会科学出版社2008年版。

姚建平：《中美社会救助制度比较》，北京：中国社会出版社2007年版。

叶普万：《贫困经济学研究》，北京：中国社会科学出版社2004年版。

叶普万：《中国城市贫困问题研究论》，北京：中国社会科学出版社2007年版。

余少祥：《弱者的权利——社会弱势群体保护的法理研究》，北京：社会科学文献出版社2008年版。

于学军，解振明：《中国人口发展评论——回顾与展望》，北京：中国人民大学出版社2000年版。

岳经纶：《社会政策学视野下的我国社会保障制度建设：从身份本位到需求本位》，中国社会保障制度建设30年：回顾与前瞻学术研讨会论文集，2008。

岳经纶：《中国的社会保障建设：回顾与前瞻》，上海：东方出版中心2009年版。

岳经纶，陈泽群，韩克庆：《中国社会政策》，上海：格致出版社，上海人民出版社 2009 年版。

约瑟夫·E. 斯蒂格利茨，阿玛蒂亚·森，让—保罗·菲图西：《对我们生活的误测 为什么 GDP 增长不等于社会进步》，阮江平，王海昉译，北京：新华出版社 2011 年版。

张敏杰：《德国家庭政策的回顾与探析》，《浙江学刊》2011 年第 3 期。

郑功成：《科学发展与共享和谐》，北京：人民出版社 2006 年版。

郑功成：《中国社会保障 30 年》，北京：人民出版社 2008 年版。

郑永年：《保卫社会》，杭州：浙江出版联合集团，浙江人民出版社 2011 年版。

中国发展研究基金会：《在发展中消除贫困》，北京：中国发展出版社 2007 年版。

周弘：《福利的解析 来自欧美的启示》，上海：上海远东出版社 1998 年版。

周涛，王平：《吉登斯德社会福利思想》，《华中科技大学学报》2002 年第 6 期。

周文文：《伦理·理性·自由：阿玛蒂亚·森的发展理论》，上海：学林出版社 2006 年版。

世界银行：《1990 年世界发展报告》，北京：中国财政经济出版社 1991 年版。

世界银行：《2000 年世界发展报告》，北京：中国财政经济出版社 2001 年版。

《中国儿童发展纲要（2011—2020）》，北京：人民出版社 2011 年版。

香港社会福利署网站：http：//www. sed. gov. hk。

Andersen, J. , *Social and System Integration and the Underclass.* In Gough and G. Olofsson, eds, Capitalism and Social Cohesion, New York: Palgrave, 1999

Boin, A. , Lessons from Crisis Research, *International Review*, 6 (2004)

Bruce S. Jansson, *Becoming an Effective Policy Advocate*, California:

Brooks/Cole Publishing Company, 1994

Chea, D. , *New Poverty: Families in Post – Modern Society*, Westport, Conn: Greenwood Press, 1996

Daniel T. Lichter and Rukamalie Jayakody, *Welfare Reform: How Do We Measure Success*, Annu. Rev. Sociol, 2002, 28

David G. Mayes, Jos Berghman, Robert Salais, *Social Exclusion and European Policy*, Edward Elgar, 2001

Douglas J. Besharov and Douglas M. Call, Income Transfers Alone won't Eradicate Poverty, *The Policy Studies Journal*, 2009, Vol. 37, No. 4

Funken, K. & Cooper, P. , *Old and New Poverty: the Challenge for Reform*, London: Rivers Oram Press, 1995

Gosta Esping – Anderson, *The Three of Welfare Capitalism*, Cambridge: Policy Press, 1990

Gough, I. & Thomas, T. , *Needs Satisfaction and Welfare Outcomes: Theory and Explanations*, Social Policy and Administration, 28 (1)

Jane Lewis, Developing Early Years Childcare in England, 1997 – 2002: The Choices for (Working) Mothers, *Social Policy & Administration*, 2003, Vol. 37 No. 3

John Micklewright, Social Exclusion and Children: A European View for a US Debate, *Casepaper* 51, Feb. 2002

Johnson, N. , *The Welfare State in Transition: The Theory and Practice of Welfare Pluralism*, Amherst: University Massachusetts

Joée Mannuel Fresno, *The European Union We Want – Preventing Poverty and Social Exclusion in an Enlarged Union*, (http: //eapn. horus. be/module/module_ page/images/pdf_ events/discrimination11 – 04. ppt.)

Langan, M. , *The Contested Concept of Needs*, In Welfare: Needs, Rights and Risks. London: Tonledge, 1998

Michael Hill, *Social Policy: A Comparative Analysis*, London: Prentice Hall/Harvester Wheatsheaf, 1996

Penny Hauser – Cram, Tina M. Durand, Marji Erickson Warfield, Early feelings about school and later academic outcomes of children with special needs living in poverty, *Early Childhood Research Quarterly*, 2007, 22

Rose, R., *Common Goals but Different Roles: The State's Contribution to the Welfare Mix*, In Rose, R. & Shiratori, R. (eds). The Welfare State: East and West. Oxford University Press

Titmus, R. M., *Social Policy*, London: Allen and Unwin, 1974

Townsend, *Poverty in Kingdom: A Survey of the Household Resource and Living Standard*, Allen Lane and Penguin Books, 1979

Wolfenden, *The Future of Voluntary Organizations: Report of the Wolfenden Committee*, London: Croom – Helm, 1978

后　　记

本书是由我的博士毕业论文修改而成，写作的这段时间可以说是痛苦煎熬的日子，也是一种值得纪念和回味的体验，真真切切是一种“痛并快乐”着的难忘人生经历。

我始终心怀忐忑，以一种敬畏之心，亦步亦趋地走向学术宫殿。遨游在社会政策的浩瀚海洋中，我看到自己的欠缺和不足，诚惶诚恐，在导师的引领之下，积累着点滴进步，视野变得宽广起来，关注着广阔的社会背景和理论背景，关注社会需求，慢慢打开了研究的大门。虽然自己在努力跋涉，不断摸索，承受着黑暗中的迷茫和攀爬途上的艰辛，但是因为倚着太多的搀扶和支持，在不断的鼓励和助威声中获取力量，拾得信心，一路走了过来。

罗观翠教授以开放的姿态，将我从一个完全不同的领域引领转向社会政策的研究，她严谨的治学态度成为我不断鞭策自己的动力，她恪守着一位真正学者的学术境界，以其渊博的学识和充沛的精力活跃在国际、国内的各种学术交流活动，始终保持在社会政策的研究前沿，令我肃然起敬。罗观翠教授以其个人的学术魅力帮助我开阔眼界，增长见识，对我影响甚远。在此，瑾向罗观翠教授表示崇高的敬意和衷心的感谢！

本论文的顺利完成，还有幸得到岳经纶教授、郭巍青教授、何高潮教授、陈天祥教授、彭宅文博士等毫无保留的指点，他们提出的中肯意见和精辟建议令我有醍醐灌顶之感，避免进入一些盲区和弯路。我在此一并向导师们表示崇高的敬意和诚挚的谢意！

在此我要感谢我的同门学长、同学和学妹们的倾力相助。尤其要特别感谢香港中文大学的曾伟玲博士，她就我的提纲及调研与我进行了无数次开诚布公的讨论和交流，将撰写博士论文的经验倾囊相授，竭诚为我推荐相关书籍并不辞辛劳从香港给我带回大量具有参考价值的外文资料，为在论文初期黑暗中摸索的我送来一道明亮的烛光。

在此，我还要感谢给予我理解和帮助的我的各位同事；感谢我调研期间大力配合我的研究对象——贫困家庭的孩子和他们的父母，感谢他们可以敞开心扉，不设防地和我交流，使我的调研可以顺利地得以完成。

千言万语汇集成一个小小的词语——感谢，感谢在我的写作过程中所有帮助我一路过来的师长、同学、同事和亲人！

最后，衷心感谢哲学宗教与社会学出版中心冯春风主任的大力支持和鼎力相助，使得本书在中国社会科学出版社顺利出版！

刘晓玲